国家出版基金项目
NATIONAL PUBLICATION FOUNDATION

青少年讲武堂

总　主
副总主编　　　　郭松岩
于玲玲　路志强

军事谋略精要

掀开以一敌万的神秘面纱

杨 杰　冯金波　谷 波　编著

文心出版社
·郑州·

图书在版编目（CIP）数据

军事谋略精要：掀开以一敌万的神秘面纱 / 杨杰，冯金波，谷波编著． — 郑州：文心出版社，2017. 1
（2019.1 重印）
（青少年讲武堂 / 崔常发，马保民，荆博，曾祥旭总主编）
ISBN 978 - 7 - 5510 - 0778 - 8

Ⅰ．①军… Ⅱ．①杨… ②冯… ③谷… Ⅲ．①军事战略 Ⅳ．①E81

中国版本图书馆 CIP 数据核字（2016）第 177047 号

出版社：文心出版社
（地址：郑州市经五路 66 号 　　邮政编码：450002）
发行单位：河南省新华书店
承印单位：北京博海升彩色印刷有限公司
开本：710 毫米 ×1010 毫米 　　1/16
印张：13. 25
字数：292 千字
版次：2017 年 1 月第 1 版 　　印次：2019 年 1 月第 3 次印刷

书号：ISBN 978 - 7 - 5510 - 0778 - 8 　　定价：33. 00 元

　　200多年前,全世界公认的军事理论权威——若米尼在他的著作中深刻地指出:一个国家即便拥有极好的军事组织,倘若不培养人民的爱国热忱和尚武精神,那么这个国家还是不会强盛的。人类5000年血与火的历史表明,若米尼的这番话可谓至理名言。

　　中华民族是一个既崇尚与热爱和平又富有爱国传统与尚武精神的民族,自古就有"国家兴亡,匹夫有责""位卑未敢忘忧国"之说,"投笔从戎""马革裹尸"等英雄壮歌更是响彻神州大地。

　　新中国成立之后,党和国家领导人一直高度重视全民国防教育,尤其重视对青少年进行国防教育。毛泽东同志亲自批准在高等院校学生中开展军事训练,为部队培养预备役军官。邓小平同志多次强调,国防教育要从娃娃抓起,要加强对公民特别是青少年的国防教育。江泽民、胡锦涛同志对青少年的国防教育工作作过一系列重要指示,要求国防教育应当成为对公民进行以爱国主义为主要内容的全社会性的教育活动。习近平同志强调指出,要加强国防教育,增强全民国防观念,使关心国防、热爱国防、建设国防、保卫国防成为全社会的思想共识和自觉行动。

　　全民国防教育是一项极其重要的战略工程,能够激发人们对国家安全的责任感和使命感,激励人们的爱国之心和报国之志,强化人们的忧患意识和国防观念,增强实现中华民族伟大复兴的凝聚力和向心力。而青少年是国家民族的未来,青少年时期是人们世界观、人生观、价值观形成的关键阶段,对青少年进行国防教育是全民国防教育的基础,是一项利在当代、功在千秋的工作。

　　为适应国内外发展变化了的新形势和国防教育的新要求,我们组织和邀请了中国人民解放军军事科学院、国防大学、空军指挥学院、南京政治学院、海军大连舰艇学院、总参工程兵学院等单位的一些专家、学者、博士、硕士,针对青少年学习军事知识的需求和特点,在注重科学性与通俗性、知识性与可读性、学术性与趣味性有机统一的基础上,编纂了《青少年讲武堂》这套丛书。

该套丛书共分 22 册,分别为《经典兵书导读 走出战争迷宫的理性指南》《著名将帅传略 展现军事翘楚的戎马生涯》《战争战役回眸 追寻战争历史的闪亮足迹》《指挥艺术品鉴 开启军事创新的思维天窗》《军事谋略精要 掀开以一敌万的神秘面纱》《军事科技纵横 领略军事变革的先锋潮流》《武器装备大观 把握军事世界的核心元素》《军事后勤评说 探究战争胜败的强力后盾》《国防建设考量 通晓国强家稳的安全屏障》《军事演习巡礼 体验军力提升的重要环节》《兵要地志寻踪 走近军事活动的天然平台》《军事制度一瞥 透视强军之基的内在支撑》《军事约章评介 揭示军势嬗变的影响因素》《军事文化解读 领悟文韬武略的历史积淀》《军事檄文赏析 解读壮气励士的激扬文字》《军事心理探幽 透析军人情志的心路历程》《军队管理漫话 掌握军事行为的调控方略》《军事情报管窥 练就审敌虚实的玄妙功夫》《军事危机处置 感悟化危为机的高超艺术》《军事代号揭秘 知谙诡秘数码的背后深意》《作战方式扫描 解析军事对抗的表现形态》《世界军力速写 通览当今世界的武装力量》。

本丛书在编纂过程中,参考借鉴了一些相关著作和资料,在此对相关人士一并表示衷心的感谢。同时,也真诚地期望广大读者朋友对丛书提出宝贵的意见,以使其更加完善,更好地服务于青少年国防教育,更好地服务于加快推进国防和军队现代化进程,更好地服务于全面建成小康社会。

丛书全体编者
2015 年 5 月

目　录

第三章 隐真示假

第四章 强己弱敌

第五章 以静制动

第六章　摄心夺魄

第九章　用兵之忌

第一章
先胜后战

孙武有句名言："胜兵先胜而后求战,败兵先战而后求胜。"意思是说,打胜仗的军队,总是先做好充分的应敌准备,先创造取胜的条件,而后才同敌人作战;打败仗的军队,总是在未作周密考虑和充分准备的情势下先同敌人作战,而后期求侥幸取胜。被誉为世界三大军事理论家之一的毛泽东十分赞赏孙武的这一思想,他在中国历次革命战争中都非常强调"先胜",反对"先战"。他在土地革命战争时期曾指出:没有必要的和充分的准备,必然陷入被动地位。临时仓促应战,胜利的把握是没有的。抗日战争初期,他在《论持久战》中指出:凡事预则立,不预则废,没有事先的计划和准备,就不能获得战争的胜利。解放战争时期,他又把"不打无准备之仗,不打无把握之仗"作为"十大军事原则"之一。

尤其在复杂的国内国际斗争环境中,对敌有备是自身安全的必然要求。《盐铁论·险固第五十》说:"龟猢有介,狐貉不能禽;蝮蛇有螫,人忌而不轻。故有备则制人,无备则制于人。"也就是说,由于乌龟和玳瑁有硬壳,狐貉不好擒拿它们;蝮蛇有毒牙,人们害怕而不敢轻视它。所以,有防备就能制伏敌人,没有防备就会被敌人所制伏。在军事上更是如此。只有对敌有备,才能确保打胜仗,才能真正制人而不为人制。

备边计:驻守边疆,整军备战

"备边计"是一种时刻在边疆上整军备战的战略性谋略。世界各国都广泛重视边防备战,备边计虽然没有明确的出处,但实际上是军事斗争,特别是国家与国家军事斗争的通用战略要求。边疆巩固,是一个国家安全稳定的基础。在激烈的军事斗争准备中,万不可麻痹大意,也不可被一时的和平假象所蒙蔽,而应时刻枕戈待旦,随时准备消灭敢于来犯之敌。

案例1:卫国受礼而不懈怠,晋国既失财又失势。晋国的智伯欲攻卫国,为了使卫国麻痹大意，给卫君送了四匹良马，百十个玉璧。卫君见财心欢，南文子则不以为然，表现出忧愁的样子。卫君对他说："大国对我国表示亲善，这是值得庆贺的喜事，你为什么要忧心忡忡呢？"南文子说："无功而受赏，没出力而得礼遇，情况反常，不能不明察啊。智伯这次送的礼品，是小国向大国送礼的规格，他这样做居心叵测，我们要提高警惕，做好抗击侵略的准备。"卫君听了南文子这一席话，觉得甚是有理，就立即下令整顿并加强边防，严密注视晋卫边境的情况，随时准备打击来犯之敌。不久，智伯果然用兵偷袭卫国，见卫国戒备森严，防守有序，大声叹息说："卫国定有贤臣辅佐，已识破我之计谋，早有充分准备，我不可强攻。"于是，无可奈何地引军退回。

案例2：德波战争中波兰失败的教训。1939年3月，纳粹德国兼并捷克斯洛伐克后，很快便将侵略矛头对准了波兰。直到捷克斯洛伐克沦陷为止，面对纳粹德国咄咄逼人的扩张势头，波兰统治者并未采取任何有效的防范措施。直到这时，波兰统治者才意识到自己所处的危险处境，于是，一方面极力在外交上修补篱笆，寻找靠山，以求自保；一方面着手军事上的准备。从这一年的3月份起，波兰开始制订对付德国入侵的"西方计划"，但是在很长的一段时间里又生怕得罪德国，在战争准备方面一直缩手缩脚。到了8月份，德国的入侵已箭在弦上之时，波兰政府才下令实施秘密总动员。1939年9月1日4时45分，德国陆海空三军一齐出动，大举入侵波兰。德军在1周之内便突破了波军脆弱的边境防御体系，在两周多的时间里便消灭了波军主力，仅用1个多月的时间便完全结束了入侵波兰的战争。这种神速，从反面为被侵略国家边防建设和战场建设的必要性做了很好的注脚。

备防计：未雨绸缪，防患未然

"备防计"与备边计类似，但相对来说更侧重于国内的防卫措施。备防计既可以运用在国家战略中，也可以运用于战役和战术层面。

案例1：防患于未然，确保战时武器补给充足。春秋时，赵简子的家臣董安于受命治理赵氏的根业之地晋阳，在修建馆宫时，他在墙壁里面夹了许多做箭杆用的荻、蒿等植物茎秆，屋子的梁柱不用木料，而用青铜制成。当时人们感到很蹊跷，不知其用心何在。后来，晋六卿中实力最大的智伯，企图消灭异己，独占晋国。智伯胁迫韩、魏两国共抑赵国。其时，赵简子已死，襄子继位。赵襄子见兵力不足，就退回晋阳城坚守不出。经过多次攻防之战，眼看箭将用完，形势危急，赵襄子就忙下令拆开墙壁，取出荻、蒿做箭杆，又拆铜梁柱打制箭镞。这样，弓箭源源不断，保证了城池牢固。智伯见攻城无果，只好退兵。这时，人们才明白了董安于当年设下的妙招之妙。

案例2：英军坚持平战一体国防战略，为日后赢得马岛海战打下良好的军事基础。此次海战前，英国政府由于不断压缩军费开支以缓解经济困难，到1982年初，皇家海军已由全球性海军缩减为主要在北约体系内担负大西洋东北部作战的区域性海军，其规模缩至英国历史上的最低水平。然而，就是在这种情况下，英国仍然异常迅速地派出了足够的兵力，这主要取决于战备常抓不懈。英国国防部平时制订有若干种应付各种危机和打不同战争的作战方案。英军平时战备等级高，海军舰艇的在航率高，舰艇大都能连续执行任务，海军陆战队也能令行禁止。另外，英国海军的指挥体制和通信手段比较先进和完备，国家战备动员体制健全、有效。因此，在阿根廷派兵攻占马岛的第二天，英军就组成了特混舰队，到第三天，特混舰队的部分舰只已从本土起航向南大西洋驶进。而在南大西洋活动的核潜艇则立即驶往战区，充分显示了军事存在，并适时地建立了封锁区，先声夺人，给阿方造成了强大的军事压力。待特混舰队到达后，经过一番激烈的封锁与反封锁，英军很快夺取了制空、制海权。英军的反应速度之快、效率之高，为其实现封锁目的赢得了时

英国根据战时动员法紧急动员
大型商船参战

间，而这一切有效而成功的举措，实质上都源于平时充分的备战。

案例3：南斯拉夫战备建设充分，在劣势情况下长时期维持了战局。从地缘政治角度来讲，在长达半个世纪的时间里，南斯拉夫一直处于东西方两大政治集团的交汇点，面临来自苏联和美国的双重威胁。为了国家的安全，南斯拉夫领导人始终坚持把加强战备建设、建立有效的动员机制作为国防建设的重要内容。一是战备建设充分。早在铁托执政时期，南斯拉夫就在全国各地建造了许多大型洞库、地下指挥所、掩蔽部及物资仓库，且长期维护完好。南各大城市的城防工事可保障80%的市民隐蔽。正是由于战备基础设施发达，空袭前南得以将重要战略物资、设施转移到地下，空袭中南军民能够迅速进入附近的防空设施，能搬的搬，能进洞的进洞，使90%的人员和装备得以保存，从而确保战时社会稳定，抗住了北约较长时间的空中打击。此外，南斯拉夫还有自己独立的军工联合体，能够自己生产弹药、坦克甚至飞机。这种独立军工生产能力对于减少北约封锁的影响、坚持长期抗战有着积极意义。二是战前准备得力。在战争爆发前，南斯拉夫还进行了一系列战争准备工作：有针对性地加强军事训练，进行防空演习；加强防护措施，如部队变更部署、防空导弹机动、飞机进洞、无线电静默等；高度戒备、早期预警，基本能在敌首次空袭前两小

时发出空袭警报;在北约可能的进攻路线上埋设地雷,以迟滞敌地面进攻。三是战争动员机制完善。南斯拉夫有一整套有效的战争动员机制。建立了预备役制度,拥有一支40万人的预备役部队,并根据战争进程逐步动员参战(在这场战争中动员了其中的1/3);建立了民防制度,各地区均成立民防信息中心,战时担负各种后方勤务任务;建立了战略物资储备制度,保证国家拥有可供战时调用的战略物资;建立了国防需要制度,凡建设或生产大型建筑、船舶、车辆、飞机等,必须适合国防的需要,并且要得到有关国防部门的认可。由于动员机制完善,战争爆发后,南全国能够立即进入战争状态,在短时间内顺利完成从平时向战时体制的转变。这些表明,在现代高技术战争突然性增大的情况下,采取有力的战备措施,建立完善、有效的动员体制,对避免发生战争时陷入被动、产生混乱具有重要意义。

实而备之:对于强敌,加倍防范

"实而备之"是一种提前做好准备,迎接强大敌人攻击,或者对敌实施攻击的谋略。实而备之引自《孙子兵法·始计篇》:"兵者,诡道也……实而备之,强而避之……亲而离之……此兵家之胜,不可先传也。"意思是说,用兵打仗是一种诡诈行动。对于力量充实的敌人,要加倍防备它;对于强大的敌人,要暂时避开;而对于内部和睦的敌人,要设法离间它。这些是军事家取胜的奥妙所在,是不可事先加以具体规定的。

实而备之,可从攻、防两个方面解释。作为防御的谋略,指进攻之敌装备精良、士气高昂,防御的一方则应加强防备,以防为主。作为进攻的谋略,若对手的力量很强大,则进攻的一方应先养精蓄锐,准备充分,等待时机再采取进攻行动。而且,在"备"的过程中,要尽量密其谋而不露其象,顺其辞而和于众。这样才能进而不蹈其险,退而不陷其伏,从而达成"备"的目的。

美国高空侦察图像

案例1:美国充分做好战争准备,蓄谋良久入侵格林纳达。虽然这一战争为侵略战争,但仅就所使用的谋略而言,还是可以有所借鉴的。时任总统的里根曾多次声称,美国准备采取强硬路线,即以"一切必要的行动来教训"格林纳达,以保卫美国在加勒比地区的利益。为此，美国在军事上早已做了很多的入侵准备。1981年8月，美军在波多黎各韦克斯岛举行了侵格的模拟演习。这次侵格作战之前，美军的部分陆军别动队和海军陆战队曾经受过两个月的适应性训练，并派出侦察机和特工人员对格岛地形及周围海域的水文、暗礁、岛上格军驻防和古巴人在岛上等情况，都进行了认真的搜集整理，熟悉和掌握了格岛上的一切情况。

1983年10月13日，格林纳达政局出现动乱。亲苏、古的"强硬派"伯纳德·科尔德和哈德逊·奥斯汀推翻了原政府。18日，美国务院表示将"密切注视"事态的发展。19日，当原政府首脑被处决，而"强硬派"正在格岛忙着接管政权之时，美国认为入侵时机已经成熟。国防部召集有关人员开会，研究军事行动方案。20日，白宫和国务院召集特别工作小组会议，研究格岛局势和对策。22日清晨，布什副总统召开国家安全委员会议，经研究决定出兵，并将会议情况和国际上可能作出的反应报告给正在佐治亚州度周末的里根总统。23日，里根因贝鲁特美军被炸事件返回华盛顿，并立即召开了国家安全委员会议，立即决定对格采取代号为"暴怒"的入侵行动。由于做了较为充分的准备，美军只用四天就结束了战斗。

案例2：英军马岛登陆前，加强备战训练，提高部队作战能力。英军马岛登陆作战，是在其无准备的地区进行的一次无准备作战。因此，战前，英军对这次作战的临战训练抓得很紧。各参战部队一接到命令，立即制订战前训练计划，并采取灵活多样的方法付诸实施，取得了良好的效果。一是登陆部队在航渡中坚持体能训练。马岛距英本土13000多公里，需航渡20天左右，英专家估计，1个月航渡可消耗体力10%~15%。为克服长时间航渡对体力的消耗，保证登陆部队以强健的体力投入战斗，英军狠抓了航渡中的体能锻炼。1982年4月9日，地面部队2000多人登上运兵船后，次日便开始体能锻炼。士兵在舰船上每天负重跑步、做体操，即使在通过赤道附近高温地区时也未停止。船上场地狭小，就让士兵驮人上下阶梯或奔跑，以保持足够的运动量，因此登陆部队经过两三周的航渡后，仍保持了健壮的体质。在后来陆上战斗中，由于道路泥泞，车辆难以机动，士兵背负沉重的装备和给养长途跋涉而没有被拖垮，说明英军的体能训练确实起到了一定的成效。二是加紧技术训练。登陆部队充分利用临战前的有限时间，进行瞄准、排除故障和实弹射击训练。实弹射击中，缺少浮靶，就用气球吊上罐头盒子，并让士兵蒙上眼睛，练习在黑暗条件下使用武器，以提高夜战能力。三是组织适应性演练。登陆部队抓紧舰队在阿森岛短暂的停泊时间，利用近似马岛的海滩和山地进行了换乘登陆、负重行军等演练。5月中旬，后续增援的第五步兵旅，曾于出发前选择气候和地形酷似马岛的威尔士进行了10天训练，并举行了"威尔士猎鹰"实战演习，从而提高了部队的战场适应能力。

息必当备：胜战之后，不可骄纵

"息必当备"是指打胜仗之后不可骄纵，一定要继续对敌保持防备。其谋略思想在于提高警惕，防范敌人战后偷袭。源自《尉缭子·攻权第五》："凡挟义而战者，贵从我起。争私结怨，应不得已。怨结虽起，待之贵后。故争必当待之，息必当备之。"在古代战争史中，我们经常看到这样的情况：军队打了胜仗以后，全军欢庆，而主帅想的却是"防敌今夜偷袭"，于是或立即调整部署，或暗布伏兵设下陷阱，从而使报复的敌军扑空或落入圈套，再遭失败。息必当备的谋略思想，至今仍不失其价值。它实质上是提醒人们要居安思危，保持应有的警惕性。

案例：俄军利用战争间隙总结经验，确保第二次车臣战争取得胜利。第一次车臣战争中，面对非法武装的游击袭击，俄军伤亡惨重。基于此，俄军全面加强了城市和山地条件下遂行反恐怖作战的针对性和适应性训练，并重点演练了破袭与反破袭、伏击与反伏击、狙击与反狙击和城市巷战、山地游击战等战法，研究制订了俄军内卫部队及边防军部队的协同行动方案，内卫部队还演练了反恐怖、解救人质、保卫交通线等特种课目。同时，俄军还进行了旨在防止北约插手车臣问题、防止科索沃战争在俄罗斯重演的"西方99"大规模军事演习。演习既检验了俄军的训练效果，对西方国家和北约也是一个警示。此外，还针对车臣战争配备了相应的武器装备。为提高部队遂行任务的实际能力，俄军除了改造老式装备、装备新型武器外，还合理地配备适宜于城市和山地作战及反恐作战的武器装备，如大量配备榴弹发射器、喷火器和狙击步枪，加强了炮兵部队和武装直升机数量，提高了步兵的空地火力突击能力。此外，俄政府还积极展开外交活动，争取国际社会的支持；加大了宣传力度，争取国内各党派和民众的支持。这一切都为后来的战争取胜提供了必要的条件。

演常屯兵：明里操练，暗中集兵

"演常屯兵"是指在敌我双方对峙的情况下，以演习、巡逻等频繁活动展示于敌，在敌常见不疑的情况下，每次多去少回，暗中集结兵力。军事心理学研究结果表明：事物的多次单调重复刺激，容易减弱人们认识事物的敏感性。当某种现象刚出现时，人们总是感到新奇，抱有疑问和戒心。当其反复出现后，人们的心理就会出现熟视无睹的放松状态。演常屯兵，正是巧妙地利用人们熟视无睹、常见不疑这一心理状态来实现自己秘密集结兵力的目的。

案例:阿方制造假象,迷惑以方,实现突袭制胜。中东战争中,阿方为了实现对以色列进攻的突然性,借助正常的军事演习,向运河西岸秘密集结兵力。阿方采取白天向运河调动一个旅,傍晚又打开灯火撤回,使以方产生整个旅已完成训练任务从运河撤回的假象,在暗中却留下两个营秘密集结在河堤下的工事里。在多次训练演习的掩护下,顺利地集结了大批军队,完成了进攻前的战役部署。随后发起突然攻击,一举突破了以色列经营多年的巴列夫防线,掌握了战争初期的主动权。

受降如敌:遇敌来降,不可麻痹

"受降如敌"是指遇到敌人前来投降,千万不可麻痹,甚至要如同敌人前来临战一样。其谋略思想是,对表示要投降之敌要提高警惕,判明真伪,防敌诈骗和暗算。源于《百战奇略·降战》:"凡战,若敌人来降,必要察其真伪。远明斥堠,日夜设备,不可怠忽。"战争是充满诡诈的领域,一方在生命垂危的紧要关头,往往采取装死、假投降或示弱、示怯等手段来迷惑对手,以摆脱困境。如此看来,始终保持高度警惕,是临胜之军的护身谋略。如果盲目骄傲而不能识破敌方诡计,那必将造成损失或失败。

案例:拿破仑假降胜敌,亚历山大因懈惨败。在奥斯特利茨战役准备之中,拿破仑看到,他必须在普鲁士援军到来之前迅速击垮俄奥联军。为实现这一目的,他制造了法军害怕而想退却的假象。他一方面命令法军前哨迅速后撤,另一方面令侍从武官亲见俄国皇帝亚历山大,建议休战讲和,使俄军误认为"拿破仑已打得筋疲力尽","拿破仑胆怯了",从而决定立即向"退却"的法军决战。俄奥联军未待普鲁士援军到来就向法军展开了进攻,这正中拿破仑的下怀,俄奥联军被法军击败于奥斯特利茨地区。那么,我们不妨反思一下,假如亚历山大当时能做到"受降如敌",保持足够的理智,战争的结果又会如何呢?

韬晦之计:佯装休养,积聚力量

"韬晦之计"是一种假装休养生息、不争权益,却在暗中积聚力量,以图东山再起的谋略。最早源于《孙子兵法·九地篇》:"屈伸之力,人情之理……"《三国演义》第二十一回写道:玄德也防曹操谋害,就下处后园种菜,亲自浇灌,以为韬晦之计。韬,本意是"弓袋子",有"进去"之意。晦,是黑暗、隐晦之意,进入隐晦状态。别人看不见你,你却可以看见别人。

案例1:司马懿审时度势,韬光养晦终成大计。曹魏明帝死后,遗诏由曹爽与司马懿共同辅佐养子曹芳执政。曹爽用明升暗降的办法,夺去了司马懿的大权。司马懿表面上假装生病,实际上等待时机,准备暗中反扑。早在曹操在世时,司马懿就曾以患风湿性关节炎来推辞曹操对他的任命。曹操派人伪装刺客去试探他,司马懿居然临危不乱,在刺客的刀下仍然装成爬不起来的样子。曹操尽管不信,也拿他无可奈何。曹爽削他兵权后,他知道自己健康的信息会促使曹爽加害于他,于是佯称旧病复发,卧床不起。曹爽也来了一个投石试水计,派李胜以辞行为名去探司马懿。司马懿当着这位客人的面,做了一番出色的表演:令两婢侍持衣,衣落;指口言渴,婢进粥,懿不持杯而饮,粥皆流于前胸。李胜见状回报曹爽,曹爽以为司马懿已是尸居余气,形神已离,不足顾虑,于是放松了戒备。有一次,曹爽带领文武亲信去参拜魏明帝陵墓,司马懿立即控制了都城,并狐假虎威,诈称奉皇太子命令,要曹爽交出大权。曹爽一伙"迫窘不知所为",终于被一举铲除。

案例2:苏联新政权暂向列强让步,赢得时机东山再起。列宁领导的俄国十月革命胜利后,第一次世界大战正在进行,新生的苏维埃政权面临被帝国主义扼杀在摇篮中的危险。列宁顶住党内外巨大的压力,坚决主张与德国签订屈辱的《布列斯特和约》,退出了帝国主义战争。该和约的签订,使苏俄失去100万平方公里的土地,4600万人口,向德国赔款60亿马克,这虽然使得苏联人民蒙受了巨大的经济损失,却使苏维埃政权赢得了时间,赢得了生存。列宁强调无产阶级要有勇气正视令人沉痛的真相,要能忍辱负重地签订苛刻的和约,在"给德国人当奴隶的条件下顽强地进行工作",面对血淋淋的现实,紧握着拳头过日子,在逆境中重新奋起。1918年11月11日,德国战败投降,第一次世界大战结束,两天以后,苏维埃政权宣布废除《布列斯特和约》,该和约生效仅257天。列宁以退为进,以空间换取时间,充分体现了原则的坚定性和策略的灵活性,是无产阶级革命家纵横捭阖的典范。

备而形弛:示弛愚敌,实备强己

"备而形弛"源于清代陈光宪《历代名将事略·误敌》:"误敌之方,不可悉数……治而形以乱,饱而形以饥,众而形以寡,勇而形以怯,备而形以弛。"备而形弛是指本来戒备很周密,却伪装成很松懈的样子,用以麻痹对方。备而形弛,意在麻痹对方,使之放松警惕。弛必须有备为后盾,示弛而实备,必须能应付因弛而带来的不利局面,更要尽力使对方认为我弛,决不能把我有备的真相暴露给敌人,只有这样才能放长线钓住大鱼。

案例1:拿破仑以舆论示国内乱局,以引诱奥军。1805年,法国拿破仑的军队在莱茵河前线伺机进攻奥、俄军队,但无法下手。为了诱歼奥、俄军队,拿破仑决定制造假象,迷惑敌人。他特令法国报界大造法国政局动荡、各地动乱蜂起的舆论。一时间,各报出"专刊""号外",连篇累牍地报道法国各地学生罢课、工人罢工、群众上街示威游行并同警察发生流血冲突等假消息。奥军很快得知了法国的动乱情况,并从截获的法军信件内得到了这一动乱使法军军心浮动的消息。奥军统帅马克认为,在此情况下,拿破仑肯定已暗中从莱茵河前线调走了他的军队,以应付国内事态,便率军追击法军。马克发现上当时,奥军已被法军名将缪拉元帅的精锐部队包围在乌尔姆了。结果,奥军这支最精锐的师团全部成了法军的俘虏。

案例2:日本偷袭美军珍珠港,通过复杂伪装达到突袭目的。在偷袭珍珠港之前,日本为麻痹美国,加强了战略伪装,极力采取欺骗手段迷惑对方:其一,1941年11月5日(下达第一号作战命令的同一天)派特使赴华盛顿协助驻美大使野村谈判;其二,集结地对外中断一切交通、通信,为攻击部队进行补给的舰船均规定于攻击发起后方能离开集结地;其三,驻日本内海舰队主力和九州地区的海军航空兵种保持频繁的通信联络,以给美军造成错觉;其四,日本商船"龙田丸"号还于12月初照常开往火奴鲁鲁;其五,12月5日至7日三天内,又将横须贺的水兵送往东京游览旅行,装出一派太平景象。最后,当战役发起时,美国人几乎毫无防备,只有束手挨打的份儿。

案例3:美国侵略巴拿马战争中,战前做好一系列准备,保证了速战速胜。战争前,美国就意识到,侵略战争是非正义的战争,必然遭到国内人民的反对和被侵略国家的抵抗。因此,美国使用欺骗的伎俩,蒙蔽人民,麻痹敌方。美国进行了一系列的战略性欺骗:首先是针对世界人民对贩毒活动与伴随其发生的恐怖活动的深恶痛绝的情绪,给侵巴战争找了一个"打击毒品走私"的借口,打出了"正义事业行动"的旗号,掩盖其侵略的实质;其次是以保护在巴美国人的生命财产安全和进行例行性军事演习为名,向巴拿马运河区秘密地增派大量兵力,掩护其侵略兵力的调动与演练;再次是以缩短美国旅游者旅游期限为理由,把大部分驻巴美军的眷属和雇员悄悄撤出巴拿马,掩护其战场准备;最后是在侵略战争打响的前几个小时,1989年12月19日晚,布什总统在白宫举行圣诞晚会,以歌舞升平的节日气氛掩护这杀气腾腾的侵略行动。

明耻教战:战前练兵,知耻明辱

"明耻教战"是指严明军法,使将士觉得怯懦退缩是羞耻的,并训练他们掌握杀敌本领,同时教育他们奋勇作战,从而战胜敌人。这一谋略思想来源于春秋时期宋国的子鱼。据《左传·僖公二十二年》记载,宋国子鱼对襄公说:"君未知战。勍敌之人隘而不列,天赞我也。阻而鼓之,不亦可乎?犹有惧焉。且今之勍者,皆吾敌也。虽及胡,获则取之,何有于二毛?明耻教战,求杀敌也,伤未及死,如何勿重?若受重伤,则如勿伤;爱其二毛,则如服焉。"意思是说,国君您不懂得战争,强大的敌人处于阻隘之地而不成阵列,这是上天在帮助我们。趁敌人处于不利的地形鸣鼓攻它,不是可以的吗?还怕不能取胜吗?况且现在强者,全都是我们的敌人。虽然上了年纪,得到就抓住,这和他们头发花白有什么关系?申明军法,使士卒认为怯懦是羞耻,教育他们勇敢作战,目的就是要消灭敌人。敌人受了伤还没死,怎么就不能再伤害他?如果怜惜他,那就不应伤害他;如果怜惜他头发花白,就应屈服于他。子鱼作为一名进步的军事理论家,不仅驳斥了其兄"君子不重伤""不禽二毛"的错误观点,而且阐述了"明耻教战"的道理。

在阶级社会里,人是有阶级性的,有政治观念的,也是有道德观和耻辱观的。战争也是有阶级性的,有正义和非正义之别。通过宣传教育使部队认清为谁而战和怎样做是光荣的、怎样做是耻辱的,就能统一大家的认识,提高觉悟,鼓舞士气。这样就能引导士兵平时苦练杀敌本领,战时勇敢作战,奋勇杀敌。因此,"教战"是非常重要的。精神作用、心理作用可以化为战斗力。每个谋略家都应学会这种谋略方法。

案例:拿破仑智激意大利军团,使原来的散惰之兵变为精锐之师。1795年10月,拿破仑在镇压巴黎保王党分子的叛乱中立了大功,因此被任命为法国国内军司令。第二年,年仅26岁的拿破仑又被任命为意大利军团司令,带领军队进攻意大利。当时,意大利军团真正能够作战的部队只有3万左右,而且部队驻扎在东南沿海地区,缺吃少穿,得不到补给,大部分士兵战斗力不强。战争初期,有两个团士气不振,丢了阵地。拿破仑亲自来到这两个团的驻地,让士兵们列队听他训话。拿破仑用悲伤和愤怒的语调教育这些官兵,批评他们畏敌怯战,丢了法国军人的脸。他指示参谋长说:"立即在这两个团的军旗上写上这样一句话:他们不再属于意大利方面军了。"士兵们被拿破仑的指责弄得很是羞愧难当,无地自容,哭着要求再给他们一次将功补过的机会。拿破仑的这一批评教育和激励果然很有效,后来这两个团作战非常勇敢,为战役做出了很大贡献。

师出有名:正义之师,讨伐无道

"师出有名"指在进攻敌人之前,公开向自己部队、天下百姓甚至进攻的对手讲明出兵作战的原因,以使部队统一认识,明确作战目的,振奋士气;使天下百姓支持其发动的战争;使对手惧怕其正义之师,产生恐惧心理,达到取胜目的。

运用这种谋略方法应注意三点:一是把"名"分为两种情况。其一是从政治上考虑,即战争的性质,正义的还是非正义的,革命的还是反革命的。其二是从逻辑推理上寻找理由,如日本人制造"柳条沟"事件,又借此发动对中国的进攻。二是"师出有名"谋略的直接目的是正视听、取民意、乱敌心。因此,必须采取多种有效的手段,如报刊电台宣传、开会动员、演讲等手段充分宣传己方立场。三是以军事上的进攻与此谋略相配合,不能仅仅靠舆论方法。不战而屈人之兵是一种追求和愿望,在实践中很难达到,所以,还必须以武力解决问题做后盾,在特定情况下须发动战事,以最终解决问题。

案例1:天怒人怨,师出有名,武王伐纣,一战灭商。西伯侯姬昌死后,次子姬发继位,是为周武王,并追尊西伯侯姬昌为文王。武王继续拜吕尚为太师,尊为师尚父。武王九年夏天,周军东进,到达黄河南岸的盟津。太师吕尚左执黄钺,右持白旄,率领三军驾船沿黄河顺流而下。他命令三军冲向对岸,落后者斩无赦!前来助战的各路诸侯以为真要过河击商,谁知周军刚渡到对岸,便马上返了回来。原来这是一次军事演习,是历史上有名的"盟津观兵"。这次观兵的目的,是武王和吕尚要实测一下诸侯的动向。结果,又有许多诸侯听命于周。诸侯们都主张立即伐商,武王和吕尚认为时机还不成熟,断然班师回朝。到周武王十一年,纣王的无道行为已达到登峰造极的程度。纣王的叔父宰相比干因劝谏纣王莫听奸佞谗言并改行仁政,竟被纣王剖心而死;纣王的堂兄箕子因不满纣王的残暴而被打入牢狱;堂兄微子见朝政倾乱,劝言不听,而入山隐居;太师和少师则投降了周武王。武王便向吕尚说:"殷大臣或死或逃,纣王可伐否?"吕尚毅然答道:"知天者不怨天,知己者不怨人。先谋后事者昌,先事后谋者亡。且天与不取,反受其咎;时至不行,反受其殃。"武王闻言大喜,当即整点军队,还邀集了各路诸侯和庸、蜀、羌、微、彭、濮等族人,浩浩荡荡杀向朝歌。于第二年二月初,到达了朝歌附近的牧野(今河南卫辉市)。纣王将奴隶、囚徒和战俘武装起来,竟组织起七十余万人,连夜开赴牧野。但纣师虽众,皆无战之心,都希望武王赶快攻来。结果商军前头的兵士突然掉转矛头,朝后面冲去。牧野一战,数十万商军"瓦解而走,遂土崩而下"。纣王平日淫乐的鹿台成为他自焚葬身之所。同年四月,周武王班师回镐京,正式建立了周王朝。

案例2:中国共产党在领导革命战争中,重视政治教育、政治动员和广泛宣传,做到"师出有名"。抗日战争胜利后,中国共产党面临国民党发动内战的威胁。在这种情况下,毛泽东科学地分析了时局,指出国民党的反动实质,提出"针锋相对"的方针:"蒋介石对人民是寸权必夺,寸利必得。我们呢?我们的方针是针锋相对,寸土必争。蒋介石总是要强迫人民接受战争,他左手拿着刀,右手也拿着刀。我们就按照他的办法办,也拿起刀来。"1947年,在蒋介石向我发起重点进攻前夕,毛泽东代表中共中央起草的党内指示告诫全党和全国人民"迎接中国革命的新高潮"。他又在《中共中央关于暂时放弃延安和保卫陕甘宁边区的两个文件》中指出："蒋介石欲以开'国大'、打击延安两项办法,打击我党,加强自己。其实,适得其反。中国人民坚决反对蒋介石一手包办的分裂的'国民大会',此会开幕之日,即蒋介石集团开始自取灭亡之时。"蒋介石军队在被我歼灭了35个旅之后,在其进攻能力快要枯竭之时,使用突袭方法,占领延安,亦无损于人民的解放战争胜利的大局,挽救不了蒋介石灭亡的命运。总之,"蒋介石自走绝路,开'国大'、打延安两样一做,他的一切欺骗全被揭破,这是有利于人民解放战争的发展的。各地对于蒋介石开'国大'、打延安两点,应向党内外作充分说明,团结全党全军和全体人民,为粉碎蒋介石进攻,建立民主的中国而奋斗"。实践也正是如此,我党彻底地揭露了国民党孤立我党、攻打延安的反动本质和丑恶行径,赢得了人民的支持,统一了全党全军的思想认识,团结一致,英勇奋斗,终于粉碎了国民党的进攻。

先礼后兵:先讲礼义,而后兴兵

"先礼后兵"这是一种先通过礼节退让或政治谈判表示诚意、争取道义,在施礼之后或和平解决问题不成时,再发起兵事攻伐的谋略。这一成语最早出现于《三国演义》第十一回:"刘备远来救援,先礼后兵,主公当用好言答之,以慢备心;然后进兵攻城,城可破也。"这是曹操进攻徐州时,刘备派人给曹操送去书信劝令和解,曹操准备斩杀来使时,曹部下郭嘉劝曹操的话。曹操听从了郭嘉的意见,准备以先礼后兵计回答刘备。此时忽得报告,曹操后方兖州被吕布攻破。于是,郭嘉又献顺水人情计:"主公正好卖个人情与刘备,退军去复兖州。"曹操同意,即时答书与刘备,拔寨退兵,解了徐州之围。

案例:晋军退避三舍,既得军心又择战机。《左传·僖公二十三年》记载,晋文公重耳在未当国君在外流浪逃亡时,曾经得到楚王的救助。楚王问重耳,今后如何报答。重耳说,如果晋楚交战,晋军一定先"退避三舍",以作报答。古时以30里为一舍,退避三舍就是后退90里。后来,重耳当了晋国国君。有一次,楚国带领盟军攻打中原的宋国。晋文公为了称霸中原,当上盟主,便要发兵去救宋国,以便取得中原各诸侯国的保护人的地位。晋军与楚军相遇后,晋文公令军队先退避三舍,以示履行以前的诺言,这样就避免了晋文公忘恩负义的恶名,在舆论与心理上都取得了主动,赢得了诸侯的同情,先礼而后兵,士兵也觉得理直气壮,士气大增。其实,后撤90里正好退到城濮,这个地方的地形对晋军作战是很有利的。晋军与楚军在城濮交战,晋军大胜。这是先礼后兵的典型战例。

远交近攻：分化瓦解，各个击破

"远交近攻"是分化瓦解敌方联盟，各个击破，结交远离自己的国家而先攻打邻国的战略性谋略，为"三十六计"之一。语出《战国策·秦策》，范雎曰："王不如远交而近攻，得寸则王之寸；得尺亦王之尺也。"这是范雎说服秦王的一句名言。

其基本思想是：在战争形势严峻且不利的情况下，要攻击近处之敌，结交远方之敌。在战争纷乱的局势中，各方均会不择手段，随机应变，谋夺利益。远方的敌人不要去攻击，可以用利益与其结盟，邻近的不能结交，否则危机就会在身旁发生。这里的"远交"，并非长久和好，目的是孤立近邻，避免树敌过多。待"近攻"得手后，原先的"远交"也就成为新的攻击对象了。

案例1：范雎献"远交近攻"之策，为秦国一统天下立下奇功。战国末期，七雄争霸。秦国经商鞅变法之后，势力发展最快。秦昭王开始图谋吞并六国，独霸中原。公元前270年，秦昭王准备兴兵伐齐。魏国人范雎是个足智多谋的政治家。秦国国相穰侯是秦昭王的舅舅，因为有这种关系，他在朝中一贯专权用事。穰侯为了达到建立军功以扩大自己在陶地的封邑的目的，竟然不顾实际情况，试图派兵越过韩、魏二国去攻伐齐国。范雎对穰侯的做法极为反感，于是，冒昧拜见了秦昭王，说："穰侯试图越过韩、魏而去攻打齐国的纲、寿二地，这是很不明智的。我们如果出兵太少，就不足以打败齐国，出兵太多则会削弱秦国本土的防卫。若我们只出少量的兵而借助韩、魏二国的军队去攻伐，那也是不道义的行为，韩、魏二国先前和我们友好的关系也会因此而破裂。您想，我们越过人家的国土去打仗，这行得通吗？过去齐湣王南攻楚国，虽攻下了许多城邑，结果连尺寸土地都未得到，而自己却还被东方的其他诸侯乘机打垮了。因此，大王不如远交而近攻，得寸则王之寸也，得尺亦王之尺也。"秦昭王采纳了范雎的意见，放弃了攻齐的计划，并委任他为客卿。秦国攻下了魏国的好几座城邑，迫使魏国成为秦国的附庸。之后，秦昭王就正式拜范雎为相国，又向距秦不远的赵国发动了进攻。结果，在长平大败赵军，坑杀赵军士卒四十余万，使赵国从此一蹶不振。范雎的远交近攻谋略果然为秦国向东扩张铺平了道路。其后四十余年，秦始皇继续坚持"远交近攻"之策，远交齐、楚，首先攻下韩、魏，然后又从两翼进兵，攻破赵、燕，统一北方；攻破楚国，平定南方；最后把齐国也收拾了。秦始皇征战十年，终于实现了统一中国的愿望。

案例2：第二次世界大战中，苏联采取"远交近攻"策略，先灭德军后灭日军。1940年，面对德国法西斯可能发动的大规模侵略，苏联为避免东西两线作战，决定先稳住日本。7月，苏联政府向日本提交了苏日中立条约草案，通过几次交涉，1941

年4月13日,《苏日中立条约》正式签订。苏德战争爆发后,法西斯德军势如破竹,一直打到莫斯科城下,斯大林通过苏联驻日本大使了解到,日本在近期内无意向苏联发动进攻,遂果断决策,先后从西伯利亚调回几十个师投入莫斯科会战,终于使德军成为强弩之末。1945年,苏军攻占柏林后,遂回师东进,百万苏军进入我国东北,消灭了日本关东军。

绝其必返:断敌归途,绝其外援

"绝其必返"源于《阵纪·战机》:"敌欲冲我,我则绝其必返。"意思是,若敌向我攻击,就截断敌人退路。此计的目的在于达成歼灭战。当敌向我攻击,我可派出精锐奇兵迂回敌后,出其不意地袭击敌腹背,一方面能造成敌两面受敌,前后不能相顾,迫敌两面应战,增加心理压力,造成敌恐惧感;另一方面既可断敌后方补给,达到抽薪止沸的目的,又可在敌逃跑时阻止敌人,确保全歼敌人。

运用此计,一要注意利用地形条件,选择敌后方险要地形,据险扼守,抗敌多面围攻;二要派出适当兵力,具备在困难条件下独立作战能力,以免陷入螳臂当车的险境;三要掌握奇兵断后的时机,适时隐蔽,并突然插入敌后,断其退路。

案例1:临江保卫战,我军智攻敌后方补给线,内外合围全歼敌军。1946年12月至1947年4月,东北我南满部队举行了保卫临江的作战。当时,在敌人进攻之下,我南满根据地空前缩小,临江正面狭窄不便于我机动;而进攻之敌又紧缩靠拢,彼此接应。针对这种情况,我北满部队三下江南,实行南打北拉,迫敌两面作战。我南满部队在北满部队的大力支援下,采取内线防御、外线进攻相结合的积极防御作战方针,乘敌后方空虚之隙,以正规部队一部深入敌后,开辟新的战场,配合地方武装成功袭击敌人,拔除敌纵深据点,炸桥破路断绝交通,打乱敌人后方,绝其退路,迫敌回援。在我一系列有力打击下,敌前后失顾,彼此不能照应,我军最后取得了临江战役的胜利。

案例2:英阿马岛海战中,英军在登陆作战前成功实施封锁,是现代条件下的"绝其必返"谋略的运用。现代条件下的岛屿登陆作战,以海空优势先期对目标实施立体、环形的全面封锁,是切断守军岛外补给、削弱敌人岛上防御、扫清岛屿外围、减少登陆行动的影响与威胁,进而取得登陆作战胜利的重要环节之一。

海上封锁

因此,交战伊始,英特混舰队于1982年4月24日刚抵达马岛海域,便凭借其海上优势和空军较强的空中格斗能力,立即对马岛实施了海空封锁。其海上封锁的方法是建立三层封锁线:以核动力潜艇为主,结合海上空中巡逻,形成封锁的对外正面;以数量不等的驱逐舰和护卫舰组成数个舰群,在阿岸火力范围外形成封锁的对内正面;中层则由舰载航空兵和巡逻艇组成。其空中封锁的方法是,以数量上虽处劣势,但有较强空中格斗能力的舰载航空兵飞机,对阿机实施广泛的空中截击战术,并辅之以舰载防空兵力的有力配合,掌握作战地域的制空权。英军对马岛先期实施海空封锁的主要目的在于:(一)限制并袭击接近和进入封锁区的阿军舰船与飞机,借以切断马岛海空补给线,孤立瓦解阿守军,削弱、动摇其防御;(二)扫清马岛外围,消除阿空军对登陆的威胁;(三)乘机勘察熟悉马岛周围的航道、水文、气象、地质及障碍等情况。由于阿海军力量薄弱,飞机远战能力有限,始终未能打破英军的海空封锁,致使马岛守军孤立无援,陷入极大困境,严重地影响了士气,削弱了战斗力,英军则达到了预期目的,为夺取登陆作战的胜利创造了条件。

案例3:在第二次车臣战争中,俄军高度重视对敌军的全面封锁,使车臣军陷入孤立境地。当俄军在塔吉克斯坦实施清剿行动时,非法武装就在一些阿拉伯国家积极活动,利用各种媒体呼吁穆斯林志愿者参加车臣的"圣战",并寻求各方面支持,同时一些来自沙特阿拉伯、也门、科威特、巴勒斯坦等国的激进分子也进入车臣,参加对俄军作战。在这种情况下,俄对外高加索成为极端分子和武器流入北高加索的通道十分担忧,因此俄军在塔吉克斯坦清剿行动结束后,迅速调集重兵从空中和地面对车臣边境实施封锁,切断车臣同外界的联系,压缩非法武装的活动空间,摧毁车臣境内军事设施,为彻底消灭非法武装、铲除恐怖根源创造了条件。同时,切断敌人的对外联系。针对非法武装广泛与外界联系、寻求周边地区和国际支持,并随着战争发展有可能将非法武装撤出车臣在国外建立流亡政府等情况,俄政府和军队及时采取关闭海关、切断交通联系、中断通信联系等措施,禁止来自国外的一切货物进入车臣海关,加强外国人出入北高加索的检查,防止外国恐怖分子和雇佣军及武器弹药进入车臣;断然炸毁车臣通往有关邻国的交通要道和桥梁,阻止极端宗教势力向北高加索地区渗透;并于1999年11月23日,切断了车臣及其邻近的印古什、塔吉克斯坦和北奥塞梯–阿兰共和国的无线电通信联络,使非法武装无法与外界沟通和联络,将非法武装置于孤立封闭的境地。

狡兔三窟:多想后路,进退裕如

"狡兔三窟"是指选择数个隐蔽或待机地域,游击敌人或与敌周旋的谋略。该谋略的本意是指狡猾的兔子有三个窝，比喻藏身处多，便于逃避灾祸。源于《战国策·齐策四》："狡兔有三窟，仅得免其死耳；今君有一窟，未得高枕而卧也……"这是冯谖对孟尝君说的话。意思是：狡猾的兔子有三个藏身之处，才能免其一死，您现在只有一处安身之地，还不能高枕安睡。这就告诉人们，在复杂的谋略斗争中，必须多准备几手，才能立于不败之地。此计主要用于战前，即在备战过程中，通过战前备战赢得更多的战争主动权。

案例1：周军假设营帐，迷惑齐军趁机转移。周武帝伐北齐，派宇文宪、宇文纯、宇文椿、宇文盛，分别把守雀鼠谷、千里径、鸡栖原、汾水关。战前，宇文宪与宇文椿设计说："用兵善诈，此次安营，不要使用帐幕，可砍柏松搭成小屋，显示我们要在此长驻，待敌来攻时，就会疑心我军有埋伏在此。"果然，当齐后主高纬带兵来攻打他们时，因始终疑有伏兵，不敢大胆进攻。待后来查清详情后，周军早已转移多时了，齐军丧失了有利的战机。周军之胜正是在于充分地做了多手准备。

案例2：阿富汗塔利班基地组织，在处于弱势的情况下，经过多年准备形成了一套完备的地道和密道系统。阿富汗的密道系统，最初是在苏联入侵阿富汗时期形成的，但在美军入侵阿富汗期间，也发挥了重要的作用。塔利班武装和基

实施洞穴战的塔利班基地武装分子

地组织利用山区有利地形，以游击战、洞穴战展开反搜剿行动。尽管美军投入了包括特种部队、海军陆战队和第一〇一空中突击师、第八十二空降师、第十山地师的一部兵力，还有少量盟军部队，但始终未能速战速决，甚至在相当长一段时间内，连本·拉登的藏身地也确定不了。

信而安之，阴以图之：使敌松懈，寻机图谋

"信而安之，阴以图之"源见"三十六计"第十计"笑里藏刀"。意思是使对方相信自己，而暗中图谋对方。

案例：第四次中东战争中，阿军为了隐蔽进攻企图，在入侵之前采取了二百多条伪装措施，如让国防部发布正常的军官休假通知、军队日常性活动正常进行、边境士兵不戴钢盔去河边钓鱼等，使战前保持一片虚假的和平景象。1973年10月4日，战争已经迫在眉睫，但以色列外长在同美国务卿会晤时，仍然被蒙在鼓里，认为"埃及人是在演习，叙利亚人则是在采取预防措施，以防备以色列人可能发动的进

攻",并且断言"10月份不会发生戏剧性事件"。话音未尽,两天后阿方突然大举进攻,取得了战争第一阶段的胜利。在现代战争中,战争活动已经成为政治、外交、经济、心理等因素综合作用的复杂行为。为了实现更大的突然性、隐蔽性,围绕隐蔽战争的活动日益加剧,手段更加高明。对指挥员和决策者来说,在任何时候都要保持清醒头脑,不为假象所迷惑。同时,要善于采取各种积极手段迷惑对方,达到突然进攻的目的。

第二章
奇正相生

　　"奇正"是我国古代一种重要的谋略思想，开始时只是一种用兵之术，以后得到进一步发展，以至谈到军事作战问题都要涉及"奇正"问题。

　　春秋时期的《老子》最先提到"奇正"问题，认为"以正治国，以奇用兵"。随后，《孙子兵法》对"奇正"进行了系统的论述："凡战者，以正和，以奇胜""战势不过奇正，奇正之变，不可胜穷也"。孙子认为"奇正"一是指正确地使用兵力，以正兵挡敌，以奇兵取胜，二是指战术的变化。

　　以后，许多兵家都对"奇正"问题进行了研究，使"奇正"说得到了发展。《尉缭子》认为："正兵贵先，奇兵贵后。"《六韬》认为，"奇正发于无穷之源"，并论述了 26 种用奇正的战术。《李卫公问对》对"奇正"更是有着精辟的论述，认为：从政治策略上看，对敌进行政治声讨是"正"，对敌进行军事打击是"奇"；从军事战略上看，宣而后战是"正"，突然袭击是"奇"；从战役作战上看，主要攻击方向上是"正"兵，次要方向上是"奇"兵；在战术上，按常规用兵是"正"，反常用兵是"奇"；等等。

奇兵计：诡道之谋，无不出奇

　　"奇兵计"是指在敌对双方争夺同一地域，而敌众我寡的劣势下，统率者应当机立断，发奇兵抢先占据该地，以逸待劳。待敌军到达后，趁敌立足未稳，发起突袭，敌必因毫无准备而溃逃。

　　案例1：李充反其道精兵奇袭，突厥始料未及仓皇败逃。隋开皇二年，突厥沙钵略可汗叩关犯境，卫王杨爽受命统兵迎击。兵到白道，行军总管李充向卫王建议：北齐、北周之时，天下形势有如战国，到处纷扰不安，华夏集团诸侯林立，争鼎逐鹿，长时间未能统一九州，合力一致对外。在这种情况下，每次突厥入寇，塞内诸将各求自保，不敢放手反击，因此突厥人塞上走马，入境横槊，少有失败经历。在这些大漠骑士眼中，华夏军队都是贪生怕死之辈，根本就不配与他们争雄抗衡。久而久之，表面上的强弱之势，造成了突厥人极度轻视华夏集团的心理误区。现在沙钵略又是倾国出动，在我军到来之前已抢先占据险要地形，肯定会以一贯的轻视心理来看待我们。轻敌则无备，我们正好可以利用他们的疏忽，暗派精兵奇袭，彻底打败他们。对李充的判断，诸将都持怀疑态度，只有元帅长史李彻深有同感，在他的极力支持下，李充的建议被卫王杨爽采纳。李充、李彻遂领五千精兵，悄悄摸入突厥大营，刀劈枪刺，杀得突厥人狼奔豕突。沙钵略没想到中原兵马也会有洗心革面的一天，隋兵那种忘我杀敌的勇猛劲令他望而生畏，他知道阵营已乱，失败已成定局，再待下去不是被杀就是被擒，总之都不体面，于是匆匆脱下黄金甲，蹿入草丛中溜出了战场。这一仗以后，突厥人完全改变了对中原军队的看法，大伤元气的沙钵略可汗以至于最后不得不向大隋天子称臣。

案例 2：刘伯承反常用兵重设伏，用奇兵打得日寇狼狈逃窜。在抗战初期的 1937 年 10 月 26 日，刘伯承同志指挥我八路军一部在山西平定县七亘村设伏，曾重创了经此地向平定输送军需物资的日军一部。刘伯承同志分析了敌之心理：敌受到打击以后，可能认为我军不会在七亘村再次设伏，日军还会经此地再向前方运送物资。于是，派一部兵力佯装离去，给来收尸之敌造成了假象，等敌一走，又在七亘村南山布下了伏兵。28 日，果然 400 余名日军掩护其辎重经此西进，又一次遭我突然打击，丢下百余具尸体、数十匹骡马，狼狈逃窜。战后，国民党第二战区副司令长官卫立煌敬佩不已，称赞七亘村"重叠的待伏"是奇迹，打破了"用兵不复"的铁律，可谓奇兵制胜。

埋伏计：设点暗伏，攻其不备

"埋伏计"，即在敌必经之路，利用优势地形，事先伏下重兵，待敌经过时，突然发起攻击，出其不意、攻其不备地实施打击。实施埋伏计谋，一方面，要事先分析敌人的行军路线，在敌必经之路上设伏；另一方面，要以利诱之，如用小散部队实施诱敌深入，或者假设粮草、给养物资在预设埋伏地点等，引诱敌人来攻，并埋伏攻击。

《百战奇略·利战》提到"彼贪利而不知害，可设伏兵以击之"。意思是若敌贪图小利，而少智寡谋不知其中利害，就可以选定有利地形埋伏，巧设诱饵，引敌进入我军的包围圈中歼灭。"伏兵以击"，是对付鲁莽愚蠢、贪图小利而不知其害之敌的有效战法，是古代战争中常用之谋，创造了无数的成功战例。

这是一种用奇谋略，往往是自己处于弱势时使用的谋略。正面对阵可能战不过对方或旗鼓相当，或虽能战胜对方，但付出的代价很大。在这种情况下，用奇兵便更有把握战胜敌人。敌猛攻前设好伏击，引诱对方进入我之事先设的陷阱或伏击圈，这样敌之优势变劣势，我之劣势变优势，且打击敌人于无备之中，胜券在握。

运用这种作战谋略方法应注意四点：一是针对敌我具体情况决定是否采取这种谋略，包括要认真考察是否具备伏击的条件。二是一旦确定设伏，就一定确保成功，否则将会使自己更加被动。三是把设陷阱打击敌人与其他战斗、战场结合起来，作为起点或转折点，向敌人发动更大攻势。四是这种谋略方法多用在敌强我弱的情况下，当然也不排除在其他适当时候运用。运用此计，必须建立在熟知对手智愚、性格、脾气等特点的基础上，有的放矢地合理使用。现代战争条件下侦察技术不断发展，行动企图难以隐蔽，要十分注意在巧施诱饵、示形惑敌、设假隐真上下功夫，才能欺骗敌人，诱敌陷我圈套。

埋伏计往往可以与"诱敌深入""声东击西"等许多谋略共同运用，具有很强的灵活性，需要指挥员审时度势，巧妙运用。

案例1：郑公子设埋伏诱歼戎人，伏击战立战功历史首例。公元前714年，郑国北边的戎人乘中原诸侯国混战之机，南下袭郑。郑庄公深以为患。郑公子突建议诱其深入，设伏破戎。郑庄公从其计，以主力分三批设伏，以部分士兵为诱兵，两军接战，郑诱兵佯败，弃财物。戎军前队见利紧追，直入郑军伏击圈内。郑军以一部伏兵突然攻击，戎军仓皇而退，此时郑全部伏兵将戎军前队切为数段，前后夹击，将其歼灭。戎军后队见前队失利，各自逃奔。郑军乘胜追击，大败戎军。这是中国古代战争史上记载最早的伏击战战例。

案例2：埃及苏伊士城设伏，沙龙急功冒进致兵败。第四次中东战争中，一向骄横、目中无人的沙龙指挥以军从吉奈法镇出发，沿铁路直奔埃及苏伊士城。攻击前，以军首先对苏伊士城进行火力侦察，见城内没有任何反应，便错误地认为其防御力量薄弱或守军业已逃避，于是大摇大摆地进入城内，结果陷入埃军的预伏地带，遂遭重创。埃及在这次战斗中，利用以军恃强骄纵、麻痹轻敌的心理，在敌实施火力侦察时，示以虚形，诱敌于预伏阵地，出其不意地予敌以打击，获得了胜利。

连环计：多计并用，多谋并举

"连环计"为三十六计之一，是运用数个谋略围绕共同目的连续施用，牵着敌人鼻子,逼敌就范的谋略。连环计的出现使谋略运用上升到一个新的起点,是战争发展的客观反映。在谋略产生的初始时期,由于作战规模小,作战兵器原始,谋略运用上仅局限于单谋单用、独计独施。后来,随着战争规模的不断扩大,作战兵器的逐步发展,简单的施计用谋,难以驾驭复杂的战争行动,由此产生了连环计这一新的用谋方式,谋略家们的视野也变得更加开阔了。

连环计的另一种表达形式为"数计勷一",引自《兵经百字·叠》:"大凡用计者,非一计之可孤行,必有数计以勷之也。以数计勷一计……百计迭出,算无遗策,虽智将强敌,可立制也。"勷:襄的俗写,指襄理、辅助的意思。数计勷一,就是在谋略全局的实施中,同时使用几个连环相扣的计谋。这几个计谋围绕一个总的目的,协同发生作用。

连环计的使用方式极为灵活,既可以是一种谋略的几次重复,如刘伯承元帅七亘村重叠设伏,也可是数个谋略的齐举共发,如第四次中东战争中,埃及为隐蔽进攻企图,从政治、经济、外交上同时采取了二百多条伪装措施。此外还能先迂后直,先退后进,使敌难以捉摸,但这一切都必须建立在明确的目的和巧妙的手段的基础之上。

由此可见,连环计是一计累敌,一计攻敌,两计扣用。而关键在于使敌"自累",因此,我们应该从更高层次上去理解"使其自累"几个字。两个以上的计策连用称连环计,有时并不见得要看用计的数量,而要重视用计的质量,"使其自累"之法,可以看作战略上让敌人背上包袱,使敌人自己牵制自己,让敌人战线拉长,兵力分散,为我军集中兵力各个击破创造有利条件。这也是连环计在谋略思想上的反映。用计重在有效果,一计不成,又出多计,在情况变化时,要相应再出计,这样才会使对方防不胜防。

案例1:反间计苦肉计环环相扣,周瑜将计就计大破曹军。赤壁大战时,周瑜巧用反间计,让曹操误杀了熟悉水战的蔡瑁、张允,又让庞统向曹操献上锁船之计,又用苦肉计让黄盖诈降。三计连环,打得曹操大败而逃。曹操误杀蔡、张二将之后,后悔莫及,更要命的是曹营再也没有熟悉水战的将领了。之后,东吴老将黄盖见曹操水寨船只一个挨一个,又无得力指挥,建议周瑜用火攻曹军,并主动提出,自己愿去诈降,趁曹操不备,放火烧船。周瑜说:"此计甚好,只是将军去诈降,曹贼定生疑。"黄盖说:"何不使用苦肉计?"周瑜说:"那样,将军会吃大苦。"黄盖说:"为了击败曹贼,我甘愿受苦。"第二日,周瑜与众将在营中议事。黄盖当众顶撞周瑜,骂周瑜不识时务,并极力主张投降曹操。周瑜大怒,下令推出斩首。众将苦苦求情:"老将军功劳卓著,请免一死。"周瑜说:"死罪既免,活罪难逃。"命令重打一百军棍,打得黄盖鲜血淋漓。黄盖私下派人送信给曹操,大骂周瑜,表示一定寻找机会前来降曹。之后,曹操派人打听,黄盖确实受刑,现正在养伤。他将信将疑,于是,派蒋干再次过江察看虚实。周瑜这次见了蒋干,指责他盗书逃跑,坏了东吴的大事。这次过江,又有什么打算?周瑜说:"莫怪我不念旧情,先请你住到西山,等我大破曹军之后再说。"把蒋干给软禁起来了。其实,周瑜想再次利用这个过于自作聪明的呆子,所以名为软禁,实际上又在诱他上钩。一日,蒋干心中烦闷,在山间闲逛,忽然听到从一间茅屋中传出琅琅书声。蒋干进屋一看,见一隐士正在读兵法,攀谈之后,知道此人是名士庞统。他说,周瑜年轻自负,难以容人,所以隐居在山里。蒋干果然又自作聪明,劝庞统投奔曹操,夸耀曹操最重视人才,先生此去,定得重用。庞统应允,并偷偷把蒋干引到江边僻静处,坐一小船,悄悄驶向曹营。蒋干哪里会想到又中周瑜一计:原来庞统早与周瑜谋划,故意向曹操献锁船之计,让周瑜火攻之计更显神效。曹操得了庞统,十分欢喜,言谈之中,很佩服庞统的学问。他们巡视了各营寨,曹操请庞统提提意见。庞统说:"北方兵士不习水战,在风浪中颠簸,肯定受不了,怎能与周瑜决战?"曹操问:"先生有何妙计?"庞统说:"曹军兵多船众,数倍于东吴,不愁不胜。为了克服北方兵士的弱点,何不将船连锁起来,平平稳稳,如在陆地之上?"曹操果然依计而行,将士们都十分满意。一日,黄盖在快船上满载油、柴、硫、硝等引火物资,遮得严严实实。他按事先与曹操联系的信号,插上青牙旗,飞速渡江诈降。这日刮起东南风,正是周瑜选定的好日子。曹营官兵见是黄盖投降的船只,并不防备,忽然间,黄盖的船上火势熊熊,直冲曹营。风助火势,火乘风威,曹营水寨的大船一个连着一个,想分也分不开,一齐着火,越烧越旺。周瑜早已准备快船,驶向曹营,只杀得曹操数十万人马一败涂地。曹操本人仓皇逃奔,捡了一条性命。

案例2:埃、叙联军布下连环套,以色列未防备蒙在鼓里。在第四次中东战争之前,埃、叙两军为了实现突然袭击的目的,制定和实施了一整套隐真示假的谋略。这些连环施用的计划包括:通过以色列破译的"解放–23号"密码向以色列传递虚假的作战信息,使其受蒙蔽,以作出错误的判断;故意向以色列谍报人员传递虚假信息,如"米待卡尔"谍报小组搞到的埃及战斗动员令;通过一系列的佯动迷惑以色列,调动部队时故意被以色列侦察机发现,其实埃及飞机向运河来回调动就是虚假信息;此外,还假装没有进行战争准备,掩盖其备战举动,埃及总司令故意发布让希望去朝圣的军官去登记等虚假的消息,并让报纸发表相关消息,以色列人从《金字塔》报看到的消息都是假象;等等。这些内容都是埃及军方精心制定的军事、政治谋略的一部分,从而达成了突然袭击的目的。

回马枪：佯退诱敌，折马回攻

"回马枪"源于中国古典小说，形容佯退诱敌、突然折马回攻的一种战术，后被引申为回过头来突然袭击追击者的常用谋略。"回马枪"在军事上的运用，就是先摆出退的架势，给对方造成错误的判断，然后抓住敌人麻痹、骄横的心理，有计划地在退中进攻，一举战胜敌人。作为一名优秀指挥员来说，也要像一个武术超群的拳师那样，既善使"开山斧"，也会用"回马枪"。以变对变，胜变于敌。

案例1：蒙军技杀回马枪，金兵无备"走麦城"。崇庆元年十二月，蒙古大军先锋哲别攻打金东京，受到守军拼死抵抗，屡攻未克。于是，哲别便佯装收兵，将军队后撤了500里。金东京守军以为大敌远去，不会再战了，戒备渐懈。这时，哲别乘机挑选轻骑，星夜回驰，一举攻克了该城。这个战例中，蒙古军队就胜在了巧用回马枪之计上。一切退都是为了更好地进，这句话用在军事谋略上再恰当不过了。战争行动有进有退、以退为进、先退后进，充分反映了战争的辩证法。

案例2：刘邓佯败诱敌军，趁其不备回马枪。1946年10月，国民党军队在陇海路中段企图攻击我晋冀鲁豫野战军的第二、三、六、七纵队。面对强大的敌人，司令员刘伯承、政治委员邓小平采取边打边撤的办法，引诱敌人追击，而后杀了一个回马枪，消灭了蒋军一个旅。这次战役的经过大致是：10月下旬，各纵队依照刘伯承、邓小平的部署，分路向到站一带集中，派出一支部队，在敌人前进的方向上，假装撤退。沿途故意翻车撒米，扔掉一些破旧的军用品，向敌人显示我军在败退，以助长敌人的骄狂思想，促使其大胆冒进。敌人果然中计。刘汝明命令他的一一九旅及配属部队向我军追击，待一一九旅脱离大部队几十公里时，刘伯承、邓小平见时机已到，命令第二、三、六纵队协力杀了敌人一个回马枪。经过20个小时激战，敌军一一九旅全部被消灭在鄄城地区。

声东击西：假攻东方，实击西方

"声东击西"为三十六计之一，指在军事谋略斗争中，假攻东方，实击西方。用以迷惑敌人，造成敌人的错觉，使其举棋不定，然后予以出其不意的攻击。这是军事上一种出奇制胜的战术。

声东击西的表现形式之一：声前掩后。源于明代刘伯温《百战奇略·奇战》："凡战所谓奇者，出其不意，攻其无备也。声前掩后，冲东击西，使敌莫知所备，则胜。"声前掩后，是指在敌人正面佯攻以迷惑敌人，而进攻敌人后方，打击敌人的弱点。

声东击西的表现形式之二：虚扬济谋。源于《兵经百字·言》："言为剑锋上事，所用之法多离奇：或虚扬以济谋……"意思是，言锋是剑锋的另一种表现形式，用它的方法大多很离奇：有的散布虚张声势的诺言来帮助计谋的实施。虚扬济谋，是战争舞台特别是古代战争中常用的谋略。虚扬是手段，济谋才是目的。

声东击西的表现形式之三：先忤后合，前冥后明。源于西汉刘安《淮南子·兵略训》："用兵之道，示之以柔而迎之以刚，示之以弱而乘之以强，为之以歙而应之以张，将欲西而示之以东，先忤而后合，前冥而后明。"说的都是先以假象迷惑敌人，待敌上当后，再施以重击而取得最后胜利。

此计是以假的攻击方向诱惑敌人，来伪装真实的攻击方向的计谋。声东击西为中外历代军事家所常用，因而极易被对方识破。当敌方对我方情况不甚明了时，与其他计谋配合使用，此计的成功性才较大。如若呆板地生搬硬套此计，往往上敌方将计就计之当。总之，先要故意采取与自己意图相反的行动去欺骗敌人，而后才按照真实的意图去行动；先要隐匿自己的意图，使敌人摸不着头脑，然后才以果敢明确的行动去打击敌人。在敌我较量中，要使声东击西的谋略起到预期效果，一是要佯攻敌薄弱之处，真正调动敌人；二是袭敌重点，使敌分不清我真实企图，真正迷惑敌人；三是多方佯攻，使敌不知所措，真正分散敌人。

我们指的方向并非自己所要行动的方向，我所表现出来的并非我真实的意图，这样自己的举动敌人便无法测知。这既是一种示形谋略，又是一种奇正谋略。在兵家斗智斗勇的战争中，战场上的情况错综复杂，千变万化，战争指挥者只有统观全局，驾驭全局的发展变化，审时度势，因敌制变，灵活用兵，才能稳操胜券。而要做到灵活用兵，就必须使用声东击西的计谋，这样才能出奇制胜。因此，研究并学会声东击西的以奇制胜的谋略是每个谋略家的基本功。

使用此计的人必须考虑对手的情况：敌方指挥确可扰乱，用此计必胜，如果对方指挥官头脑冷静，识破计谋，此计就不可能发挥效力了。运用这种奇正谋略应注意三点：一是先摸清敌人的谋略企图，针对敌人的企图和敌人将领特点，再确定声东击西之谋。二是把"声东"和"击西"衔接好，"声东"是为"击西"服务，"声东"是手段，"击西"是目的。三是把握好战争发展过程的变化，特别注意那些意外情况的出现，随时调整自己的策略和攻击方向。

案例 1：拿破仑声东击西，大败俄奥联军。1805 年，在法军与俄奥联军之间进行的奥斯特利茨战役中，当法军经过一系列的谋划形成决战态势之后，拿破仑一面在与俄奥联军指挥官进行谈判时，故意将法军已制订的作战计划全部暴露给对方，一面派出人员在阵地上大声宣读进攻联军的命令。在两军对阵的战场上，谁能相信那高声宣读的命令是真的呢？拿破仑这种大胆地泄露"天机"的办法，却有效地掩盖了

"天机",使联军错误地判断了法军的进攻部署和企图。俄奥联军指挥官当时认为,拿破仑是在搞声东击西,把他们当成小孩子,让他们上当,要不,怎么能把作战计划全盘端出,让对方知道呢?于是,命令联军从已占据的高地撤出,以防上了拿破仑的当。结果恰恰相反,拿破仑有意暴露作战意图,是要使对方形成他声东击西的错觉,视真为假,以达到欺骗对方的目的。拿破仑按照暴露给对方的作战计划,使俄奥联军遭到了伏击。

案例2:美军一侧牵制敌军,另一侧实施突破,出奇制胜。海湾战争前,美将地面部队主力部署在沙科边境地区,使伊军误认为美军将从沙科边境实施主要突破。美海军则在科沿海佯动,使伊军认为美将要发起大规模登陆作战,从而使伊军主力西调至伊军设防薄弱的科威特以西的伊沙边境,并将其作为地面战争发起后的主要突击方向。地面战争开始后,美两个陆战师在美第二装甲师1个旅及第八十二空降师一部协同下,在海上两栖登陆部队佯动迷惑行动的配合下,分两路从沙科边境中段实施突破,向科威特市进击。沙特以及埃、叙、科等阿拉伯部队分别沿沙特沿海公路和从沙科边界西段突破伊军防线,在美陆战队西侧牵制伊军并向科威特市方向推进。

十面埋伏:设弥天网,敌无处逃

"十面埋伏"源自《三国演义》第三十一回:"程昱献'十面埋伏'之计,劝操退军于河上,伏兵十队。诱绍追至河上。"其本义是以十队人马的绝对优势兵力,埋伏成口袋阵,诱敌入内后,扎紧袋口,对敌形成层层包围,陷敌于四面楚歌的绝境。此计是打歼灭战的良好战法。现代战争条件下,运用此计就是以兵力火力在有利地形形成预伏阵地,而后,巧使诱饵,诱敌入内并围歼敌人。

案例1:十面埋伏灭项羽,韩信一朝建奇功。公元前203年(西汉高帝四年),刘邦调集韩信、彭越、英布,各军会师垓下(今安徽省灵璧西)与项羽进行战略决战。第二年(前202年)秋,彭、英军先后到达,韩信也带兵30万赶到战地,刘邦令韩信统一指挥汉军,围歼项羽。当时项羽尚有精兵10万,据地防守。韩信根据敌情、己情,令蓼侯孔熙从楚军左侧占领阵地,费侯陈贺从楚军右侧占领阵地,英布迂回楚军之后,自己亲率大军在楚军正面对敌,绛侯周勃、棘蒲侯柴武、骑将灌婴军为战役预备队,刘邦在后统一料理。部署完毕,韩信先向楚军进攻,但一接战即佯装败退,引项羽追来,项羽果真追来,立即陷入布置的"口袋"里。韩信军回击,孔熙、陈贺奋勇上前,英布切断楚军退路,以绝对优势兵力,将项羽大军四面包围起来,项羽陷入十面埋伏之中,最终战败自刎。

案例2：解放军双堆集布天罗地网，一举全歼黄维兵团。1948年11月上旬，当解放军正在围歼黄百韬兵团，对徐州快形成合围时，蒋介石命令黄维带领12万人马，日夜兼程，逼进蒙城，与我解放军一纵接触，而后一退一进，步步紧逼。解放军用第四、第九两纵和三纵一部在正面防御，用第一、二、六纵及三纵主力于黄军西侧，第十一纵在黄军东侧，以华野第七纵和第十三纵作预备队，在南平集(在蒙城东北)将黄军大量杀伤后，又在23日佯退，诱敌进入解放军在浍河南岸预设的天罗地网。黄维发觉情况不妙，准备逃走，但已被解放军四面紧紧包围在双堆集(在蒙城东北)地区，一下子失去了行动自由，反复突围，均被击退。最终该兵团被全部歼灭，黄维也被俘虏。

反径行权：逆向思维，反常用兵

"反径行权"源于《史记·太史公自序》："诸吕为从，谋弱京师，而勃反径合于权。"反径行权，是指在特定的条件下，为了达到目的，违反常规采用机动灵活的战略战术。

反径行权的另一表现形式是：反行所谋。引自《兵经百字·左》："兵之变者无如左……反行所谋左其事。"意思是说，用兵变化莫测，一般认为应用常规方法，我偏偏用相反的方法。

案例1：苏军大胆显踪迹，德军疏忽未发觉。1942年11月19日，苏军在斯大林格勒反攻作战的第一阶段，为了争取时间，迅速断敌退路和防止敌军龟缩，先派一支坦克先锋队抢占顿河大桥。这次行动，苏军一不隐蔽，二不伪装，车灯大开，在德军的眼皮底下，大摇大摆地向渡河处开进，结果，竟不费一枪一弹，顺利抢占了德军数十公里纵深内的河上通道——顿河大桥。

案例2：美军巧选登陆点，朝军懈怠铸大错。朝鲜战争中，麦克阿瑟大胆地组织实施仁川登陆也是一个反径行权的招法。仁川附近海域，由于水浅，地形复杂，海滩长，是最不适于登陆的海域，因此，朝鲜人民军放松了警惕，部署的兵力也很少，美军在此登陆，一举成功，切断了朝鲜人民军的后路，使战局急转直下。

攻城打援：攻城诱敌，歼灭援兵

"攻城打援"是利用攻城，诱敌外援，歼灭援兵的谋略。系"围城打援"的派生谋略，谋略原理与"围城打援"相同，但两计之间略有差异。"围"属于攻城的一种方法，而"攻"则包含了"围"和除"围"以外的其他多种攻城方法。因此"攻城打援"比"围城打援"具有更大的灵活性和广泛性。

"攻城打援"有三种形式:第一,打援是保证攻城,把援敌阻击在一定的距离上,保证顺利攻城全歼守敌。第二,攻城是为了打援,攻城为虚打援是实。攻城的目的是为了调动敌人,使援敌在运动中陷入我预设阵地歼灭之。第三,攻城与打援并重,在可能的条件下,把兵力一分为二,攻城的攻城,打援的打援,取得攻城与打援双赢。

案例1:李自成攻城诱援兵,以逸待劳破明军。1642年4月,李自成率军围困开封,明崇祯皇帝派军驰援督师丁启睿,总督杨文岳及总兵督师左良玉奉命率20万大军和1万辆炮车奔赴开封解围。明军经过长途跋涉,6月下旬到达河南开封附近的朱仙镇。李自成见明朝援军已到,遂命一部兵力继续围攻开封,自己亲率主力部队隐蔽地接近至朱仙镇西南,占领有利地形,准备歼击明朝援军。李自成所部以逸待劳已有准备,而明军劳师远征,人困马乏,士气低落。李自成从明军侧背猛击,明军不备,左良玉军队溃败。

案例2:神头岭伏击援军,成就"第一流游击术"。抗日战争中,刘伯承同志抓住敌人一处受袭、他处必援的特点,成功地指挥了后来连日军都承认为"支那第一流游击战术"的神头岭战斗。此战,刘帅根据敌人对后勤保障基地十分敏感的特点,以一个营兵力为钳制部队,奇袭日军的重要补给线——邯(郸)长(治)大道的兵站集中地黎城,吸引潞城之敌越神头岭来援;以3个团的兵力作主攻部队,在黎城和潞城之间的神头岭三面设伏。当奇袭黎城之战打响后,潞城之敌仓皇来援,我伏击部队突然猛攻,经两小时激战,歼敌1500余人。

围魏救赵:击敌必救,一箭双雕

"围魏救赵"源于《史记·孙子吴起列传》:"魏伐赵,赵急,请救于齐……魏果去邯郸,与齐战于桂陵,大破梁军。"围魏救赵,就是不直接用兵力去攻打被敌围攻的地方,而是攻击敌人的后方要害,调动敌人的主力,乘机截击打击敌人,从而使被围攻的地区得到解救。

这一谋略思想最早见于《孙子兵法·虚实篇》:"我欲战,敌虽高垒深沟,不得不与我战者,攻其所必救也……"意思是说:我如果与敌人交战,敌人即使坚持深沟高垒,也不得不来与我交战,这是因为进攻了敌人所必救的地方。

围魏救赵的核心精神:出其所不趋。引自《孙子兵法·虚实篇》:"出其所不趋,趋其所不意。"意思是说:出兵要指向敌人无法急救的地方,行动于敌人意料不到的方向。出其所不趋,实质就是击敌必救之意,采用出其所不趋之策,就是要注重击敌难救而又必救之处。

这是一种用奇兵战胜敌人的谋略。如果用正兵,可直接率军攻打敌人,这样必然费时、耗力,而且胜利系数小;如果用奇兵,从另一角度,看准敌人要害,乘虚攻之,对方必然舍弃原来的打算,来顾及和抢救其危急之处。这时我可乘其不备进攻,达到出其不意,攻其不备,战而胜之的目的。

案例1:围魏救赵出奇谋,孙膑兵法后世传。公元前354年,魏惠王欲释丢失中山的旧恨,便派大将庞涓前去攻打。中山原本是东周时期魏国北邻的小国,被魏国收服,后来赵国乘魏国国丧伺机将中山强占了。魏将庞涓认为中山不过弹丸之地,距离赵国又很近,不若直打赵国都城邯郸,既解旧恨又一举两得。魏王从之,欣欣然似霸业从此开始,即拨500战车以庞涓为将,直奔赵国,围了赵国都城邯郸。赵王焦急中只好求救于齐国,并许诺解围后以中山相赠。齐威王应允,令田忌为将,并起用从魏国救得的孙膑为军师领兵出发。田忌与孙膑率兵进入魏赵交界之地时,田忌想直逼赵国邯郸,孙膑制止说:解乱丝结绳,不可以握拳去打,排解争斗,不能参与搏击,平息纠纷要抓住要害,乘虚取势,双方因受到制约才能自然分开。现在魏国精兵倾国而出,若我直攻魏国,那庞涓必回师解救,这样一来邯郸之围定会自解。我们再于中途伏击庞涓归路,其军必败。田忌依计而行。果然,魏军离开邯郸,归路中又陷伏击,与齐战于桂陵。魏部卒长途疲惫,溃不成军,庞涓勉强收拾残部,退回大梁,齐师大胜,赵国之围遂解。这便是历史上有名的"围魏救赵"的故事。

案例2:中原破击直逼武汉,刘邓大军顿释重负。1947年12月,敌人为了与我争夺中原,首先集中33个旅的重兵围攻我大别山区,对我刘邓大军造成重大压力。为配合刘邓大军粉碎敌人的围攻,建立巩固的中原根据地,我陈粟大军和陈谢兵团对平汉路和陇海路举行了一次破击战:我以主力沿平汉路南下,攻克一切可以攻克之地,歼灭一切可以歼灭的孤立分散之敌,造成威逼华中重镇武汉之势。敌人也深知我破击平汉、陇海两路的目的在于调动其围攻大别山的部队回援,不肯轻易就范。所以当我破击了两线大段铁路并攻占了许昌、漯河等敌兵站要地,敌并不为之所动。接着,我继续沿平汉路南下,围歼敌整编第三师,敌仍咬紧牙关,不肯回援。最后,我再沿平汉路迫近信阳,直逼武汉,敌终于无法再坚持下去,不得不从围攻大别山的部队中抽调3个整编师回援平汉路,最终达到我减轻大别山区压力的预期战役目的,此就是所谓"攻其必救"。

半济而击:诱敌险境,趁机击之

"半济而击"是指与敌人渡水作战,待其渡过一半时再攻击。这是敌临险境对敌攻击的一种策略。语源《孙子兵法·行军篇》:"凡处军相敌,绝山依谷,视生处高,战隆无登;此处山之军也。绝水必远水,客绝水而来,勿迎之于水内,令半渡而击之利,欲战者,无附于水而迎客,视生处高,无迎水流,此处水上之军也。"

《阵纪·水战》也提到:"水上之御,宜栅中流,或因风纵火,或因霆用灌,或囊沙决堤。"意思是:若依河防守,可在河水上游用沙袋堵截河水,待敌从河中下游渡河时,决开沙堤,以积水淹没敌人,与"半济而击"有异曲同工之妙。

案例:韩信巧借流水势,半济而击败楚军。公元前203年,汉王刘邦派大将韩信去进攻齐国,救援楚军与汉军隔着潍水对峙。韩信用沙袋在潍河上游堵水,以一部兵力在下游涉水进攻楚军,接触后佯装败退,楚军全力追击,此时,韩信将堵水沙袋决开,楚军涉水渡过一半时,河水大涨,后面的大半军队无法渡河,韩信乘机回军反击,大胜楚军。半济而击,是利用天然障碍将敌部署割裂,乘敌力量分散和混乱之际以我优势兵力首先歼敌之一部,而后再歼其另一部的谋略。利用有利地形、天候、水文等有利条件,巧妙用兵,出奇制胜,这是古今中外善于用兵的指挥员所必须考虑的重要方面。战争史上,众多的军事将领巧用地形、天候、水文等条件,创造了很多脍炙人口的战例。

两军衔枚:前攻侧打,击敌腹背

"两军衔枚"是一种以奇制胜的计谋。源于《吴子·应变第五》:"一结其前,一绝其后,两军衔枚,或左或右,而袭其处,五军交至,必有其利,此击强之道也。"意思是说:对付强大的敌人的战术是,一军牵制正面,一军切断敌后路,隐蔽两军于敌左右两侧,以奇兵连续攻击,消灭敌人。

两军衔枚的另一表现形式:翼出骁骑。源于《阵纪·山林泽谷之战》:"若交兵于斥泽,则胜负未可为也,莫如翼出骁骑,展开道衢……"意思是:当两军都处于艰险的地形时,双方都难以取胜,不如从两翼派出勇猛的轻骑兵夹击敌人。

孙子曰:"凡战者,以正合,以奇胜。"此计就是这一原则的具体运用。以正兵合战,出奇制胜。从作战目的讲,以正服务于以奇胜;就战术手段而言,明于正而暗于奇,二者是"伐谋"与"伐兵"的结合。奇正变化是无穷尽的,但落脚点都是一样的,即以我奇击敌虚,以我正牵敌实。通常情况下,无论进攻还是防御,在朝向敌方的一面,兵力部署一般强于翼侧和后方。"一结其前"目的是正兵牵制敌实;"一绝其后"是断敌退路。"两军衔枚"即以奇兵隐蔽突袭,击敌之虚。

采取正面牵制敌人,吸引敌注意力,以奇兵两翼迂回袭击敌翼侧,一方面可达到出其不意、攻其无备的目的,致乱歼敌;另一方面可避实击虚,打敌薄弱部位,从弱处开刀,直趋敌要害。古今中外战争中此计得到广泛的运用,现代战争条件下,部队突击力不断增强,机动能力不断提高,为运用此计提供了充分的条件,开拓了广阔的前景。

案例1:汉尼拔突袭罗马军两翼,拦腰截断并歼灭敌军。坎尼战役中,公元前216年6月的一天,罗马与迦太基在坎尼附近的海边平原各自摆开阵势,准备决一死战。罗马的统帅瓦罗倚仗着手中拥有优势兵力,摆开咄咄逼人的进攻架势:8万名步兵排成70列,以密集的队形摆在中央,骑兵配制在左右两侧。这样的队形,前后的长度要大于左右的宽度,目的就是要以精锐的步兵进行强有力的冲击,突破对方的中央防线,一举取得成功。迦太基军在数量上处于劣势,只有5万多人。汉尼拔在战前反复观察了战场周围的地形和气候,知道战场离海不过5千米,海面上经常在中午时分会刮很强的东风。所以,他选择了一块背风的地方作为阵地,并且预先在一个山谷埋伏了一支小分队,命令率队的军官如果交战时刮起东风便袭击敌军的后方。同时又挑选了500名骁勇善战的步兵,让他们在手持长兵器的同时,在衣内暗藏一把短匕首,随时准备执行特殊任务。针对罗马军的企图,汉尼拔针锋相对,摆下了一个很特别的阵势:正中间是两万名战斗力较弱的步兵,排成半月形,凸出的一面对着敌人,两边是战斗力强的步兵;在半月形阵势的两端,是精锐的骑兵。一切准备就绪后,上午8点多钟,广阔的战场上响起了刺耳的军号声。紧接着,十几万人同时发出震耳欲聋的呐喊声,一场规模巨大的厮杀开始了。罗马步兵一开始就全力向迦太基步兵的中央猛攻。不一会儿,中央的迦太基步兵抵挡不住罗马步兵的凶猛进攻,便向后退却。这样,半月形的阵势弯了进去,原来凸向罗马人的部分,现在凹了进来。罗马军越是前进,迦太基的队列越是从两侧向内收缩。罗马军的整个队形在纵向上越拉越长,而在横向上越来越窄。当罗马军深入到一定程度时,汉尼拔指挥他的精锐步兵和骑兵迅速挤压敌军的两翼。同时,向500名衣藏短匕首的强悍步兵发出一个预定的信号。只见这500步兵一窝蜂地拥向罗马军那边,似乎像逃兵一样。罗马人以为他们是来投降的,瓦罗赶紧让部下收掉他们的长剑和盾牌,将他们安置在自己部队的后卫地带。正午到了,海面上刮起了强劲的东风,卷起了漫天的沙土,使面对东方的罗马士兵难以睁开双眼,彼此间相互碰撞,自伤很多,乱作一团。时机已到,汉尼拔毫不迟疑地发起了全线反攻的命令。霎时间,被安置在罗马军后边的500名迦太基步兵突然从怀中抽出匕首,奋力向近处的罗马士兵刺去;埋伏在山谷中的一支部队也冲杀下来,突入罗马军队列之中;迦太基军两翼的骑兵发起进攻,击溃了罗马军的骑兵,切断了罗马军的退路;两翼的步兵继续挤逼夹在中间的罗马军。不一会儿,迦太基军就形成一个圈形,将罗马军团团围住。密集的标枪、投石和飞箭从四面八方射向罗马军。挤成一团的罗马军无处躲避,一排排扑倒在地。战场上尸横遍野,一片惨状。战斗整整持续了 12 个小时,直至黄昏以后才结束。罗马的 8 万大军 7 万人死于非命,执政官鲍路斯和军团将校全部阵亡,指挥决战的统帅瓦罗率残部逃跑。而迦太基军只损失了 6000 人。

案例 2:我军果断切断敌军间的联系,使敌处于孤立无援之境。孟良崮战役,我军之所以能一举歼灭敌整编第七十四师,主要在于,我军在战役行动上,以一部主力,由敌阵之隙,坚决迅速地从两翼向其侧后插入,割裂其与左右邻军的联系,并断敌退路。我预留于敌后的部队,则适时回师,飞兵抢占要地,对敌造成了战役合围。同时,我正面部队以顽强的防御,抗击了敌人的进攻,咬住了敌人,继而在敌被围后适时发起攻击。敌陷入我四面围攻之中,恐慌混乱,数次突围不成,被迫退守孟良崮、芦山等山头深谷,坐以待毙。我军利用有利时机,寻机歼敌,一举消灭顽敌。

借刀杀人:利用矛盾,诱敌攻敌

"借刀杀人"为三十六计之一。借刀杀人,是为了保存自己的实力而巧妙地利用矛盾的谋略。当敌方动向已明,就千方百计诱导态度暧昧的友方迅速出兵攻击敌方,自己的主力即可避免遭受损失。此计是根据《周易》六十四卦中"损"卦推演而得。曰:"损下益上,其通上行。"此卦认为,"损、益",不可截然划分,二者相辅相成,充满辩证思想。

借刀杀人的表现形式之一:以夷伐夷。语出《后汉书·邓训传》:"议者咸以羌胡相攻,县官之利,以夷伐夷,不宜禁护。"夷,古代泛指外族或敌国。以夷伐夷的谋略,善于利用敌人内部间的矛盾,使之相互残杀,达到削弱敌人的目的。

借刀杀人的表现形式之二:驱虎吞狼。源于《三国演义》第十四回:"暗令人往袁术处通报,说刘备上密表,要略南郡。术闻之,必怒而攻备;公乃明诏刘备讨袁术。两边相并,吕布必生异心,此'驱虎吞狼'之计也。"制造或利用敌人之间的矛盾,造成敌之误会,使其自相残杀,达到坐收渔人之利的目的。"兵不钝而利可全"是军事谋略的最高目标。利用敌人内部的矛盾和敌人间的利害关系,因势利导,激化敌矛盾,造成敌人互相残杀,借敌之力消灭敌人,达到不战而屈人之兵的目的,这是"驱虎吞狼""一石二鸟"之计的精髓。

借刀杀人的表现形式之三:以敌借敌。引自《兵经百字·借》:"己所难措,假手于人,不必亲行,坐享其利。甚且以敌借敌……""借",作为一种军事谋略思想,其核心是制造矛盾、利用矛盾。在敌方的军事联盟中,由于利益不同,就孕育着矛盾的根基;在敌人的营垒内,相互间的猜疑之心,包含着矛盾的胚芽;相互间的不服气,也是滋生矛盾的土壤。运用各种手段制造和利用敌人内部的矛盾,敌人就会为我服务,从而实现我的意图。

借刀杀人的表现形式之四:假手于人。语源《兵经百字·借》:"己所难措,假手于人,不必亲行,坐享其利。"自己难以做到的事情,用计谋驱使敌人利用另一敌人以达到我的企图,在对敌斗争中,借助敌人的力量为我所用。借刀杀人属诡道原理,作为一种军事、政治并用的谋略,经常在战役战斗中使用。

借刀杀人的表现形式之五:借敌之谋。见《兵经百字·借》:"翻彼着为吾着,因彼计成吾计,则为借敌之智谋。"大意为:把敌人的手段变成我们的手段,利用敌人计策来实施我们的计策。"借敌之谋"关键在于"借"字,"借"得好者,则可为我所用,"借"不好者,却有可能弄巧成拙。

案例1:以夷伐夷。春秋末期,齐简公拜国书为大将,兴兵伐鲁。鲁国实力不敌齐国,形势危急。孔子的弟子子贡分析形势,认为唯吴国可与齐国抗衡,可借吴国兵力挫败齐国军队。于是,子贡游说齐相田常。田常当时蓄谋篡位,急欲铲除异己。子贡以"忧在外者攻其弱,忧在内者攻其强"的道理,劝他莫让异己在攻弱鲁中轻易主动,扩大势力,而应攻打吴国,借强国之手铲除异己。田常心动,但因齐国已做好攻鲁的部署,怕转而攻吴师出无名。子贡说:"这事好办,我马上去劝说吴国救鲁伐齐,这不是就有了攻吴的理由了吗?"田常高兴地同意了。子贡赶到吴国,对吴王夫差说:"如果齐国攻下鲁国,势力强大,必将伐吴。大王不如先下手为强,联鲁攻齐,吴国不就可抗衡强晋,成就霸业了吗?"子贡马不停蹄,又说服赵国,派兵随吴伐齐,解决了吴王的后顾之忧。子贡游说三国,达到了预期目标,他又想到吴国战胜齐国之后,定会要挟鲁国,鲁国不能真正解危。于是他偷偷跑到晋国,向晋定公陈述利害关系:吴国攻鲁成功,必定转而攻晋,争霸中原。劝晋国加紧备战,以防吴国进犯。公元前484年,吴王夫差亲自挂帅,率10万精兵及3000越兵攻打齐国,鲁国立即派兵助战。齐军中吴军诱敌之计,陷于重围,齐师大败,主帅国书及几员大将死于乱战之中。齐国只得请罪求和。夫差大获全胜之后,骄狂自傲,立即移师攻打晋国。晋国因早有准备,击退吴军。子贡充分利用齐、吴、越、晋4国的矛盾,巧妙周旋,借吴国之"刀",击败齐国;借晋国之"刀",灭了吴国的威风。鲁国损失微小,并从危难中得以解脱。

案例2:假手于人。1936年冬,苏联肃反运动日趋激烈。希特勒让情报头子海德里希在极为机密的情况下,搜集编造了图哈切夫斯基的反苏证据,其中包括伪造图哈切夫斯基和他的同事们与德国高级将领之间的往来信件(其中主要内容是暗示图哈切夫斯基里通外国的政变计划),图哈切夫斯基等人向德国出卖情报的情况及其所得巨款的收据,德国情报部门给图哈切夫斯基的复信抄本等。随后,德国有意将这些假情报透露给苏谍报人员,而苏联统帅部以300万卢布的巨款买下了这些情报。图哈切夫斯基等 8 名高级将领很快被捕,在大量"证据"面前难以答辩,审讯只进行了几十分钟,即全部被判死刑,并在 12 小时内被全部处死完毕。希特勒假手于人的谋略,造成苏联内讧,借斯大林之手杀了自己的 8 位敌手,起到了数万大军在战场上起不到的效果。假手于人,作为一种军事、政治并用的谋略,不仅适用于以政治手法在敌内部制造矛盾,也适用于一般的战役、战术活动。

案例 3:借敌之谋。1941 年 12 月 7 日凌晨,日本大批轰炸机群突然出现在珍珠港这个当时世界上最大的海军基地的上空,以迅雷不及掩耳之势,把美国的海军精锐毁于一旦。这就是震惊世界的"珍珠港事件"。而实际上,日本人的此次行动部署,竟和 9 年前美国进行的一次"偷袭珍珠港"的演习计划的部署,没有多大出入。1932 年 1 月,美国海军曾集结近 200 艘舰艇组成的舰队,进行了一次考验珍珠港防卫能力的演习。当时由两艘航空母舰率领的一支海军舰队负责攻击任务。小舰队凭借阴霾天气,在有薄雾的星期六,进入了理想的地区,然后关掉一切灯光、电讯,全速靠近目标。接着,趁星期天清晨基地防卫部队警惕性较差的时刻,在黎明前半小时,152 架飞机从航空母舰上起飞,乘着薄雾,让机群隐蔽在雨云层里悄悄接近这个基地,最终,"偷袭"完全成功。当时,美国海军曾对这次演习进行过现场评议。殊不知这次演习的情景和后果,虽然没有引起美国的足够重视,但却被在珍珠港附近高效率的日本间谍组织打听得一清二楚。9 年之后,日本人竟然如法炮制,而且获得震动世界的成功。

调虎离山:调动敌人,使其失势

"调虎离山"为三十六计之一,是一种调动敌人离开有利地位的谋略。原文是:"待天以困之,用人以诱之,往蹇来连。"意思是说:等待自然条件对敌方不利时,再去围困敌方,用人为的假象去诱骗敌方。向前进攻有危险,那就想办法让敌人反过来进攻我。调虎离山主要指用计策使对方离开原来有利的地势或据点,以便乘机进攻。毛泽东也认为,一般应不打驻止之敌,而打运动之敌。我预将大兵荫蔽集结于敌人必经通路之侧,乘敌运动之际,突然围而击之,打他一个措手不及。从谋略学角度看,虎指强敌,山指强敌所依托的良好阵地条件。强敌又占据地利,必然更强大。如果想办法将强敌调离有利地势,就可使强敌失去优势,乘机消灭他们。

调虎离山的谋略内涵:敌佚去之。引自《黄石公三略·上》,意思是说,当敌人以逸待劳时,要迫使或调动其离开。通常情况下,"佚"(同逸)能养精蓄锐,能占天时、地利之便。运用谋略方法逼迫或调动其离开,在运动中劳其形、费其神,从而乘机歼灭之。现代条件下,所谓"敌佚",一般指阵地防御之敌。如果能调动其离开阵地而盲目奔波,同样会使其疲惫难支,达到运动歼敌的目的。

进攻坚固阵地防御之敌,如若硬攻,必然增大自己的伤亡,而采取引诱、欺骗、逼迫等手段,调动敌人脱离既设阵地,无论是歼敌,还是攻城,都要容易得多。使用此计的关键是要善于利用敌人的错觉,巧妙地制造各种假象,并因势利导,牵住"牛鼻子",调动敌人。

《孙子兵法》早就指出:不顾条件地硬攻城池是下等策略,是会失败的。敌人既然已占据了有利地势,又做好了应战的准备,就不能去与他们争地。应该巧妙地用小利去引诱敌人,把敌人诱离坚固的防地,引诱到对我军有利的战区,我方就可以变被动为主动,利用天时、地利和人和条件,击败敌人。

调虎离山之谋,实际也是奇正谋略的一种。如按正常情况,使用正兵与敌争斗,即与虎(强敌)正面对阵,则敌强我弱,必败无疑,这时只能用"奇兵"作战。这里的"奇"就表现在想办法把强敌调开,离山之虎便失去其优势。而在"离"中,在运动之中,敌处于被动而我处于主动之中,我可变劣势为优势,乘机战而胜之。

此计是说,如果战场上遇到强敌,要善用谋,用假象使敌人离开驻地,诱他们就我之范,丧失他们的优势,使他们处处皆难,寸步难行,由主动变被动,而我则出其不意而制胜。运用这种奇正谋略方法,应注意三点:一是首先分清敌我情况,敌人强在何处,其弱点又在何处,把他们从有利的地方引到不利的地方,使其优势变为劣势。二是在敌"离山",即由优势变为劣势的过程中,想办法歼灭他们。三是应把"离山"的内涵考虑得宽泛一些。不一定就是完全指地理位置的转换,还可以认为是使敌由饱到饥,由逸到劳,由团结到分解,由有士气到无士气,等等。总之,由优势到劣势的种种因素都可包括在内。

案例1:孙策遇强敌不蛮攻,巧设计调虎离山攻老窝。东汉末年,军阀并起,各霸一方。孙坚之子孙策,年仅17岁,年少有为,继承父志,势力逐渐强大。公元199年,孙策欲向北推进,准备夺取江北庐江郡。庐江郡南有长江之险,北有淮水阻隔,易守难攻。占据庐江的军阀刘勋势力强大,野心勃勃。孙策知道,如果硬攻,取胜的机会很小。他和众将商议,定出了一条调虎离山的妙计。针对军阀刘勋极其贪财的弱点,孙策派人给刘勋送去一份厚礼,并在信中把刘勋大肆吹捧一番。信中说刘勋功名远播,令人仰慕,并表示要与刘勋交好。孙策还以弱者的身份向刘勋求救。他说,上缭经常派兵侵扰我们,我们力弱,不能远征,请求将军发兵降服上缭,我们感激不尽。刘勋见孙策极力讨好他,万分得意。上缭一带,十分富庶,刘勋早想夺取,今见孙策软弱无能,免去了后顾之忧,决定发兵上缭。部将刘晔极力劝阻,刘勋哪里听得进去,他已经被孙策的厚礼、甜言迷惑住了。孙策时刻监视刘勋的行动,见刘勋亲自率领几万兵马去攻上缭,城内空虚,心中大喜,说:"老虎已被我调出山了,我们赶快去占据它的老窝吧!"于是立即率领人马,水陆并进,袭击卢江,几乎没遇到什么抵抗,就十分顺利地控制了卢江。刘勋猛攻上缭,一直不能取胜。突然得报,孙策已取卢江,刘勋方知中计,后悔已经来不及了,只得灰溜溜地投奔了曹操。

案例2:阿军设计引走苏军步兵,重点攻击苏军炮兵。1980年,苏军以强大的兵力进入阿富汗,并企图歼灭阿游击队。双方军事对比,明显的是苏强阿弱。阿富汗与苏军正兵打仗只能吃亏。他们发现苏一般是摩托化步兵在前攻击,炮兵在后火力支援,即采取步炮协同、紧密配合的打法。要对付苏军,必须把他们的步兵或炮兵调开,使他们不能协同。同时在调开步兵后集中力量打他们的炮兵。1980年冬,苏、阿在沼杰布尔山之战中,阿游击队便采取了"调虎离山"之计,用一支精干的小分队为诱饵,把苏军步兵主力

阿富汗游击队

引走,炮兵不便在山地行动,结果苏步兵与炮兵逐渐脱节。这时,游击队之一部突然冲出死咬住苏之步兵,另一部则强攻苏之炮兵。炮兵与阿游击队无法对阵,被打得稀里哗啦,很多大炮成了废铁。等到苏步兵知道上当赶回来救援炮兵时,已经晚了。

翼前伏后:前打后追,左突右袭

"翼前伏后"是一种奇正相生的计谋。源于《阵纪·教练》:"数变正奇,马步之出,妙在首尾,三者迭更,翼前伏后……"意思是,在部署兵力时,前阵设两翼兵保护正兵,并以奇兵埋伏在后。以两翼奇兵互相策应,掩护正兵,又以前方正兵,隐藏后方奇兵,将奇隐于密,以奇正互相配合,把阵势构成明暗结合、左右前后相应、环环相扣、牢不可破的整体。

案例1:解放军三军配合,两翼牵制,国民党处处被动,屡屡落败。解放战争时期,晋冀鲁豫野战军主力,由内线作战转为外线作战,向国民党统治的大别山地区实施重大战略性进攻。其时,蒋军已由全面进攻改为重点进攻,并利用黄河由陕北到山东构成"乙"字形的天然态势,将其主力集中于陕北、山东两翼,企图将南线我军压缩到"乙"形弧内聚而歼之,其联系两翼战线的中央部分,凭借黄河天险,以少

刘邓大军挺进大别山

数兵力防御,使中央成为薄弱部分。这种兵力部署,很像一个哑铃,两头粗,中间细。毛泽东高人一筹,为了实现挺进大别山夺取中原的战略计划,做了周密的战略部署,即三军配合,两翼牵制。三军配合是:晋冀鲁豫野战军主力向着蒋军部署的薄弱地区,实施中央突破,直逼大别山;华东野战军主力挺进苏鲁豫皖地区;晋冀鲁豫野战军的两个纵队并为一个军,自晋南强渡黄河,挺进豫西。三军在江、淮、河、汉之间布成"品"字形阵势,互为犄角,密切协同,机动歼敌。两翼牵制是:陕北我军出击榆林,调动进攻陕北之敌北上;山东我军在胶东展开攻势,把进攻山东之敌继续引向海边,以配合三军的战略进攻行动。实践证明:我军根据敌军的态势而作的相反的布局和行动,使敌防不胜防,从此解放战争出现了有利于我军的转折。

案例2:苏军登岛前后夹击,德军腹背受敌。第二次世界大战中,苏军在刻赤半岛登陆作战中,实施前后夹击谋略,主突方向直指德军要害,取得了作战胜利。苏军把德军重点防守的刻赤港地区作为辅助突击方向,并以与德军对峙的集团军首先在该方向登陆,吸引德军注意力。在次要方向登陆开始的第三天,担任主要突击任务的集团军航渡100至180里,突然在半岛蜂腰部德军守备较弱的费奥多西亚港直接登陆,一举打乱了德军部署,使其首尾不能兼顾,被迫撤出刻赤半岛。

瓮中捉鳖:巧布阵势,诱敌入围

"瓮中捉鳖"是指兵力、地形、战机、态势十分有利于我,敌人陷入十分不利、被动的地位,犹如瓮中之鳖一样,无论如何也跑不掉,而我却可随时随地、随心所欲地将其捉杀。这是一条很有把握歼灭敌人的谋略。语出中国《元曲选·康进之〈李逵负荆〉四》:"管教他瓮中捉鳖,手到擒来。"达成瓮中捉鳖,事先通常采取伏击战的手段,即采取"口袋"战术,预先设好"口袋"即"瓮",而后诱敌入瓮或逼敌入瓮。当然,事先在敌必经之路设"瓮",令其自动入瓮,那就更好了。此计与"关门捉贼"的谋略思想一致。

对弱小的敌人,要包围起来歼灭,这是此计的原意。现在一般指对敌采取四面包围、一举全歼的战法。

兵书《吴子》中特别强调不可轻易追逐逃敌。他打了一个比方,一个亡命之徒隐藏在旷野里,你派 1000 个人去捉他,也会十分困难,这是为什么呢?主要是怕对方突然袭击而损害自己。所以说,一个人只要是玩命不怕死,就会让 1000 个人害怕。根据这个道理推测,敌军如能脱逃,势必拼命战斗,如果截断他们的去路,就易于歼灭了。所以,对弱敌必须围而歼之,如果不能围歼,暂时放他们逃走也未尝不可,千万不可轻易追击。

案例1:秦军诱敌深入,赵军成瓮中之鳖。战国后期,秦国攻打赵国。秦军在长平(今山西高平北)受阻。长平守将是赵国名将廉颇,他见秦军势力强大,不能硬拼,便命令部队坚壁固守,不与秦军交战。两军相持 4 个多月,秦军仍拿不下长平。秦王采纳了范雎的建议,用离间法让赵王怀疑廉颇,赵王中计,调回廉颇,派赵括到长平与秦军作战。赵括到长平后,完全改变了廉颇坚守不战的策略,主张与秦军正面决战。秦将白起故意让赵括尝到一点甜头,使赵括的军队取得了几次小胜。赵括果然得意忘形,派人到秦营下战书,这下正中白起的下怀。他分兵几路,形成对赵括军的包围圈。第二天,赵括亲率 40 万大军,来与秦兵决战。秦军与赵军几次交战,都打输了。赵括志得意满,哪里知道敌人用的是诱敌之计。他率领大军追赶被"打败"了的秦军,一直追到秦营。秦军坚守不出,赵括一连数日也攻克不了,只得退兵。这时突然得到消息,自己的后营已被秦军攻占,粮道也被秦军截断。秦军已把赵军全部包围起来。一连 46 天,赵军绝粮,士兵杀人相食,赵括只得拼命突围。白起已严密部署,多次击退企图突围的赵军,最后,赵括中箭身亡,赵军大乱,40 万大军都被秦军杀戮。这个赵括,只会纸上谈兵,在真正的战场上,一下子就中了敌军瓮中捉鳖之计,损失 40 万大军,使赵国从此一蹶不振。

案例2:志愿军依据有利地形设伏,敌军被诱至"口袋阵"全军覆没。抗美援朝战争中,我志愿军某团在文登里防御战斗中,根据防御阵地处于两山夹一谷、公路纵横山谷的有利地形条件,在便于敌坦克行动的公路两侧构筑了大量的网状阵地,使其布满整个山谷,并与两侧高地的防御阵地相连接;在网状阵地内部署了以反坦克火器为主的伏击分队,形成了"口袋"。当敌以坦克

朝鲜战争中我军实施战斗攻击

为主要力量向我发起攻击时,我在预定位置故意纵敌入"袋"。待敌突入我网状阵地后,我以猛烈火力击毁敌后续坦克,使敌退路被切断,扎上"口袋"之口,封起"瓮"来,来了个"关门打狗""瓮中捉鳖"。我依托网状阵地,灵活机动地以小群多路不断出击,使敌处于想打不好打、想走走不出的被动局面。经过激战,我击毁击伤敌坦克47辆,挫败了敌人的"坦克劈入"战术。

扼亢拊背:击其弱点,打其要害

"扼亢拊背"就是抓住和利用攻击人体的两个致命弱点,致人于死地。引自《汉书·娄敬传》:"与人斗,不扼其亢,拊其背,未能全胜。"亢:咽喉;背:脊背。亢是人致命之处,背则是人最难防备的地方。在大规模、有组织的战斗尚未出现的时候,原始人类相互之间为了争夺生存资源时常会发生冲突,也许从那时起,就逐步知道扼亢拊背才能战胜对手。当单个的人与人之间拳脚相搏时,也常常会运用这种方法,借此比喻在战争时要善于打敌关节、击其要害真是再形象不过了。

案例1:德军抓住要害打法虚弱之处,两面夹击突破马其诺防线。第二次世界大战开始后,英法统帅部把主要希望寄托在法国东北部的马其诺防线上。他们一共组建了3个集团军群,而其中两个即二、三两个集团军群共52个师摆在马其诺防线内,其余部署在比利时北部,德国统帅部用C集团军的17个师,在马其诺防线对面,卡英法军咽喉,牵制敌人大量军队,而将主攻方向由B集团军群转到A集团军群正面,用64个师穿过阿登山脉(在今比利时东南),向法虚弱而要害的色当、亚眠、加莱(均位法国北部)进攻,并在得手后协同在荷兰、比利时得胜归来的B集团军群28个师从法国北部向巴黎实施侧背攻击,此后,又配合对马其诺防线正面进攻的C集团军群,荡平了马其诺防线,彻底打败了法军。

案例2:解放军看准咽喉要地,攻锦州迎来辽沈战役大胜。1948年8月,蒋介石依仗其数量与质量仍占优势的兵力和美国的军援,妄图挽救其摇摇欲坠的反动统治,决定实行所谓"重点防御",收缩战线,集中兵力,固守重要战略点线。在战略上,被迫撤出东北,确保华中,但又犹豫不决。此时我军已发展壮大,足以与蒋军进行大的决战。党中央和毛泽东趁敌战略上举棋不定之际,决定把战略决战的方向首先指向形势对我极为有利的东北战场,歼灭卫立煌集团。中央军委和毛泽东同志敏锐地注意到了解决东北的问题关键在于锦州,锦州是咽喉之地,只要打下锦州,就可将整个东北的国民党军扼留在东北加以消灭,为此多次严令林彪先打锦州,第四野战军遵照毛泽东同志确定的战役方针,置沈阳、长春之敌于不顾,首先集中兵力猛攻锦州,断了东北敌军陆上的逃路,形成"关门打狗"之势。由于我谋略正确,及时"关门"，使蒋介石的撤退计划未来得及贯彻就遭覆亡。辽沈战役历时 52 天，我人民解放军共歼敌 47 万余众，取得了解放东北全境的伟大胜利。

战胜再复：运用旧计，攻其懈怠

"战胜再复"是指重复使用同一战法的用兵谋略，此法违背"战胜不复"的用兵常理，属于反常用兵的谋略。

案例 1：孙膑两次"围魏"救赵、救韩，表现高超谋略。公元前 354 年，庞涓率魏军攻赵，赵求救于齐，齐国以田忌为主将、孙膑为军师，将兵锋直指魏都城大梁，调动庞涓从邯郸撤兵，回救大梁。接着，孙膑使计伏兵于魏军归途之桂陵，大败魏军，将庞涓生擒，这是其一——围魏救赵。公元前 340 年，魏国攻打韩国，韩国效法此前的赵向齐国求救，齐军进入魏国境内，径直向大梁进击。魏惠王急忙撤回攻韩魏军，以太子申为上将军、庞涓为将，起倾国之兵迎击齐军，企图与齐军决一死战。孙膑采取"减灶之计，诱敌深入"，伏击魏军于马陵，大胜魏军。这是其二——围魏救韩。

案例 2：毛泽东指挥中央红军四渡赤水，是"战胜再复"的经典再现。1935 年 1 月，中央红军突破乌江，进占遵义城，蒋介石大为震惊，急调其嫡系部队和川、黔、滇 3 省的兵力及广西军队一部，共 150 余个团，从四面八方向遵义地区进逼包围。为摆脱这种险境，党中央决定，率师北渡长江，前出川南，与活动在川、陕革命根据地的红四方面军会合，开创川西或川西北革命根据地。四渡赤水战役就是在这种情况下展开和形成的。在敌我力量对比极为悬殊的情况下，毛泽东率领中央红军实行高度灵活机动的运动战方针，纵横驰骋于川、黔、滇边境广大地区，迂回穿插于敌人数十万重兵之间，积极寻求战机，上演了红军军史上的精彩一幕：一渡赤水，作势北渡长江却回师黔北；二渡赤水，利用敌人判断红军北渡长江的错觉挥师向东，取桐梓，夺娄山关，破遵义城；三渡赤水再入川南，待蒋介石向川南调集重兵之时，红军已从敌军间隙穿过；四渡赤水，南渡乌江，兵锋直指贵阳，趁坐镇贵阳的蒋介石急调滇军入黔之际，红军又入云南，巧渡金沙江，跳出了国民党重兵的包围圈。

俗禁时犯：违犯俗忌，巧妙起兵

"俗禁时犯"是一种以违犯习俗和禁忌而行动的谋略。源于《兵经百字·妄》："故善兵者……俗禁时犯。"在社会这个万花筒里，各种风俗、习惯、信仰甚至一些禁忌伴随在人们的生活之中。在军事谋略斗争中，善于违反人们的风俗习惯和禁忌，能够收到出奇制胜的效果,这就是"俗禁时犯"的意义所在。

案例1:华盛顿圣诞袭英军。1776年12月,华盛顿指挥的3000名美军,被英军追赶到特拉华河南岸,由于饥饿冷寒,几乎每天都有人开小差。驻守在河北岸的3.5万多英军,早已做好了一切准备,只等河水结冰,就会立即渡河消灭美军。正当华盛顿处于绝境时,22日,情报员送来了英军的兵力部署和特伦顿城守敌正在准备欢度圣诞节的情报。于是,华盛顿决定趁英军过圣诞节会放松戒备的时机,突袭特伦顿城。24日午夜,他率军渡过特拉华河,摸进了城里。这时,英军圣诞节晚会还在进行,士兵烂醉如泥,指挥官罗尔正在和他的亲信打牌。午夜刚过,有人给罗尔送来一张字条,他醉眼蒙眬地晃了一下,就装进了口袋。当美军控制整个特伦顿城后,罗尔听到了枪炮声,才慌里慌张地骑了一匹马,准备组织抵抗,结果被一发子弹击中栽下了马,英军不得不打出白旗投降。就这样,华盛顿以几个人的伤亡,活捉了900名英军。当人们从罗尔的口袋里取出那张字条时,只见上面写着:"华盛顿军队已经渡过特拉华河,正向我处移动。"而这时,战斗已经结束了。

案例2:埃、叙军发动"赎罪日战争"。1973年10月发生的"赎罪日战争",是阿拉伯国家运用"俗禁时犯"对以色列实施突袭而获取成功的范例。当时按照犹太人的习惯,10月6日是赎罪节斋戒日,"赎罪日",教徒们不能吃东西,不能抽烟,运河东岸的以军阵地上,士兵们有的在打坐,有的在祈祷……开罗时间14时,埃、叙军队在西、北两线同时发起猛烈攻击。西线,埃军先以200架飞机袭击了以军西奈前线指挥部、部队集结地域、机场和通信枢纽;5分钟后,隐蔽在运河西岸河丘后面的2000多门大炮一齐怒吼起来;在炮火掩护下,埃军突击队8000人迅速渡过运河,一举突破"巴列夫防线";到9日,埃军渡过运河的兵力达10万人,控制了运河以东10至15公里的全部地区。北线,叙军以两个师的兵力分三路在戈兰高地向以军阵地发起猛攻;至9日,叙军全线突破了以军防线。头几天的战争,对埃、叙十分有利。以色列遭到埃、叙的突然袭击后,极其被动。

阜财因敌:取财于敌,以战养战

"阜财因敌"是指军队多备财物的方法,最好是利用敌人的财物。其谋略思想在于取之于敌,以战养战,语出《司马法·定爵》。《孙子兵法·作战篇》也提到"取用于国,因粮于敌,故军食可足也"。深入敌境作战,粮秣及武器弹药的补给,若依靠本国,不仅远道运输消耗大,而且易被对方断绝,如采用"因粮于敌"的计策,从作战前线就地补给,则可以克服这些矛盾。进攻者要想使自己保持足够的战争潜力,取之于敌是必行之法。在现代战争条件下,取之于敌仍然是减少损失、增加利益的优良战策。

案例1:瓦岗军因粮于敌,起义军不断壮大。隋朝末年,隋炀帝穷奢极欲,横征暴敛,大开运河,恣意嬉游,不断发动侵略战争,搞得民不聊生,起义频发。瓦岗(今河南省滑县境内)军就是当时战斗力最强的起义军,但因隋王朝派军队不断"围剿",食粮供给极端困难,直接阻碍着它的发展和壮大。为了解决这一难题,在公元617年,起义军首领李密亲率精兵7000人,一举攻下今河南省巩县东南高原上隋朝储粮最多的兴洛仓。该仓城周围20余里,有粮窖3000个,每窖储谷8000石,从此,瓦岗军处境大变,不仅有了充足军粮,并且用它救济了成千上万的贫苦饥民,赢得了广大群众的拥护,扩大了起义队伍。

案例2:英军稳扎稳打建设后勤基地,为日后作战打下良好基础。现代条件下,虽然作战物资比古代丰富多了,运输能力也提高多了,但战争的突然性和破坏性也增大了,相应的后勤补给量也增大了,阜财因敌的谋略思想仍具有重要的现实意义。当然,阜财因敌的内容产生了一些新的特点。例如英阿马岛战争中,英国除由本土对参战部队进行补给外,还在阿森松岛建立了中间补给基地;在南乔治亚岛登陆后,在其诸岛建立了前进补给基地;于马岛登陆后,又在圣卡洛斯港地区建立了滩头补给基地。这样,尽管英军是远离本土作战,但由于采取了本土与战区双重后勤保障,所以始终能够保证一线作战部队的作战和生活需要,这是他们夺取马岛战争胜利的重要原因之一。

避实击虚:实则避之,虚则击之

"避实击虚"源于《孙子兵法·虚实篇》:"夫兵形象水,水之形避高而趋下,兵之形避实而击虚;水因地而制流,兵因敌而制胜。"大意是:用兵的规律像水,水流动的规律是避开高处而流向低处,用兵的规律是避开敌人坚实之处而攻击其虚弱的地方。水因地势的高下而制约其流向,用兵则要依据敌况而决定其取胜方针。实:坚实,这里指力量强大。虚:空虚,薄弱。避实击虚是说避开敌人主力或坚固阵地等坚实之处,击其弱小力量或防守空虚薄弱的地方。

表现形式之一:避强打弱。源于毛泽东的《中国革命战争的战略问题》:"运动战的实行方面,问题是很多的,例如侦察、判断、决心、战斗部署……特种战斗、避强打弱……养精蓄锐之必要,等等。"避强打弱是当自己弱小时应避免与强敌正面交锋,而应主动打击弱小之敌,这是弱者对付强敌的较好计谋。

表现形式之二:避长攻短。源于《兵镜吴子十三篇》:"制人之术,避人之长,攻人之短;见己之所长,蔽己之所短。"避长攻短就是避开敌人的长处,利用自己的长处去攻击敌人的短处,达到制敌的目的。

表现形式之三:避众击寡。出自《百战奇略·易战》:"远其强而攻其弱,避其众而击其寡,则无不胜。"当敌强大而较分散时,避开敌人主力,歼其一部,再击其余,一口一口地吃掉敌人。强与弱、众与寡是矛盾的统一体,任何兵力部署,都有强弱、众寡部位之分。先打敌寡弱之点,不仅容易消灭敌人,减少代价,而且打下弱点,强点因失去弱点的支持,也就势孤力单了。

表现形式之四:柔茹刚吐。语源《诗经·大雅·烝民》:"人亦有言,柔则茹之,刚则吐之。"柔茹刚吐的谋略,体现了军事斗争的一般原则。柔茹:就是从敌弱处下手,也就是击虚,消灭好打之敌。刚吐:就是不与强敌决战,也就是避实,攻击时避开敌人的强点。另外,柔茹刚吐,并非单纯地专打弱敌,而置强敌于不顾。应先采取措施,如通过在局部形成兵力优势或诱敌深入等,使强敌化为弱敌,而后予以歼灭。

案例1:司马懿避敌主力实施佯攻,调动敌人并歼其于运动之中。三国时期,司马懿率兵4万前往辽东征伐叛将公孙渊,公孙渊企图凭借辽河依托坚固阵地抵御长途跋涉的魏军。司马懿正确地分析和判断了公孙渊所处的地理条件和可能采取的作战方针,只以少数兵力向其佯攻,而将主力偷渡辽河,直捣对方必救之襄平,调动敌人。公孙渊发现魏军迂回他的背后,果然放弃阵地前来迎击,于是司马懿以主力将公孙渊的部队歼灭于运动之中。

案例2:刘邓大军审时度势,避众击寡取得完胜。定陶战役发起时,敌从徐州、郑州集结了14个整编师、32个旅,共30余万人,由东西两个方向钳击我晋冀鲁豫野战军主力。根据这种敌众我寡的形势,刘邓首长首先区分出郑州之敌为弱敌,继而又进一步分析得出:郑州之敌整编四十二师、四十七师、五十五师、六十八师都不是蒋嫡系,又刚遭我军重创,一般不敢冒进,唯独整编第三师是蒋嫡系,战斗力强,但该师骄傲轻敌,与其他杂牌军矛盾较深。这样,我可避众击寡,消灭该敌。战役结果完全实现了刘邓首长的预想意图。

围师必阙:虚留生路,预伏歼敌

"围师必阙"是一种虚留生路、预伏歼敌的谋略。源于《纪阵·众寡》:"大抵围师必阙,阙之前面,多有险伏……"攻坚战中,在围攻敌人时,故意留下一个缺口,纵敌逃脱,从而在敌逃跑必经之路,选择重要地形预伏歼之。此计的实质类似于欲擒故纵,欲歼故放,变难打之敌为易打之敌。一般是在敌人盘踞有利地形、依托坚固工事困守,不便于攻歼的情况下,首先对敌实施包围,从精神上给敌造成败势;进而虚留缺口,使敌抱侥幸逃脱、不战而求生的幻想,纵敌逃跑,脱离险要地势和坚固阵地;选择敌逃跑必经之路预伏,变攻坚战为打运动之敌,从而以小的代价换取大的胜利。

表现形式之一:围三缺一。从三面包围敌人,故意敞开一面。这是一条歼灭被围之敌的谋略。对于被围之敌,如果将其四面围困,敌人必然作困兽之斗,甚至拼死一搏,有时反而会增大我歼敌的难度。而围三缺一,我选择好有利地形,有意放一面给敌人,留其一线生机,纵敌突围逃跑,我则能依托预设战场伏击敌人或将敌歼灭于运动中,变难打之敌为易歼之敌。"围三缺一"是由"围师必阙"派生而来的。

表现形式之二:众以合寡,远裹而阙。源自《司马法·用众》,意为:用强大兵力合围弱小之敌时,应留出一面,以分散敌人死守的决心。此计与"围师必阙""围三缺一"谋略思想相近,三者历来为古人用兵的一大原则。"围"与"阙"二者是辩证统一的,"阙"不是不围,而是为了更好地"围"。在古代,由于攻城器械极为简陋,围而不全、虚留生路,成为诱敌出城,以外围战取代攻城战的重要攻城之谋。

案例1:曹操诱敌出城,寻机一举歼敌。公元206年,曹操围袁绍残部于壶关,久攻未克,后采纳曹仁之计,网开一面,诱使袁将高干草率统兵出城,被曹军大败于城外,夺得壶关。

案例2:刘邓大军围三缺一,虚留生路设伏歼敌。鲁西南战役中,蒋嫡系的王敬久部3个半旅,被我部包围于六营集地区。拥有现代化美式装备的敌军虽然已成惊弓之鸟,但是我若采取四面包围的方针,则敌必然会作殊死的搏斗,甚至给我军带来较大的伤亡。在此情况下,我采取"围三缺一,网开一面,虚留生路,暗设口袋"的方法予以歼灭。总攻一开始,

淮海战役中被俘的蒋军

敌人左冲右突,无路可逃,最后蜂拥闯进我预设的口袋阵中,最终被我军轻松全部歼灭。

里应外合:外面攻打,里面接应

"里应外合"语源《三国演义》第五十九回:"约定今夜放火,里应外合。"属于外面攻打和里面接应相配合的谋略。采用此谋有先决条件,即事先通过间谍战,使敌人内部有我接应之人,或派人秘密潜伏于敌方,这样才能实现"里应"。"里应"是同室突然倒戈或在敌心脏部位突然发起袭击;"外合"是挥兵正面进攻敌人。里应、外

合并举,可顷刻间瓦解敌人,歼敌于惊慌失措、蒙头转向之际。

案例1:凭借特洛伊木马,里应外合破敌城。据荷马在《伊利亚特》史诗中的描述,3000年前这里发生过一场激烈的战争。当时特洛伊王子帕里斯来到希腊斯巴达王麦尼劳斯宫里,受到了麦尼劳斯的盛情款待。可是,帕里斯却拐走了麦尼劳斯美貌的妻子海伦。因此,麦尼劳斯和他的兄弟迈西尼国王加米农派兵讨伐特洛伊。但是特洛伊城池牢固,易守难攻,虽经10年攻战,始终未能破城。最后,英雄奥德赛献上一条妙计,让迈西尼士兵都登上战船,制造撤兵的假象,并故意在城前留下一具巨大的木马。特洛伊人高兴地把木马当作战利品抬进城中。当晚,正当特洛伊人沉湎于美酒和歌舞之中,欢庆胜利的时候,藏在木马内的迈西尼士兵悄悄溜出,打开城门,放进早已埋伏在城外的军队,结果一夜之间特洛伊城成了一片废墟。

案例2:八路军俘敌做内应,伪军突受袭击速投降。1943年的12月,我军在山东滨海,利用内线关系做内应,一举攻克了赣榆县城,消灭伪军一个旅。过程是这样的:一个偶然的机会,我八路军抓到了赣榆伪军一四一团的副官刘连城。经过教育,他愿意率部弃暗投明,帮助八路军打鬼子。这位副官与他们的团长黄胜春是把兄弟,二人生死与共,彼此言听计从。我军通过刘副官去做这位团长的工作,促使这位团长愿意为我们效力,并答应在我们攻打赣榆县城的时候,在里面做内应。条件成熟了,滨海军区陈士榘司令、符竹庭政委决定里应外合攻打赣榆县城。12月19日黄昏,首先由刘副官带上我们的工兵扛上炸药,冒充下乡催粮的回归人员骗开城门。我主攻部队一拥而进,把退缩到核心阵地的伪军围了个水泄不通,接着展开政治攻势使全旅交城投降。

以攻为守:化守为攻,寓守于攻

"以攻为守"是以攻势行动来达到防御目的的谋略,是"以战伐守"的变形谋略,原理与"以战伐守""以攻制攻"相通。

中国明代唐顺之《纂辑武编·守》指出:"凡城内器械已备,守御已得,当出奇用诈,以战伐守,以击解围。"

攻与守是可以互相转化的,化守为攻,寓守于攻,不仅能破敌攻势,而且能使守者更有主动权。纯粹的防御,只能使自己不败,而不能保证自己取胜,只有采取"以攻为守"的积极防御,才能既使自己不败,又能获胜。

案例1:南宋军以攻为守摆脱被动,金兵处处受敌疲于应对。公元1140年,南宋将领刘锜在防守顺昌城抗击金兵南侵时,除了采取一般的防御措施外,还以积极的攻势行动打击敌人。一是趁着夜暗出城袭击、进攻敌大营;二是修筑的防御工事既便于防护又利于攻击,使进攻之敌伤亡惨重;三是先发制人,组成先遣支队利用雷雨黑夜之机袭击敌人;四是引诱敌人渡河进攻,同时在有关河段撒毒,毒杀敌军;五是主动调动敌人,采取声东击西、敌疲我打的方法,疲惫消耗敌人;六是当敌败退时出兵,乘胜追击。刘锜指挥的顺昌保卫战,采用了以战伐守的谋略,积极防御,因而取得了胜利。

案例2:千里跃进大别山,以攻为守夺胜利。1947年6月,国民党军重兵分置于陕北和山东,而中央500里黄河防线正面只摆了3个师,出现两头重中间轻的哑铃形态势,中间是空当,而两头两把"重锤"分别对陕北和山东解放区造成了极大威胁。同时,经过一年的作战,人民解放军歼国民党军80多个旅,兵力对比向有利于我军的方向继续转化。毛泽东抓住此有利时机,决定不待敌之进攻被全部粉碎,以司令员刘伯承、政治委员邓小平率军外线出击,展开战略进攻,以攻为守,吸引国民党主力同时给其他解放区展开进攻创造条件,并把进攻地点选在大别山。大别山雄峙于国民党首都南京与长江中游重镇武汉之间的鄂豫皖3省交界处,它东望江浙,西连巴蜀,南通湖广,背靠豫皖,凭高居险,瞰制中原,是敌人战略上最敏感而又最薄弱的地区。占领这一地区,必然震动敌之全局,使之调动兵力进攻山东,陕北的部队回援,陷敌于顾此失彼、穷于应付的境地。1947年8月,人民解放军刘邓大军向国民党统治地区大别山实施进攻,并最终在大别山站稳了脚。

舍近求远:以迂为直,使人不虑

"舍近求远"源于《孙子兵法·九地篇》:"易其居,迂其途,使人不得虑。"是指在作战过程中,为了隐蔽自己的军事企图,避开敌人的阻碍,故意舍弃近道,而在敌人觉察不到或薄弱之处,出其不意地打击敌人。舍近求远体现了智谋的目的性与灵活性的统一。

舍近求远,较多地表现为以迂为直。在作战过程中,为了隐蔽自己的企图,避开敌人的阻碍, 顺利地达到目的, 故意在敌人觉察不到或者防守薄弱的地方绕道而走,出敌不意达到自己的军事企图。

案例1:邓艾弃坦途选险阻,舍近求远攻克蜀都。公元263年(蜀汉炎兴元年),司马昭令钟会率兵10余万进攻四川等地,又遣邓艾率兵3万牵制驻在沓中(今甘肃省临潭县西南)屯田的蜀汉大将姜维。钟会攻入汉中,姜维引兵退守剑阁(今四川省剑阁县)抗拒钟会。邓艾向司马昭上书建议说:"姜维被钟会牵制在剑阁,我如率兵从阴平道(今甘肃省文县西北至四川省平武间小路)直取绵阳,姜维必然退守,钟会就可以长驱直进,将他打败。如果姜维不退,我夺取绵阳后,可以奔袭成都,平定蜀国。"得到批准后,在 10 月间,邓艾派儿子邓忠领精兵 5000,开山筑路,修栈道、架桥梁,做先锋,自己率领全军随后跟进。一路披荆斩棘,忍饥受寒,经过 20 多天,奔进 700 多里,几次陷入绝境而顽强如初。走到江油北面的摩天岭时,又碰到悬崖绝壁,挡住去路。邓忠下令先把武器装备丢下崖去,然后自己用毡毯裹住身体,带头首先滑下山去,并带领全军直攻江油城,随后又攻取绵竹关,把惊疑无备的蜀军打败,并杀死蜀将诸葛瞻等,进逼成都,蜀后主刘禅束手无策,没作任何抵抗,自缚投降。

案例 2:多国部队绕开伊军重兵把守的路线,"左勾拳"行动直击伊拉克纵深。海湾战争中,多国部队从科威特南部进攻,是一条最直也是最短的进攻路线。但伊军在这一方向部署了 11 个师,且构筑了坚固的阵地和地雷场、火壕等大量防御设施。美军认为:"进攻的目的是夺取穆特拉山口及山岭以北的一片高地。这一计划的风险在于,进攻将遇到敌军主力部队的抵抗,因此突破伊军防线的任务将十分艰苦……这种进攻也许会成功,但伤亡将是很大的,而且作为伊拉克的核心部队之一的共和国卫队很有可能逃遁。"鉴于此种情况,美军决定以两个军的兵力向西机动,绕过伊军的主要防御,攻击伊拉克纵深,切断伊军交通线,并歼灭科威特战区的共和国卫队。这就是著名的"左勾拳"行动,是对以迂为直谋略的典型运用。

各个击破:分散敌兵,逐个歼灭

"各个击破"是一种在敌强我弱情况下,分散敌人兵力,逐个歼灭的谋略。《孙子兵法·谋攻篇》:"十则围之,五则攻之,倍则分之……"尽管各个击破的战例早在先秦就已屡见不鲜,直接出现"各个击破"这一成语却很晚。

《司马法·用众》中也提到"分而迭击",即在敌强我弱的情况下,我以小规模的战斗群多波次地轮番出击敌人,以使敌疲于应战,逐渐消耗敌人的物质力量和精神力量,从而使敌由强变弱。分而迭击,是在敌众我寡的作战中争取胜利的好方法。

毛泽东对各个击破的谋略认识得更为深刻,他在《一切反动派都是纸老虎》中指出:打仗只能一仗一仗地打,敌人只能一部分一部分地消灭……这叫作各个解决,军事书上叫作各个击破。

在具体作战中,如果双方力量差不多,那就要设法调动敌人,使之在某一特定时间特定地区形成局部的我众敌寡,我十敌一的局面,然后以十倍于敌的优势兵力,将敌彻底消灭。此后,再用同样的方法,各个击破,敌人便越来越少。毛泽东一再提倡并实施这一战略。他提出:"在战略上我们要藐视一切敌人,在战术上我们要重视一切敌人。""我们的战略是'以一当十',我们的战术是'以十当一'。"

案例1：淮海战役，我军避敌锋芒，以优势兵力各个歼灭、瓦解敌军。淮海战役开始前，华东蒋军共80万人，在总司令刘峙和副总司令杜聿明指挥下，以徐州为中心，摆在津浦与陇海两条铁路的"十字架"上。黄百韬兵团防守陇海路东段，冯治安第三绥靖区部队防守东北面枣(庄)、台(儿庄)地区，邱清泉和李弥两兵团居中策应，孙元良第十六兵团等

淮海战役中我军入城

在徐州以南待命行动，黄维兵团将由河南南部进援。针对上述情况，解放军决定乘敌尚未靠拢之际，各个歼灭。华东解放军在1948年11月6日由山东分路南进，东路军全歼郯城守敌后，直指黄百韬兵团，中路军争取敌第三绥靖区23000余人起义后，穿过枣、台地区，直插徐州以东，阻击援军、逃敌。黄百韬兵团闻风西逃，在11月9日被围于碾庄、曹八集一带。由新沂西逃的六十三军亦被围在窑湾。11日开始围歼，窑湾蒋军先被消灭。19日碾庄外围蒋军也被肃清。22日黄昏，黄百韬兵团被歼，黄百韬被击毙。黄维兵团12万人马，在24日进到浍河南岸后，又陷入解放军预设的天罗地网，在双堆集地区被华东和中原解放军合围起来。27日黄维组织4个师向南突围，但其中一一〇师在师长廖运周率领下起义，其余敌师也被击退。当黄维兵团将过浍河时，蒋介石令杜聿明率领邱清泉、李弥及孙元良3个兵团南下，李延年、刘汝明两个兵团由蚌埠北上，企图三路会师，合伙南下，以挽救危局。但刘、李被阻不能前进，黄维兵团不久也被歼，杜聿明率领25万人马，在12月4日于永城东北陈官庄、青龙集地区，又被解放军按计划包围歼灭，至此，淮海战役胜利结束。

案例2：多国部队分割包围，伊军共和国卫队土崩瓦解。海湾战争中，多国部队在航空火力的有力支援下发起了地面进攻，西路最精锐美军第一、三装甲师，第一、二十四机步师，第一〇一空中突击师，第二、三装甲骑兵团等部队，沿伊沙边境进入伊拉克实施主要突击，穿插迂回到幼发拉底河沿岸和纳西里亚南侧，完全切断了驻科伊军和伊南部军队的退路，形成了一个大包围圈。同时，美军第二装甲师，第一、二陆战师，第一九七机械化步兵旅和阿拉伯联合部队从中路突破，直插科威特城西，将伊军共和国卫队分割包围，并将科威特城之伊军置于孤立无援之境地。东路之多国部队进行牵制性行动，对伊军实施攻击。此外，美军第八十二空降师在巴士拉西南地区实施战役性战术空降，切断了巴士拉与科威特城之间的联系。此时，多国部队的穿插迂回作战行动已将伊军一分为二，形成两个包围圈，伊军无制空权，部队被割裂，友邻间失去联系，在又无退路的情况下，经过4天激战，惨遭失败。

务于隘塞:据险扼守,万夫莫开

"务于隘塞"是凭借险要地势打击敌人的计谋。源于《阵纪·战机》:"以寡击众,务于隘塞,必于暮夜,伏于丛茂,要于险阴……"兵力弱小者,要战胜兵力优势之敌,必须借助有利地形,巧用天堑。地形对作战有着很重要的影响,有利的地形条件,是敌对两方都可能利用的。

《百战奇略·寡战》中也提到"凡战,若以寡敌众,必以日暮,或伏于深草,或邀于隘路,战则必胜"。山谷隘地,咽喉锁钥之处,峰壁对峙,很少有回旋的余地,大部队陷入此境,无法展开兵力,有力用不上。所以,劣势军队或弱小的兵力战胜优势军队或强大的部队,最好的办法就是利用有利的地形进行伏击。

有一句古语"一夫当关,万夫莫开",说的是在防御作战中,据险扼守,一人可抵挡万人的进攻。对进攻而言,地形复杂险要的地区,一般是防御一方的兵力薄弱之点,从险地攻击,可达到隐蔽企图、出敌所料的目的。险与易,利与害,是对立统一的,正确分析和运用地形条件,巧用险要地形,是以劣胜优、以弱胜强的有效手段。

案例1:晋国利用有利地形预先设伏,秦军身陷险隘损失殆尽。

春秋中期,秦穆公即位后,国势日盛,遂有图霸中原之意,但东出道路被晋所阻。周襄王二十四年(公元前628年),秦穆公得知郑、晋两国国君新丧,不听大臣蹇叔等劝阻,执意要越过晋境偷袭郑国。晋襄公为维护霸业,决心打击秦国。为不惊动秦军,准备待其回师时,设伏于崤山险地而围歼之。12月,秦派孟明视等率军出袭郑国,次年春顺利通过崤山隘道,越过晋国南境,抵达滑(今河南偃师东南),恰与赴周贩牛的郑国商人弦高相遇。机警的弦高断定秦军必是在袭郑,即一面冒充郑国使者犒劳秦军,一面派人回国报信。孟明视以为郑国有备,不敢再进,遂还师。晋国侦知,命先轸率军秘密赶至崤山,并联络当地姜戎埋伏于隘道两侧。秦军重返崤山,因去时未受阻,疏于戒备。晋军见秦军已全部进入伏击地域,立即封锁峡谷两头,突然发起猛攻。晋襄公身着丧服督战,将士个个奋勇杀敌。秦军身陷隘道,进退不能,惊恐大乱,全部被歼。

案例2:战前选好有利伏击地形,平型关大捷得益于有利地形。

抗日战争中我八路军——五师进行的平型关战役,之所以将伏击地点选在关沟、辛庄至东河南镇十余里地段上,又以老爷庙附近为主要地段,就是战前通过实地勘察,发现老爷庙附近山高谷深,敌兵力不易展开,我以主要兵力设伏此处,可居高临下,发挥火力优势。战役中,我以密集火力,打得山沟里的敌人无处躲藏,敌人的大炮、骑兵全都失去了作用,使得装备精良、训练有素的日寇精锐板垣师团完全陷于被动挨打的境地。

李代桃僵:舍弃小利,求之大计

"李代桃僵"为三十六计之一。语出《乐府诗集·鸡鸣篇》:"桃生露井上,李树生桃旁,虫来啮桃根,李树代桃僵,树木身相代,兄弟还相忘?"本意是指兄弟要像桃李共患难一样相互帮助,相互友爱。此计用在军事上,指在敌我双方势均力敌或者敌优我劣的情况下,用小的代价,换取大的胜利的谋略。很像象棋比赛中的"舍车保帅"的战术。在兵书《三十六计》上叫"李代桃僵",实际却有"丢卒保车"和"以卒换车"之意。

案例1:孙膑以局部失利换得全局胜利。春秋时齐魏桂陵之战,魏军左军最强,中军次之,右军最弱。齐将田忌准备按孙膑赛马之计如法炮制,孙膑却认为不可。他说,这次作战不是争个二胜一负,而应大量消灭敌人。于是用下军对敌人最强的左军,以中军对势均力敌的中军,以力量最强的部队迅速消灭敌人最弱的右军。齐军虽有局部失利,但敌方左军、中军已被钳制住,右军很快败退。田忌迅即指挥己方上军乘胜与中军合力,力克敌方中军,得手后,三军合击,一起攻破敌方最强的左军。这样,齐军在全局上形成了优势,终于取胜。

案例2:丘吉尔为保全"超级密码",以牺牲考文垂市换取战争主动。1940年11月14日,英国的考文垂市警报齐鸣。5分钟后,德国的飞机开始了长达10小时的空袭,考文垂市破坏惨重,人员死伤不计其数。其实,48小时前,英国的超级机密密码机就破译了德国空袭考文垂市的情报。英国政府当时如果对考文垂市采取特殊的防御措施,德国人就会知道他们的密码可能已被破译,从而更换一种新的密码系统。所以,丘吉尔决定不对考文垂市发布预告,不事先撤退老弱病残。他忍痛这样做,是为了保卫"超级密码"。因为在以后保卫英伦三岛的长期作战中,密码情报对战争全局的作用,远远超过了一个考文垂市。英国首相丘吉尔的这一决策,是一个典型的"李代桃僵"的例证。

走为上计:形势不利,主动退却

"走为上计"为三十六计之一。出自《南齐书·王敬则传》:"檀公三十六策,走为上计。"此计是当己方处于不利的形势时,选择主动退却的谋略。在不利的形势下,要避免同敌人决战。敌势全胜,我不能战。降则全败,和则半败,走则未败。未败者,胜之转机也。也就是说,敌方已占优势,我方不能战胜,为了避免与敌人决战,只有三条出路:投降、讲和、撤退。三者相比,投降是彻底失败,讲和是一半失败,而撤退不能算失败。撤退,可以转败为胜。

当然,撤退绝不是消极逃跑,撤退的目的是避免与敌主力决战。主动撤退还可以诱敌,调动敌人,制造有利的战机,总之,退是为进。全军退却,意在甩开敌人,避其锋锐。以退为进,伺机破敌,这是劣势对付优势的聪明之举。

案例1:晋文公遇强敌暂避锋芒,诱追兵入圈套围歼敌军。春秋初期,楚国日益强盛,楚将子玉率师攻晋。楚国还胁迫陈、蔡、郑、许4个小国出兵,配合楚军作战,而此时晋文公刚攻下依附楚国的曹国。子玉率部浩浩荡荡向曹国进发,晋文公闻讯,分析了形势。他对这次战争的胜败没有把握,楚强晋弱,他决定暂时后退,避其锋芒,对外则假意说:"当年我被迫逃亡,楚国先君对我以礼相待。我曾与他有约定,将来如我返回晋国,愿意两国修好。如果迫不得已,两国交兵,我定先退避三舍。现在,子玉伐我,我当实行诺言,先退三舍。"他撤退90里,已到晋国边界城濮,临黄河,靠太行山,足以御敌。同时,他已事先派人往秦国和齐国求助。子玉率部追到城濮,晋文公早已严阵以待。晋文公已探知楚国左、中、右三军,以右军最薄弱,右军前头为陈、蔡士兵,他们本是被胁迫而来,并无斗志。子玉命令左右军先进,中军继之。楚右军直扑晋军,晋军忽然又撤退,陈、蔡军的将官以为晋军惧怕,又要逃跑,就紧追不舍。忽然晋军中杀出一支军队,驾车的马都蒙上老虎皮。陈、蔡军的战马以为是真虎,吓得乱蹦乱跳,转头就跑,骑兵哪里控制得住?楚右军大败。晋文公派士兵假扮陈、蔡军士,向子玉报捷:"右师已胜,元帅赶快进兵。"子玉登车一望,晋军后方烟尘蔽天,他大笑道:"晋军不堪一击。"其实,这是晋军诱敌之计,他们在马尾绑上树枝,让马来往奔跑,故意弄得烟尘蔽日。子玉急命左军并力前进。晋军左军故意打着帅旗,往后撤退。楚左军陷于晋军伏击圈,遭歼灭。等子玉率中军赶到,晋军三军合力,把楚军团团围住。子玉这才发现,右军、左军都已被歼,自己已陷重围,急令突围。虽然他在猛将成大心的护卫下逃了出来,但部队伤亡惨重,只得悻悻回国。

案例2:红军保存实力灵活机动,不恋战巧用谋冲破敌人包围。红军第五次反"围剿"失利后,被迫转移。在遵义会议以前,中央红军被迫放弃根据地,这个走不是主动地走,而是被迫地走,犯了退却中的逃跑主义。"左"倾机会主义路线把红军的战略转移当作大规模搬家式的行动,红军面对敌人的围追堵截,连续突破了4道封锁线,虽然突破了敌人的第四道防线,渡过湘江,却付出了惨重的代价,人员折损过半。在此危急关头,毛泽东同志力主向敌人空虚的贵州进军,争取主动。红军占领了湖南西南边境的通城后,立即进军贵州,攻克黎平,解放遵义。遵义会议后,在毛泽东同志的正确指挥下,四渡赤水,佯攻贵阳,威逼昆明,巧渡金沙江,并在二渡赤水时,在遵义歼敌 20 个团。这一系列主动的走,使我军甩掉了几十万敌军的围追堵截,实现了渡江北上的战略意图,跳出了敌人的包围圈,从此红军战略转移由被动走向主动。

人自为战:人人参战,合力戮敌

"人自为战"是指在敌强我弱的不利情况下,激励士卒,调动民众,使每个人都能独立战斗。语源《史记·淮阴侯列传》:"此所谓驱市人而战之,其势非置之死地,使人人自为战。"意思是说,这就是把未经训练的老百姓放到战场上,将他们置于死地,迫使他们人人为生存而战。《后汉书·吴汉传》中说:"若能同心一力,人自为战,大功可立。"意思是说,如果能上下同心合力,人人努力战斗,那一定能成功。

在敌强我弱的情况下,面临敌人的进攻,为避免更大的损失,必须最大限度地发挥每个人的积极性、主动性和牺牲精神,自觉参战,以一当十,千方百计地干扰、袭击、打击敌人,这样才有可能以弱胜强,转败为胜。所以,这是一种寓军于民的积极谋略方法。

运用这种作战谋略方法应注意三点:一是做好指战员和人民群众的思想工作,使大家认清形势,坚定信心,团结一致,坚持战斗。二是要教会大家如何在分散情况下坚持独立作战。三是作为领导者还应认真考虑怎样通过"人自为战"的退却、缓冲,想办法扭转不利局势,战胜敌人。

案例:面对日军疯狂扫荡,我军灵活运用游击战打响人民战争。1941 年,日本帝国主义为将其在中国的占领区变为发动太平洋战争的兵站基地,集中力量对抗日根据地进行反复"扫荡"。10 月下旬,日军第十二军以多路多梯队分进合击,对沂蒙山区进行疯狂的"铁壁合围",企图一举歼灭在这一地区的中共山东分局、第一一五师、山东纵队等领导机关和主力部队,摧毁沂蒙山区根据地。为粉碎日伪军的"扫荡",山东分局和一一五师以一部兵力留在山区坚持作战,主力分散转移,外线打击敌人。日军虽杀伤一些群众,毁坏很多房屋,但多次寻找主力均未达到目的。12 月,根据形势发展,山东分局和一一五师主力一部亦转入山区,多次对日伪军进行袭击。同时,游击队、民兵和广大群众积极配合主力部队,村自为战,人自为战,主动打击日伪军。12 月末,日伪军撤走,宣告其"扫荡"失败。

以计代战,一当万:以谋攻之,以计胜之

"以计代战,一当万"源于《晋书·杜预传》,是说用计谋来代替战斗,一人能起万

人的作用。

案例1：针对敌人灵活用计，诸葛亮智破五路大军。三国时期，魏帝曹丕依司马懿之计，用贿赂、拉拢、收买手段，联络南蛮、西番、东吴诸家数十万兵马，分五路大举伐蜀。诸葛亮安驻成都，巧妙用计，粉碎了五路大军。对于西番兵马，诸葛亮令马超进驻西平关，埋伏四路奇兵，每日交换，"以兵拒之"。果然，西番兵马不战自退。对于南番孟获一路，派魏延率领一军"左出右入、右出左入"。结果，"南蛮孟获起兵攻四郡，皆被魏延用疑兵计杀退"。对于反将孟达，知其与李严曾结生死之交，则仿李严亲笔修书一封，便镇住了孟达。对于曹真，则派赵云据关把隘，使得魏军不能取胜而回。对于东吴军，诸葛亮又派一说客前往东吴，以利害说之，使东吴退出这次联合行动，并与西蜀结成了盟友。最终使得司马懿五路大军灭蜀之策失败。

案例2：杜预用谋巧妙多变，因时因地把握胜机。晋武帝咸宁六年（公元280年），西晋将领杜预陈兵江陵，准备进攻东吴。他先派牙将周旨、伍巢等率奇兵800，乘夜偷渡过江，袭占乐乡。他们占据有利地形后，就到处插上晋军的旗帜，并在山上放火，以夺吴军将士之气。不出所料，当地军民都以为晋朝大军已经过江，人心惶惶，兵无斗志，数日之间，就有1万多人投降了晋军。东吴都督孙歆闻讯十分震惊。随后，周旨、伍巢按照杜预的计策，在乐乡城外埋伏待机。当晋将王浚率军攻打吴军时，孙歆领兵出战，为王浚所败。周旨、伍巢等便乘机跟随东吴败军进城，一直攻入吴军都督孙歆的帐下，把孙歆活捉。经过这一仗，晋军将士们深感计谋的重要，有人编成歌谣到处传唱，其中有一句是："以计代战，一当万。"

第三章
隐真示假

《孙子兵法·始计篇》中阐述了诡道十二法，其中明确地论述了示形的一般原则："能而示之不能，用而示之不用，近而示之远，远而示之近。利而诱之，乱而取之，实而备之，强而避之，怒而挠之，卑而骄之，佚而劳之，亲而离之……"

真假即虚实，隐真示假谋略，属于示形谋略，是军事谋略中最为常用之道。兵事贵在秘密，对抗双方无不以各种手段制造假象隐蔽自己的真实意图。通过以假乱真欺骗敌人，使之上当失势并战而胜之。

隐真示假关键是要做到：使假像真，利用一切可以利用的条件，使敌人产生错觉，而不能让敌人看出破绽；在敌信以为真时，及时采取措施进攻敌人。在冷兵器时代，示形主要是通过伪装的方法来进行的。历史发展到今天，过去的好多示形手段仍有作为，并且拥有了更多现代化色彩。如以色列突击伊拉克核设施时，就把飞机编成密集队形，在对方荧光屏上示形为一架大型飞机，巧妙地迷惑了对方。示形所追求的直接目的，就是使对方产生错觉，一旦产生错觉，对方心理上的三条防线（即情感防线、伦理防线、逻辑防线）就有可能被突破，相应地就会令对手信以为真，从而做出错误的举动。

先声后实：先声为虚，后攻为实

"先声后实"源于《史记·淮阴侯列传》："兵固有先声而后实者，此之谓也。"先声后实，就是在作战时采用心理战术，先炫耀声势，使敌人丧失战斗意志不战自败。

案例1：李世民虚张声势惑敌军，突厥军心惊胆战慌逃走。公元615年4月，李渊调任山西、河东宣慰大使，携家眷到河东赴任。同年8月，好大喜功的隋炀帝巡视北方边塞，突然遭到突厥始毕可汗数十万骑兵的袭击。雁门一带的41座边城，竟被突厥占去39个。隋炀帝被困在雁门关内，一筹莫展。城中粮食仅够食用20多天，形势万分危急。在此情形下,隋炀帝把向各地征兵勤王的诏书系在木板上,投入滚滚的汾水,命令各地募兵前来救援。李渊之子李世民接到诏书后,奉父命率精兵数千火速赶往雁门,驰援隋炀帝。李世民一到雁门,立即面见屯卫将军云定兴。李世民对云定兴说道:"始毕可汗这次举大军围困天子,是采取突然袭击的方式。他认为我军在仓促之间,不可能快速救援。因此,在白天,我军应在十几里路内,遍插旌旗,连绵不断,漫山遍野,随风招展;在夜间,到处敲征击鼓,呼应不绝,四处呐喊,使始毕可汗以为各路援军赶到,不敢迎战,便会望风而逃。如果不采用这种疑兵之计,目前敌众我寡,与突厥正面搏击,我军肯定不能取胜,势必陷入绝境,后果不堪设想。"云定兴一听此计,十分赞赏,立即依计行事,周密部署。霎时间,只见尘土飞扬,旌旗招展,人喊马嘶,吼声如雷,山鸣谷应。始毕可汗不知是隋军疑兵之计,误以为大批援军已奔赴雁门,吓得心惊胆战,连忙撤围,星夜撤兵逃走。

案例2:美军以假象先声夺人,赢战机反击制胜。第二次世界大战中,美军有一支专门以假乱真的部队。在卢森堡南部,他们用充气的橡皮大炮、橡皮坦克、橡皮车辆和扩音设备装扮成美军装甲师,先在地上轧出痕迹,白天摆出几百辆用伪装网半遮半掩的橡皮坦克,让德军侦察,夜间播放坦克、车辆开动和人员喧闹的录音,俨然是坦克部队活动迹象。结果吓得德军一个师连续7天未敢离开驻地,从而为美军赢得了时间。随后,美军突然出现在其他战区,取得决定性胜利。

变灶计:增减军灶,导敌误判

"变灶计"是指采取逐渐增灶或减灶的办法,使对手错误地判断己方兵力,进而做出有利于己方的军事举动。变灶计主要有两种形式:增灶计和减灶计。

案例1:孙膑减灶诱庞涓,马陵设伏歼魏军。公元前342年,魏国联合赵国攻打韩国,韩向齐求救。齐国派田忌将军率兵向魏国首都大梁进军。魏将庞涓忙回师自救。军师孙膑对田忌说:魏军向来以作战勇敢而著称于世,历来看不起齐军。我军可假装胆怯,诱惑敌人。今天埋设军灶10万,明天变成7万,往后再逐日递减。敌军以为我军怯战逃亡,越来越少,其士气必定骄奢,势必要日夜兼程追赶我军,其军力必定疲惫不堪,我乘此机会可施计谋轻取魏军。魏将庞涓在路上果然侦察到齐军的行迹,并发现齐军军灶一天比一天减少,便命令士兵急行军,日夜兼程追赶齐军。结果在马陵地区中了齐军的埋伏,全军惨败,庞涓也拔剑自杀。此计的谋略思想在于故意制造假象,示弱于敌,麻痹骄纵敌人,而后利用有利的地形和战机歼灭敌人。

案例2:诸葛亮增灶示强大,暗地退兵巧脱身。三国蜀汉建兴八年(公元230

年),在蜀魏的一次交战中,诸葛亮因粮尽而退兵。退兵时,诸葛亮根据魏强蜀弱的情况和魏军主将司马懿因多次遭蜀军伏击而用兵谨慎、决策多疑的特点,决定采用"增灶减兵"的计谋,来对付魏军的追击。蜀军一面撤退,一面增挖锅灶,"今日掘三千灶,明日掘四千灶,每日退军,添灶而行",以此迷惑魏军。司马懿怕中了诸葛亮的计,不敢轻易追击。他每天派人到蜀军留下的营地查点灶数,当发现灶数逐日增加时,就对其部下说:"我知道诸葛亮多谋,现在他不断增兵添灶,如果我们继续追赶,势必中计,还是不追为好。"魏军果然停止了对蜀军的追击。蜀军顺利撤退,摆脱了被优势敌人追歼的危险境地。

苦肉计:情骗计诈,间以得行

"苦肉计"系三十六计之一。原意是利用自我伤害身体的方式,骗取对方信任。现引申为利用一切违反常规的做法,使敌人受骗上当。《三国演义》是我国一部不朽的古典名著,它不仅以恢宏手笔勾画了刘、曹、孙三大集团的战争历史,而且以细腻的笔触描绘了人物的心理活动。周瑜打黄盖就是脍炙人口的一章。为破曹军铁链船队,黄盖自愿被杖,鲜血淋漓,皮开肉绽,骗过了多疑的曹操,利用装满干柴的大船,巧借东风,驾船假降,伺机纵火,曹操几十万大军顷刻瓦解。

用苦肉计,假装去做敌人的间谍,而实际上是到敌方从事间谍活动。派遣同己方有仇恨的人去迷惑敌人,不管是做内应也好,或是协同作战也好,都属于苦肉计。

郑国武公伐胡,竟先将自己的女儿许配给胡国的君主,并杀掉了主张伐胡的关其思,使胡不防郑,最后郑国举兵攻胡,一举歼灭了胡国。汉高祖派郦食其劝齐王降汉,使齐王没有防备汉军的进攻。韩信果断地乘机伐齐,齐王怒而煮死了郦食其。

案例1:要离断臂舍娇妻,为君残身刺庆忌。春秋时期,吴王阖闾杀了吴王僚,夺得王位。他十分惧怕吴王僚的儿子庆忌为父报仇。庆忌正在卫国扩大势力,准备攻打齐国,夺取王位。阖闾整日提心吊胆,要大臣伍子胥替他设法除掉庆忌。伍子胥向阖闾推荐了一个智勇双全的勇士,名叫要离。阖闾见要离矮小瘦弱,说道:"庆忌人高马大,勇力过人,如何杀得了他?"要离说:"刺杀庆忌,要靠智不靠力。只要能接近他,事情就好办。"阖闾说:"庆忌对吴国防范最严,怎么能够接近他呢?"要离说:"只要大王砍断我的右臂,杀掉我的妻子,我就能取信于庆忌。"阖闾不肯答应。要离说:"为国亡家,为主残身,我心甘情愿。"吴都忽然流言四起:阖闾弑君篡位,是无道昏君。吴王下令追查,原来流言是要离散布的。阖闾下令捉了要离和他的妻子,要离当面大骂昏王。阖闾假借追查同谋,未杀要离而只是斩断了他的右臂,把他夫妻二人关进监狱。几天后,伍子胥让狱卒放松看管,让要离乘机逃出。阖闾听说要离逃跑,就杀了他的妻子。这件事不但快速传遍吴国,就连邻近的国家也都知道了。要离逃到卫国,求见庆忌,要求庆忌为他报断臂杀妻之仇,庆忌接纳了他。要离果然接近了庆忌,他劝说庆忌伐吴。要离成了庆忌的贴身亲信。庆忌乘船向吴国进发,要离乘庆忌没有防备,从背后用矛尽力刺去,刺穿了庆忌的胸膛。庆忌的卫士要捉拿要离。庆忌说:"敢杀我的也是个勇士,放他走吧!"庆忌因失血过多而死。要离完成了刺杀庆忌的任务,家毁身残,也自刎而死。

案例2:英国忍痛造假象,以牺牲局部利益换取全局胜利。第二次世界大战期间,英国海军的情报机关捕获了名叫穆特和杰夫的两个挪威籍人,这两人原先是德国盖世太保属下的两名谍报人员,是被派来英国专门进行收集军事情报、制造恐怖事件等破坏活动的,英国情报机关将计就计,利用他们传递假情报达到对纳粹不利、有利盟军战局的目的。为了使德国情报机关信任他们所派遣的两个间谍在真正为他们服务,英国政府就采用苦肉计,让他们先在英国的土地上创造"惊人的奇迹":英国海军情报机关和英国有关方面合作,经过妥善安排,精心导演,让他们制造了两起引人注目的爆炸事件。第一次是1941年11月,在维尔德斯敦附近一个食品栈里,搞了一次爆炸事件,爆炸后,大火连天,这是一个人口密集的地区,极为引人注目,英国报纸也大加配合,进行报道扩大影响。德国纳粹很快知道了这件事,信以为真,对两名谍报人员奖励了一番。接着,英国政府又安排了第二次爆炸事件。这次目标是炸毁一个军火库,地点是人烟稀少的纽弗莱斯特,实际上只是在地图上标出的军火库,一个空仓库罢了。英国政府再次让穆特和杰夫去进行爆炸。由于英国精心而巧妙的苦肉计策划,德国纳粹对这两名间谍倍加信任。此后,两人发向德国的情报,纳粹全部言听计从,并且给他们两人空投了许多英镑、无线电发报机和其他一些爆破器材,供他们两人使用。于是,英国在利用这两人实施苦肉计成功的情况下,给纳粹德国提供了不少假情报,英国海军进行了大量的欺敌活动,对于盟军的反法西斯战争做出了很大的贡献。

伪装计:隐真示假,趁机攻敌

"伪装计"很早以前就已经出现,是运用外形上的隐真示假,通过迷惑敌方视觉,使其在感官上受到蒙蔽,诱使对方做出错误判断,己则可趁机对敌实施攻击,达到出其不意的效果。

使用此计,要注意事前隐蔽,不被敌人觉察;要在能见度不良的条件下进入交战状态,以增大敌识别难度达到突然袭击的效果。具体方法:其一,可事先让军士换上敌方军服,混入敌方军中;其二,或埋伏下来,待我方与敌方交战时,伪装的伏兵即可杀出,使敌方难以识别,陷入混乱。

案例1:公子偃以虎皮蒙战马,宋军受惊吓自乱阵脚。春秋时期鲁庄公十年(公元前684年)夏,齐国和宋国联合攻打鲁国,双方在郎(今山东金乡鱼台镇东北)对峙。鲁公子偃认为:"宋国的军容不整,没有什么战斗力,可以先打败它。宋军败了,齐军便独立难支,不战自撤。"遂要求庄公下令攻击宋军,但庄公不同意。公子偃不顾君命,擅自领兵出击,他让士兵在马身上蒙上虎皮直冲宋军。庄公看到战斗已打响,也率兵向宋军进攻。宋军看到一只只斑斓大虎扑来,吓得阵容大乱。鲁军乘势冲杀,在乘丘(今山东巨野西南)大败宋军。齐军看到宋军已败,也不战自退。

案例2:英军巧伪装设立假补给站,德军受蒙蔽判断失误。1941年11月初,英军第八集团军为了进攻德军在利比亚和埃及边境设置的防线,于一望无际的沙漠里建立了一个大型铁路终点站,以供装卸和储备大量的汽油、弹药和轻重武器装备等作战物资。为了迷惑德军,牵制德军的轰炸机,掩护终点站的安全,英军总司令部在这个终点站前方不远的地方,设立了一个假补给基地。为了使德军以假当真,在真终点站与假补给基地之间铺设了一段假铁路,铁路上经常有一辆辆机车、煤水车、棚车和油槽车,这些车辆还不断重新编组,以造成运输繁忙的现象。在假补给基地的空地上,整齐地停放着大批卡车、装甲车、坦克和其他补给物资。为了给人一种货物搬运频繁、不断运来运去的感觉,经常变换这些作战物资的摆放位置。为了逼真,一些卡车运输队不停地在假基地内来往穿行;假基地周围还配置了几个高炮连,既增加了真实感,又阻止了德军侦察机的接近,防止被德军看出真相。这个假补给基地中的所有东西,除几个高炮连以外,都是假的。机车也是个模型,里面生了一个火炉,昼夜冒烟、喷火。德军对这个假补给基地深信不疑,致使对英军的作战行动作出错误的判断。

案例3:科索沃战争期间,南军除广泛利用制式器材或就便器材,对重要目标进行伪装外,还通过设置假目标、施放烟幕欺骗和迷惑敌人。例如,利用军用或民用废旧器材,按1∶1的比例,设计制造了大量火炮、飞机、导弹和雷达模型,形象逼真,配置在阵地上,从高空根本无法分辨真假;在一些重型武器装备配置阵地附近,放置原油灯、燃烧汽车轮胎等物件,借助这些周围物体产生的强红外热,掩盖坦克、火炮等装备的热辐射,迷惑敌可见光侦察;为对付激光制导炸弹的攻击,南军利用激光束对烟幕敏感的特性,在地面上点燃火堆,产生大量的烟幕,使得制导炸弹往往失去目标而自行坠毁。这些措施使得北约浪费了大量的高精度弹药,有效地掩护了南军防空部队的有生力量。据南军报道,假目标效果明显,曾吸引了敌人80%的火力,北约击中的目标里,30%以上是假目标。

实而虚之：强而示弱，诱敌就范

"实而虚之"出自《草庐经略·卷六·虚实》："……或实而示之以虚。"

"实而若虚，则疑而不复备"，是占据优势和主动地位的一方诱歼敌人时所采用的一种谋略。

实而虚之的另一表现形式：以弱为弱。源于《投笔肤谈·敌情第六》："强而示之弱者，致我也。弱而示之强者，畏我也。以强为强者，搏我也。以弱为弱者，误我也。"以弱为弱是指本来弱小而示为更加弱小，从而造成敌人错觉，寻隙攻击敌人。敌人强大显示弱小，是想调动我。敌人弱小而显示强大是害怕我。敌人强大就显示强大，是要震慑并打击我。敌人弱小而显示弱小，是要使我产生错觉而不加戒备。

案例1：拿破仑隐真示假避敌耳目，出奇兵潜师近袭攻敌后方。1800年4月，欧洲反法同盟各国的军队从几个方面威胁法国本土。靠近法国边境的奥地利10万大军，重新抢占了拿破仑在1796至1797年征服的意大利地盘，对法国构成了最严重的威胁。拿破仑为了对付奥军，一方面派莫罗元帅率10万大军在巴伐利亚一线摆出一个进攻的态势，以吸引敌人，一方面秘密组成一个拥有强大力量的预备兵团。

为了躲过奥地利和英国间谍的耳目，拿破仑采取了一个示假隐真的办法。他通过各种渠道大肆宣扬，在巴黎已经组成一个预备兵团，其部队将在瑞士附近的茅戎集结，并决定亲自去那里检阅视察。5月6日，拿破仑亲自去检阅，大批间谍从欧洲各地蜂拥而至，准备搜集有关预备兵团的情报。通过侦察，间谍们发现，这支预备兵团只有徒有虚名的司令部，除了新招募的几团新兵外，都是些老弱残兵，而且大部分服装不整，武器不全，没有什么战斗力。这些情报被间谍很快传到了维也纳、伦敦和罗马等地。不久，欧洲各地便出现了嘲笑拿破仑的报道、传单和漫画，其中有一幅画着"一个12岁的孩子和一个装着假脚的残废军人"，下面写着"拿破仑的预备兵团"。人们普遍认为，拿破仑的所谓预备兵团，只是一种欺骗宣传，其目的是要吓唬奥军。驻意大利的奥军元帅梅拉斯也说预备兵团是一群乌合之众，拿破仑的目的达到了。他公开视察检阅临时拼凑的老弱残兵，并让法国谍报人员散发一些嘲笑预备兵团的传单和漫画，果然使敌人深信不疑。与此同时，一支真正强大的预备兵团正在法国东南部的边境附近秘密而迅速地集结。这支预备兵团由拉纳元帅指挥，有6个精锐团，40门火炮，训练有素，装备精良，军需供应充足。正当人们对拿破仑的预备兵团不屑一顾之时，他亲率4万大军，绕道瑞士，翻越阿尔卑斯山，突然出现在奥军的后方，从而取得了马伦哥会战的胜利。

案例2:解放军小分队佯动骗敌,主力军悄设伏全歼敌人。1947年7月初,困守晋南的敌青年军二〇六师及整编第十师师部,仓皇南调,增防陇海路。在该师移动时,由驻运城(在山西省南部)的敌八十三旅二四八团担任掩护,将他们送过黄河太阳渡后,再从陕县(在河南省)搬运一部分军用物资回运城,继续负隅顽抗。解放军侦知这一情况后,由太岳三分区司令员王墉率领独三团、五十五团及五十六团(缺一个连),由虞东地区星夜赶赴平陆(在山西省),选占有利地形,相机歼敌。不料至常乐镇(平陆西)后被敌发觉,为了欺骗敌人,造成他们错觉,解放军将小分队装成主力,在7月10日、11日,昼伏夜出,对太阳渡敌人进行袭击,并摆出准备进攻平陆的样子给敌人看,而主力却于7月10日夜间隐蔽北上,进到土地庙(在运城以南40里),以南庙底以北地区设伏待敌。敌人不知是计,认为解放军在平陆附近,运城一带没有什么危险,乃于7月12日10点得意扬扬放胆北进,24时进入我设伏地区,解放军即以五十五团及独三团分别向敌侧后韩村等地插去,对敌形成包围,经过两小时白刃搏斗,将敌在无备中全部歼灭。

虚而虚之:弱者示弱,临危弄险

"虚而虚之"引自《草庐经略·卷六·虚实》:"虚实在我,贵我能误敌:或虚而示之以实,或实而示之以虚;或虚而虚之,使敌转疑以我为实……"其意为,本来是虚的,仍然故意表示出虚的样子,力量弱小而故意表现弱小,使敌人误以为我强大,这是临危弄险的谋术。

以虚制敌,是在迫不得已的情况下,临时对付敌人的应急计谋,带有很大的偶然性和冒险性。急中生智,利用人们"无三尺水,不敢行船"的心理去弄临危之险,必须要有军事实力为基础,或有迅速摆脱敌人的措施,才能克敌制胜。与"以弱为弱"有异曲同工之妙。

虚而虚之的反向运用:实而实之。引自《草庐经略·卷六·虚实》:"实而实之,使敌转疑以我为虚。"本来属于真实,仍然故意表示出真实的样子,使敌人反而以为我是虚假。这是一种通过不断显示真实实力,使敌对己方行动产生怀疑,导致错误判断,而我方争取战争主动的谋略。

案例1:赵云胆大心又细,故意退却唬曹军。建安二十四年(公元219年)春,曹操率大军自长安出斜谷,直逼汉中。刘备凭坚固守,不与交锋。一次,曹兵在北山下运粮,黄忠领兵去劫粮,没有按时回来。赵云带领数十轻骑出营侦察敌情,正碰上曹操的大军出动,赵云急忙率领这几十骑主动攻打曹军,且战且退。曹操的兵马一直追到赵云的营前。赵云退至营寨,明知自己兵力空虚,难以抵挡曹军的来势,却故意命令士兵将营门大开,偃旗息鼓。曹操怀疑营中有埋伏,随即撤军。这时,赵云命令守营士兵擂鼓呐喊,并用强弓劲弩追射,假装伏兵杀出。曹兵大惊,夺路奔逃,自相践踏,很多人落水而死。第二天刘备来到赵云营中视察作战的地方,称赞说:"子龙一身都是胆也。"

美军和南韩军仁川登陆

案例2:仁川登陆,以谋取胜。1950年美军进行仁川登陆作战前,进行了一系列政治、军事和外交方面的欺骗活动。麦克阿瑟一方面加紧登陆作战的准备,一方面又通过报纸宣传,故意公开流露美军将从仁川登陆的意图,从而给人们造成这样一种印象:卖瓜的不说瓜苦,做贼的口中无真言,公开说在仁川登陆,其实登陆地点绝非在仁川。经过一系列的努力,麦克阿瑟的这一行动成功了。实而实之,行真真假假之法。利用人们"秘密不会轻易公开"的心理,促敌反常思维。以实示实,以实掩实,达到欺骗对方之目的。未来战场侦察技术、情报手段先进,战场透明度高,对军队隐蔽行动企图带来了新的问题。单纯靠"堵听觉""迷视线"的方法已经成为过去,要想有效地欺骗敌人,就必须在"迷视听"上加以"迷心智",使两者有机结合,将敌引入疑阵,方能奏效。

假道伐虢:先用后灭,突出奇兵

"假道伐虢"为三十六计之一。按语为:"假地用兵之举,非巧言可诳,必其势不受一方之胁从,则将受双方之夹击。如此境况之际,敌必迫之以威,我则诳之以不害,利其幸存之心,速得全势,彼将不能自阵,故不战而灭之矣。如:晋侯假道于虞以伐虢,晋灭虢,虢公丑奔京师,师还,袭虞灭之。"意思是,处在夹缝中的小国,情况会很微妙。一方想用武力威逼它,一方却用不侵犯它的利益来诱骗它,乘它心存侥幸之时,立即把力量渗透进去,控制它的局势,所以,不需要打什么大仗就可以将它消灭。

原意是对处在两个强大敌人中间的国家,敌人胁迫它屈从时,我方要出兵救援。对处于困境中的国家,光空谈而没有行动,是不会被它信任的。但从历史上晋国借路伐虢(古国名)顺势灭虞的战例看,其谋略思想是:先用利益收买和讨好对方,而后很自然地进行兵力渗透,乘对方不意之际发起突然袭击,消灭对方。其实,此计的关键在于"假道"(借路)。善于寻找"假道"的借口,善于隐蔽"假道"的真正意图,突出奇兵,往往可以取胜。

案例:晋国假道伐虢,荀息良策传千古。春秋时期,晋国想吞并邻近的两个小国——虞和虢,这两个国家之间关系不错。晋如袭虞,虢会出兵救援;晋若攻虢,虞也会出兵相助。大臣荀息向晋献公献上一计,他说,要想攻占这两个国家,必须要离间它们,使它们互不支持。虞国的国君贪得无厌,我们可以投其所好。他建议晋献公拿出心爱的两件宝物,屈产良马和垂棘之璧,送给虞公。献公哪里舍得?荀息说:大王放心,只不过让他暂时保管罢了,等灭了虞国,一切不都又回到你的手中了吗?献公依计而行。虞公得到良马美璧,高兴得嘴都合不拢。晋国故意在晋、虢边境制造事端,找到了伐虢的借口。晋国要求虞国借道让晋国伐虢,虞公得了晋国的好处,只得答应。虞国大臣宫子奇再三劝说虞公,不能答应晋国要求。虞虢两国,唇齿相依,虢国一亡,唇亡齿寒,晋国是不会放过虞国的。虞公却说,交一个弱朋友去得罪一个强有力的朋友,那才是傻瓜哩!晋大军通过虞国道路,攻打虢国,很快就取得了胜利。班师回国时,把劫夺的财产分了许多送给虞公。虞公更是大喜过望。晋军大将里克这时装病,称不能带兵回国,暂时把部队驻扎在虞国京城附近。虞公毫不怀疑。几天之后,晋献公亲率大军前去,虞公出城相迎。献公约虞公前去打猎。不一会儿,只见京城中起火。虞公赶到城外时,京城已被晋军里应外合强占了。就这样,晋国又轻而易举地灭了虞国。

金蝉脱壳:伪装遁形,身则全退

"金蝉脱壳"系三十六计之一。这是一种摆脱敌人、转移兵力或撤退的分身之法。这里的"脱",不是惊慌失措,消极逃跑,而是保存其原有形式,抽去内容,走而示之未走,稳住敌人脱离险境。另外,"金蝉脱壳"也指在对敌作战时,以小股部队牵制当面之敌,暗中却抽走精锐部队去袭击别处敌人,造敌不意,以达奇胜。

"金蝉脱壳"的本意是:寒蝉在蜕变时,本体脱离皮壳而走,只留下蝉蜕还挂在枝头。此计用于军事,是指通过伪装摆脱敌人,撤退或转移,以实现己方的战略目标的一种谋略。

"金蝉脱壳"的另一表现形式:伪为虚阵,设留而退。设假迷敌,造敌错觉,保全撤退的谋略。出自《百战奇略·疑战》:"我欲退,伪为虚阵,设留而退,敌必不敢追我。"意思是如要退却,可设置假阵地、假目标迷惑敌人,让敌摸不清己虚实,使敌不敢追击,从而达到安全撤退的目的。设置虚阵,是制造假象伪装自己,欺骗敌人的一种手段。它是利用人们思维定式的缺陷,根据人们思维惯性特征,以设置假情、假势、假态,造敌错觉,隐蔽企图,达到安全撤退或取得休整机会的目的。

案例1:生前设计托后人,死诸葛吓退活仲达。三国时期,诸葛亮六出祁山,北伐中原,但一直未能成功,终于在第六次北伐时,积劳成疾,在五丈原病死于军中。

为了不使蜀军在退回汉中的路上遭受损失,诸葛亮在临终前向姜维密授退兵之计。姜维遵照诸葛亮的吩咐,在诸葛亮死后,秘不发丧,对外严密封锁消息。他带着灵柩,秘密率部撤退。司马懿派部队跟踪追击蜀军。姜维命工匠仿诸葛亮模样雕了一个木人,羽扇纶巾,稳坐车中。并派杨仪率领部分人马大张旗鼓,向魏军发动进攻。魏军远望蜀军,军容整齐,旗鼓大张,又见诸葛亮稳坐车中,指挥若定,不知蜀军又要什么花招,不敢轻举妄动。司马懿一向知道诸葛亮诡计多端,又怀疑此次退兵乃是诱敌之计,于是命令部队后撤,观察蜀军动向。姜维趁司马懿退兵的大好时机,马上指挥主力部队,迅速安全转移,撤回汉中。等司马懿得知诸葛亮已死,再进兵追击,为时已晚。

案例2:苏军表面做防御,暗中主力却转移。1943年秋,苏联百万大军沿着第聂伯河,在约1000公里的战线上,向德军发动了猛烈的进攻,德军防线多处被突破。在基辅地区,由于德军迅速把强大的兵力调到基辅南面的布克林方向防守,致使苏军的3次主要攻击都遭到失败。10月24日,苏军最高统帅部决定改变主攻方向,将近卫坦克第三集团军隐蔽调到基辅以北,协同该地区苏军部队由基辅北面实施主攻,夺占基辅。可是这样变动后,德军很可能迅速将重兵调到基辅北部去加强防守。因此,如何从敌人的鼻子底下悄悄地把近卫坦克第三集团军从基辅以南调到基辅以北,就成了此次行动的关键。苏军找来一具尸体,换上军官服,戴上大尉军衔,挎上公文包,将一份"命令"放进这位"大尉"的公文包里,一同放到阵地上。在德军发起反击时,苏军部队有意在一个地段上向后撤,以便给德军一个机会,能够从这位"大尉"身上取走公文包,得到那份文件。同时,以少数装甲车辆在浅近纵深的阵地上来回开动,一部分步兵、炮兵故意在显眼的地方构筑工事,以显示苏军正在转入防御、调整部署。而近卫坦克第三集团军则在夜色掩护下,悄悄地由布克林地区机动到了基辅以北,做好了从北面进攻基辅的准备。德军果然中计。几名德军从"大尉"身上得到"命令"后,立即上交德军南方集团军群司令部。根据此"命令"和苏军阵地上的种种迹象,确信苏军正在转入防御。正当德军调兵遣将,准备在布克林一带组织一次大规模的反击,夺回被苏军占领的阵地时,11月3日,苏军主力部队突然在基辅北面对德军发动猛烈攻击。等德军北调部队组织抵抗时,苏军已突进基辅城里。11月6日,基辅获得解放。

师行如无:暗聚力量,出神入化

"师行如无",即军队有行动像是没有行动,是一种"无中生有"式的谋略。引自《兵经百字·无》:"故善用兵者,师行如无,计设若未,创奇敌大阵而不动,非强制也。"意思是说,善于用兵的人,军队有行动像是没有行动,布设了计谋像是若无其事,重创狡诈、有优势的敌人像是没采取什么行动,这些绝不是单靠力量的强大所能做到的。

无,这里并非指没有,而是说造诣颇深的谋略家施计用术,敌手看不出,识不破,达到了出神入化的程度。师行如无,有三种情况:在部队的重大行动之时,一是示形用佯,把敌人的注意力引向次要方向;二是采取诡秘的行动和严格的伪装;三是在一定条件下主动暴露,使敌反以为这是欺骗。

案例1:日军偷袭珍珠港,悄无声息蔽企图。第二次世界大战中日本偷袭珍珠港战役,日军在战略战役上均采取了保密、伪装和欺骗措施。偷袭珍珠港的计划长时间内只有山本和一两个军官知道,就连海军参谋长也是直到1941年10月才第一次得知这一计划。为了隐蔽企图,日军于1941年7月,在中国东北地区举行了代号为"关特演"的大规模演习,并将关东军由11个师增加到20个师,制造准备进攻苏联的假象。在航线选择上,日军研究了北至南三条航线,最后选择了距离远、气象差、补给难、

珍珠港事件中美军军舰被袭惨状

却便于隐蔽以达突然性的北航线,并规定在航行过程中保持无线电静默;部队的演练、集结都是在严格的保密条件下进行的,已调动集结的部队,其通信联络保持平时规律,以便造成日本舰队主力仍在内海的假象。日军的这种"师行如无"的措施,使得美军毫无戒备,从而达成了战役的突然性。

案例2:东北野战军悄然入关,国民党受蒙蔽浑然不知。解放战争时期,为羁绊住华北国民党军的60万人马, 全歼傅作义集团于华北地区,1948年11月16日,中央军委主要领导人毛泽东、周恩来、朱德考虑动用东北野战军,尽早入关,包围天津、塘沽、唐山,以截断傅作义部海上逃跑通道。当中央军委、毛泽东和东北野战军领导就先期入关和按原计划入关讨论继续之际,徐州方向华东、中原两大野战军的攻势正频频得手。傅作义已经坐不住了,华北集团撤逃随时都可能发生。中央军委果断决定:东北野战军立即结束休整,提前行动!同时要求隐蔽企图,秘密入关。为了不过早地暴露企图,东北野战军夜行晓宿,步兵、骑兵、工兵、坦克兵、汽车部队和野战医院及男女民工在夜色的笼罩下,越过风沙漫卷的漠北地区,秘密向华北挺进。为配合东北野战军秘密入关,新华社、东北各广播电台按照中央军委的统一部

署,继续播发东北野战军在沈阳、新民、营口、锦州等地的庆功祝捷、练兵、开会的消息,制造东北野战军仍处于休整状态的假象,迷惑敌人。最终达成了秘密入关的目的,将傅作义集团的一字长蛇阵拦腰截成张家口、新保安、北平、天津、塘沽五段,陷入了首尾不能相顾、欲收收不拢、欲逃逃无路的困境,为平津战役的胜利进行埋下了伏笔。

借尸还魂:善用他势,壮己声威

"借尸还魂"为三十六计之一。原为迷信说法,指人死以后灵魂可以借别人的尸体复活,比喻某种已经消灭或没落的思想、行为、势力等假托别的名义重新出现。"借尸还魂"作为计谋,其基本思想是:在丧失主动或处于劣势的情况下,要善于利用时机或其他力量,转换战局,掌握主动。"借尸还魂"这一计谋,名在"借尸",实为"还魂"。"借",包含着积极的主动性。自古以来没有不败的将军,在困境中只要正确地分析客观形势,就可寻得可借之"尸",即一切可以利用的时机和力量,去争取主动,转败为胜。

历史上常有这种情况,"换代之际,纷立亡国之后者,固借尸还魂之意也。凡一切寄兵权于人,而代其攻守者,皆此用也"。意思是说,在改朝换代的时候,指挥者都喜欢推出亡国之君的后代,打着他们的旗号,来号召天下。用这种"借尸还魂"的方法,达到夺取天下的目的。用在军事上,是指利用、支配那些没有作为的势力来达到己方目的的策略。战争中往往有这类情况,对双方都有用的势力,往往难以驾驭,很难利用。这个时候,利用和控制这部分势力,往往可以达到制胜的目的。指挥官一定要善于分析战争中各种力量的变化,善于利用一切可以利用的力量。

案例:陈胜吴广借尸还魂,师出有名树起反秦大旗。秦朝实行暴政,天下百姓"欲为乱者,十室有五"。大家都有反秦的愿望,但是如果没有强有力的领导者和组织者,也就难成大事。秦二世元年,陈胜、吴广被征发到渔阳戍边。当这些戍卒走到大泽乡时,连降大雨,道路被水淹没,眼看无法按时到达渔阳了。秦朝法律规定,凡是不能按时到达指定地点的戍卒,一律处斩。陈胜、吴广知道,即使到达渔阳,也会因误期而被杀,不如一拼,寻求一条活路。他们知道同去的戍卒也都有这种想法,正是举兵起义的大好时机。陈胜又想到,自己地位低下,恐怕没有号召力。当时有两位名人深受人民尊敬:一个是秦始皇的大儿子扶苏,温良贤明,已被阴险狠毒的秦二世暗中杀害,老百姓却不知情;另一个是楚将项燕,功勋卓著,爱护将士,威望极高,在秦灭六国之后不知去向。于是,陈胜公开打出他们的旗号,以期能够得到大家的拥护。他们还利用当时人们的迷信心理,巧妙地做了其他安排。有一天,士兵做饭时,在鱼腹中发现一块丝帛,上写"陈胜王"(这个王字是称王的意思),士兵大惊,暗中传开。吴广又趁夜深人静之时,在旷野荒庙中学狐狸叫,士兵们还隐隐约约地听到有"大楚兴,陈胜王"的口号。他们以为陈胜不是一般的人,肯定是上天让他来领导大家的。陈胜、吴广见时机已到,率领戍卒杀死朝廷派来的将尉。陈胜登高一呼,揭竿而起。他说:我们反正活不成了,不如和他们拼个你死我活,就是死,也要死出个样儿来。于是,陈胜自号为将军,吴广为都尉,攻占大泽乡,天下云集响应,节节胜利,所向披靡。后来,部下拥立陈胜为王,国号"张楚"。

故泄取信:送敌以假,则隐己真

"故泄取信"源于《兵经百字·言》:"诡谲造惑,故泄取信。"意思是诡诈地造成敌人的疑惑,故意泄露假情报使敌信以为真。

故泄取信的表现形式之一:反说话意。同出于《兵经百字·言》,意为有意说反话对敌进行诱骗。反说话意,目的是让敌方不疑于己,无备于己,给对方造成虚幻的错觉,收到示假隐真的效果。

故泄取信的表现形式之二:放言过之。源于《黄石公三略·上》。是一种通过放出假情报使敌出现过失的谋略。俗话说:言能助人,也能杀人。在这里,针对敌人来讲,其目的是"杀"而不是"助"。从古到今,将帅决策定案,无不以情报信息为前提,这样就为"放言"产生效果创造了有利条件。尤其是在现代条件下,敌对双方在某种意义上进行的是信息之战,谁的信息确实可靠,谁的决策就可能准确无误。反之,其决策就可能失误,就可能导致战场上的败北。所以,施放虚假的情报信息并使敌信以为真,是造成敌人决策失当从而被我有机可乘的有效之谋。

故泄取信谋略的运用要注意两个方面:一方面,要通过合理的途径达成"泄"的目的,"泄"得自然,"泄"得顺理成章,才能使敌人相信;另一方面,要认真分析敌人想要得到什么样的信息,对于什么样的信息可能相信,并在有利时机、通过有利途径或借特定人员之口,达成信息泄露的目的。

案例1:"肉馅行动"伪造情报骗德军,乘良机盟军轻松完成诺曼底登陆。第二次世界大战中,英美联军为将德军的视线从西西里岛引向希腊,隐蔽登陆企图,英国情报机关实施了一个叫"肉馅行动"的计谋:从医院搞来一具无人认领的死尸,给他穿上军服,伪造了证件,证明死者是一位重要的参谋军官。在其身上放置了一些很重要的"文件",其中有盟军联合作战计划,以及为了迷惑敌人,打算利用意大利的西西里岛来掩护对希腊的登陆作战等机密事宜。而后利用潜艇隐蔽地送至西班牙南部沿海城市韦尔，并且制造了一架从英国飞往埃及的军用飞机在地中海上空失事坠海的舆论，造成"参谋军官"是因飞机失事而死亡的假象。德军获得这具尸体后，从其身上搜出盟军的"作战计划"，如获至宝，误以为真，最终为盟军成功进行诺曼底登陆埋下了伏笔。情报是定下决心的重要依据，适情、适时、适势地泄露虚假的情报，就会造成敌手思维的错觉，定下错误的决心，实施错误的行动。

案例2：苏军放出假命令，引诱德军把当上。第二次世界大战中，苏军实施诺沃罗西斯克登陆前，实施了一系列的伪装隐蔽手段。主要是，登陆前，苏军对南奥捷列基和其他一些非登陆地点进行侦察，并下达在南奥捷列基登陆的假命令，有意使德军得知，使敌人放松了对预登陆地点的戒备。苏军最终达到突然登陆、出其不意的目的，迅速地完成了登陆作战。

示弱使忽：故显下风，骄纵敌手

"示弱使忽"是指向敌示弱，使敌疏忽的谋略。出于《兵经百字·巧》："善破敌之所长……示弱使忽……"示弱使敌疏忽，疏忽则不防备，我则可出其不意，乘机攻之。

示弱使忽的表现形式之一：谦逊玩敌。出自《兵经百字·言》，意思是指故作谦卑，使敌人放松戒备。谦逊玩敌，意在夺其心，乱其志，松其行。

示弱使忽的表现形式之二：示短致长。源于明代揭暄《兵经百字·测》："两将相持，必有所测。测于敌者，避实而击疏；测于敌之测我者，示短以致长。"示短致长就是故意暴露弱点来欺骗对方，以便发挥自己的长处。示短致长，目的是让敌指挥员判断错误，最终导致军队错误行动。军队行动之前，都要进行侦察、推理、判断，以避开强点而击弱点。技高一筹的指挥员，故意显示"弱点"，引诱敌犯错误，以便更好地发挥己方长处，创造出以己之长击敌之短的有利条件。

示弱使忽的表现形式之三：外乱内整。引自《六韬·武韬》："外乱而内整，示饥而实饱，内精而外钝，一合一离，一聚一散……敌不知我所备。"意思是说，外示纷乱而内实严整；外形饥疲而内实饱足；外似钝弱而内实精壮，令部队忽离忽合，士卒忽聚忽散，以示号令不整与纪律不严，敌人则无法探知我之配备与企图。外乱内整，意在造成纷乱的假象，以使敌人上当受骗。在这里，"乱"一定要适情、适势、适机、适度。那种做作的乱，往往能引起敌人的怀疑；无限制的乱，也有可能一发而难收，以致其乱。

示弱使忽的表现形式之四：示饥实饱。与外乱内整同引自《六韬·武韬》。示饥实饱,就是指外表看起来饥饿缺粮而内部实际给养充足。古代作战,在交通运输落后的情况下,军队饥饿疲惫时常发生,故有"兵马未动,粮草先行"之说,因而在粮草上做文章也就不足为奇。现代条件下,虽然运输工具、运输能力有了很大发展,但给养的消耗量也空前增加,有时部队也可能给养、弹药跟不上,因而围绕作战物资而进行谋略斗争也空前激烈。

此谋略在军事斗争中,主要表现为当敌人力量强大或我处于不利地位时,以恭维的言辞、丰厚的礼物、妥协的行动示敌以弱,助长敌人的骄傲情绪,等其弱点暴露,有机可乘之际,可出其不意地击败敌人。运用示弱使忽,关键在于"示弱",一是要适情适机、合情合理;二是要隐蔽己方的企图,使敌方对自己的情况摸不清楚。其"示弱"的目的在于"使忽",即迷乱敌人的心智,解除其心理武装。此计在战争中应用较为普遍。

案例1:受威胁冒顿明服软,见敌懈果断出奇兵。公元前207年,在匈奴的单于部落里,太子冒顿杀父自立。兵力强盛的东胡部落首领派使者前来无理索取千里马,冒顿说服群臣,恭恭敬敬地把一批珍贵的千里马送给了东胡。东胡首领以为冒顿不敢惹他,便得寸进尺,又向冒顿索取美女。冒顿仍不顾群臣的反对,又把心爱的美女送给了东胡。东胡首领越发骄横了,以为冒顿胆小怕事,因而毫无戒备。谁知,就在东胡首领又提出领土要求的时候,冒顿领兵乘其戒备松弛将其灭亡。

案例2:拿破仑依形势暂时求和,利用敌方准备仓促之机一举击败俄奥联军。当年拿破仑为了诱使俄奥联军尽快来进攻法军,故意散布流言,称法军由于长驱直入,进行远距离追击,已到精疲力竭、缺弹乏粮的境地。同时,他派出自己的侍从武官萨瓦金做特使求见沙皇亚历山大,建议进行停战谈判。亚历山大为进一步探清拿破仑虚实,便派遣自己的侍卫长道戈路柯夫公爵进行回访。此时,拿破仑在道戈路柯夫面前故意装出一副精疲力竭的样子,以示法军景况不佳。这下亚历山大就再也不怀疑了,便尽快发起对法军的进攻。结果,由于亚历山大在准备不足且不知法军底细的情况下仓促发起进攻,导致了奥斯特利茨战役的失败。

用诈赚敌:设疑用诈,而得胜算

"用诈赚敌",即用诈诱骗敌方,使其信以为真而中我圈套的谋略。该计谋源于公元前14世纪埃及与赫梯国之间爆发的卡迭石之战。

用诈赚敌的另一表现形式:设疑破敌。语源《草庐经略·卷十·疑战》:"我以使敌之疑,而得胜算。"指挥员对战斗的主观指导,只有符合敌我双方的客观实际,才能正确有效,孙子说过,"知彼知己,百战不殆"。

为了使敌人不知我,在作战指挥上,就要造成敌方指挥员主观和客观的脱离,就要想法设疑用诈,把战争的不确定性留给敌人。

案例1:设计制造假情报诱敌上当,赫梯军打伏击重创埃及军。公元前14世纪,埃及十九王朝法老拉美西斯二世调集大批军队向叙利亚进军,目标是夺取赫梯军队在该地区的重要基地和军事要塞卡迭石。赫梯国王牟瓦塔尔在卡迭石附近也集结了大量军队以迎战。牟瓦塔尔为诱使埃及军队陷入伏击,派出"逃亡者"向埃军谎报赫梯军队主力尚在百里以外,并佯称卡迭石守军薄弱。拉美西斯二世误以为真,亲率先头部队渡河进抵卡迭石以南,结果陷入赫梯埋伏部队的包围之中,一支后续部队也遭到赫梯部队袭击,损失惨重。

案例2:英军巧用计实施障眼法,意军受欺骗犹豫受打击。1940年9月,意大利依仗着拥有31万军队的优势,从利比亚向仅有3600人的驻埃及英国远征军发起了大规模的进攻。英军由于兵力处于绝对劣势,而从英国来的增援部队还在途中,只得向后节节败退,情况十分危急。为了摆脱被动局面,英军司令韦维尔决定设计诈骗,布置了一个虚张声势的迷魂阵。他们用数百个充气橡皮坦克、野炮和载重卡车,并制造了假公路和坦克履带痕迹,一直将其修到埃及的西迪巴拉尼以南。与此同时,找了很多阿拉伯人,牵着拖有靶形装置的骆驼和马匹,在公路上掀起漫天尘土,从空中看去,就像是一支正在开进的庞大的机械化部队。意军高空侦察拍摄的照片,竟呈现出这样的部署:在意军右翼,英军集结了大量的"坦克""火炮",同时又听说英军增援部队正在开进途中。为了避免遭到英军从侧翼发起的攻击,意军停止了进攻,沿着亚历山大公路掘壕据守,转入防御。英军利用意军转入防御的机会,迅速调整了部署,得到了增援。虽然实力仍然处于劣势,但他们利用意军的忧虑、恐慌和迟疑的心理状态,大胆地发起了反攻。在英军的打击下,意军开始溃退,从1940年12月到1941年2月,英军向前推进了650英里,并缴获了400辆坦克、1200门大炮,俘虏了18万意军官兵。

伪歛应张:假装收敛,准备扩张

"伪歛应张"中的"歛"即收敛。此计意为,假装收敛,准备扩张。源于西汉刘安著《淮南子·兵略训》。歛只是手段,是造成假象麻痹敌手。"张"是借歛之力,先收后张,获得更大动能。"歛"与"张"是事物的两个极端,手法截然相反,而目的却是一致的,善谋者正是利用二者的差异,调动、欺骗对手,从而制胜。

案例1:英法联军吸取以往失败教训,以退为进取得马恩河会战全胜。1914年

8月8日,法军总司令霞飞拟订了第17号计划,并发出第1号指令:命令法军第一、二集团军在法德边境迅速地进攻,解放被占领的工业区阿尔萨斯和洛林;在阿登森林区,他的第三、四、五集团军正面攻击德军;英国远征军在莫伯日集中完毕,向蒙斯推进;4个本土师负责从侧面保卫法国。霞飞在前线投入了近70个师的步兵和7个半骑兵师。霞飞总司令的命令一下达,第一、二集团军即于8月14日从东北部进入德国境内,很快收复了阿尔萨斯和洛林。殊不知在此防御的德军第七、八两个集团军且战且退,是有计划有步骤地诱敌深入。正当法国人为长驱直入而兴奋不已,陷入盲目乐观之时,左路德军于18日开始在萨尔布尔一线猛烈反击,他们用大炮和榴弹炮杀伤法国军人,并以势如破竹之势实施反冲锋,大败法军,法军开始向南撤退。在这次大败以后,法军总司令霞飞吸取了教训,1914年8月25日,霞飞将军发出了第2号指令。这一指令的总细则改掉了不少不适于部队作战的地方,体现的是"以退为进"的谋略。德军在整个南下追击法军的过程中,几乎没有发生什么战斗,德军第一、二集团军相继尾随法军主力部队进入了巴黎以东的地域。德军总参谋长毛奇将军对于法军正在巴黎东部集结大部队的情况一无所知,还以为胜券在握。在俄国从东线不断施加压力时,毛奇又抽调了两个军1个师的兵力去支援,还抽了4个军到侧翼,这样,德国在右路的进攻兵力就由16个军减到11个军。当法军撤退至索姆河一线时,霞飞认为在此集结后仍不足以对德军形成攻势,便于9月1日再次要求他的军队向南撤退到马恩河,最终诱导德国第一集团军司令克鲁克孤军深入,进入伏击圈,法第六集团军在蒂埃里堡总方向上向克鲁克部队的后方穿插;第五集团军从塞赞、库尔塔孔方向出至德第二集团军的右翼后方;第三集团军从厄勒杜克以北地域向西部攻击德军的两肋部分;第四、九集团军则从旁边牵制克鲁克。这样,德国的两个集团军开始被分割,他们中间的距离有15公里。英、法军队在马恩河沿着狭长的200英里战线对德军所进行的无数次凶猛而短促的进击,彻底摧毁了德国人的自信心。到9月8日,战斗已进入非常混乱又非常激烈的阶段,法军第九集团军同德国人展开了激烈的白刃战。残酷的散兵作战到处可见,整个马恩河一线兵刃相接,枪炮相加。法军的炮火相当密集,德国人的尸体在战场上堆积如山。德军统帅毛奇被残酷的屠杀场景惊得目瞪口呆,他害怕他的两个集团军被英法军队吃掉,遂下令德军停止进攻,全面撤出战场。马恩河会战以英法胜利结束,德军伤亡20多万。

屡常使玩:屡用常规,懈敌戒备

"屡常使玩"是指经常采取相同的行动使敌习以为常。语源自《兵经百字·巧》:

"交纳使慢,习处使安,屡常使玩……"现实生活中,当某种现象刚刚出现时,人们总是怀着猎奇戒备的心理;当其反复出现后,人们往往产生常见不疑的心理。巧妙地利用人们的这一心理来掩盖军事行动,藏秘密于公开之中,则可收到攻其不备、出其不意的效果。

案例1:太史慈出城假练箭,突上马转身搬救兵。三国时,孔融被敌人包围,太史慈准备冲破封锁去请救兵。他拿出马鞭和弓,带领两个骑士,每人都拿着一个靶,开门出城。城里的兵士和城外的敌人看见了都大吃一惊,太史慈却停马走进城边堑壕里,插好了靶,练习射箭,射完箭就回城去了。第二天又去练射,围城的敌人有的起来看,有的躺着不动。第三天、第四天他照样去练射箭,围城的敌人就不再理会。太史慈早做好准备,是日,见时机成熟,他突然跃上马背,像箭一样冲出敌人的包围,等到敌人醒悟,他已经去远了。对敌示之常态,并反复多次地实施,目的在于使敌习以为常,由戒备变为麻痹,从而不疑于己,无备于己。它不但适用于多次重复真实行动,使敌习以为常,视其为真,也可适用于多次重复虚假行动,使敌常见不疑,以假当真。

苏伊士运河

案例2:埃及军借军演暗中集结兵力,以色列受欺骗放松警觉性。第三次中东战争以后,埃及军方为了进行新的战争准备,在加紧备战的同时,采取了一系列欺骗以色列的行动。埃及经常面对以色列的阵地进行军事演习,向运河调集兵力。他们白天往运河西岸调动一个旅,傍晚又撤回两个营,暗中留下一个营,使以色列误认为派出的部队是进行正常的演习训练,思想上放松警惕。开始,以色列每次都要作出相应的反应,如频繁地报警,取消休假,部队进入阵地,动员预备役人员等。可是,每当以色列军方这样做了以后,埃及部队又恢复了平静。埃及在美国"大鸟"卫星的严密、准确的监视下,曾22次下令征集预备役军人,22次搞多兵种演习。久而久之,面对埃及部队的集结调动、军事演习,以色列习以为常,见惯不惊,慢慢放松了戒备。1973年10月,埃军按照历年演习的惯例,完成了进攻前的战役部署。临战前两小时,还让士兵在沙滩上吃饭和下河游泳,前沿阵地仍雇用民工驾压路机进行工程作业,保持一派和平景象。6日,开罗时间下午2时,当埃及军队利用第23次"演习",以数百架飞机、2000多门大炮,掩护先遣队渡苏伊士运河时,以色列军队正在过赎罪节守戒和念经呢。

假痴不癫：装疯卖痴，内心清醒

"假痴不癫"为三十六计之一。其谋略思想是，知而示之不知，能而示之不能，用而示之不用，以迷惑敌人，从而寻机歼敌。换句话说，为了隐藏或等待杀机，表面上装疯卖傻，实际上内心却非常明白。"假痴"是为了麻痹敌人；"不癫"是指对战局了如指掌，并寻找和等待战机。一旦战机到来，就会像雷击电闪一样迅猛地打击敌人。是说在军事上，有时为了以退求进，必得假痴不癫，老成持重，以达后发制人。这就如同云势压住雷动，且不露机巧一样，最后一旦爆发攻击，便出其不意而获胜。

假痴不癫，重点在一个"假"字。这里的"假"，意思是伪装。装聋作哑，痴痴呆呆，而内心里却特别清醒。此计作为政治谋略和军事谋略，都算高招。

用于政治谋略，就是韬晦之术，在形势不利于自己的时候，表面上装疯卖傻，给人以碌碌无为的印象，隐藏自己的才能，掩盖内心的政治抱负，以免引起政敌的警觉，专一等待时机，实现自己的抱负。此计用在军事上，指虽然自己具有相当强大的实力，但故意不露锋芒，显得软弱可欺，用以麻痹敌人，骄纵敌人，然后伺机给敌人以措手不及的打击。

案例1：司马懿装疯卖傻得保存，待时机反戈而独揽大权。三国时期，魏国的魏明帝去世，继位的曹芳年仅8岁，朝政由太尉司马懿和大将军曹爽共同执掌。曹爽是宗亲贵胄，飞扬跋扈，怎能让异姓的司马氏分享权力？他用明升暗降的手段剥夺了司马懿的兵权。司马懿立过赫赫战功，如今却大权旁落，心中十分怨恨，但他看到曹爽现在势力强大，一时恐怕斗他不过。于是，司马懿称病不再上朝，曹爽当然十分高兴。他心里也明白，司马懿是他当权的唯一潜在对手。一次，他派亲信李胜去司马家探听虚实。其实，司马懿看破曹爽的心事，早有准备。李胜被引到司马懿的卧室，只见司马懿病容满面，头发散乱，躺在床上，由两名仕女服侍。李胜说："好久没来拜望，不知您病得这么严重。现在我被任命为荆州刺史，特来向您辞行。"司马懿假装听错了，说道："并州是要地，一定要抓好防务。"李胜忙说："是荆州，不是并州。"司马懿还是装作听不明白。这时，两个仕女给他喂粥和药，他吞得很艰难，汤水还从口中流出。他装作有气无力地说："我已命在旦夕，我死之后，请你转告大将军，一定要多多照顾我的孩子们。"李胜回去向曹爽作了汇报，曹爽喜不自胜，说道："只要这老头一死，我就没有什么好担心的了。"过了不久，公元249年2月15日，天子曹芳要去济阳城北扫墓，祭祀祖先。曹爽带着他的三个兄弟和亲信等护驾出行。司马懿听到这个消息，认为时机已到，马上调集家将，召集过去的老部下，迅速占据了曹氏兵营，然后进宫威逼太后，历数曹爽罪过，要求废黜这个奸贼。太后无奈，只得同意。司马懿又派人占据了武库。等到曹爽闻讯回城,大势已去。司马懿以篡逆的罪名,诛杀曹爽一家,终于独揽大权,曹魏政权实际上已是有名无实。

案例2:苏军假装受欺骗暗地设伏歼德军。1943年9月,德国法西斯军队从顿巴斯撤退,苏军侦察员发现德军故意堂而皇之地撤离了一个居民点。苏军指挥员判断德军是以撤退为诱饵,一定还留下了伏兵。于是苏军指挥员令一部兵力从隐蔽地向居民地迂回,准备打敌后援,同时派一小分队假装对敌情毫无觉察的样子,若无其事地向敌伏击圈走去。德军果然上当,以为苏军受骗。苏军指挥员棋高一着,反又使敌受骗,从而使敌在得意之时误入陷阱,苏军两面夹击,打敌一个措手不及,全歼了这股德军。

假阳行阴:假借暴露,掩护隐蔽

"假阳行阴"计谋中的"阳"即公开、暴露;"阴"即伪装、隐蔽。假阳行阴,是指用公开来掩护隐蔽的行动。引自《兵经百字·阴》:"善兵者,或假阳以行阴……而人卒受其制。"意思是说,善于用兵的人,有的借助公开来掩护隐蔽的行动,使敌人最后为我所制。隐蔽和公开,看来互相排斥,实则相辅相成。阴中包含着阳,阳中也包含着阴。这成了军事上施计用谋的一条重要的理论依据,即在公开的行动中,可以隐藏最深的秘密。假阳行阴,目的是隐蔽自己的行动企图,达到出其不意、攻其不备。

案例1:窦建德假降取信于敌,行军中突袭大败郭绚。隋炀帝大业十二年(公元616年),涿郡通守郭绚率兵1万,镇压高士达领导的农民起义军。高士达命军司马窦建德领兵抵御隋朝官军,并决定采用诈降的方法。窦建德佯装脱离高士达投降了郭绚;高士达假装愤怒斩了几个罪犯,声称是杀了窦建德的亲朋同党。这都使郭绚信以为真。窦建德看到取得了郭绚的信任,就表示自己愿做进攻起义军的先锋,为隋朝效力。郭绚毫不怀疑,带兵同窦建德一起向起义军进攻。当他们进至长河(今山东德州东)时,郭绚提出要与窦建德商量一下作战的具体计划,于是让部队停下来待命。就在部队休息待命毫无准备的时候,窦建德突然向官军发起进攻。官军措手不及,阵脚大乱,郭绚慌乱中带领部队逃窜。

案例2:巧用诈希特勒麻痹敌军,英法联军太疏忽屡受突袭。第二次世界大战期间,希特勒当局为了闪击法国,麻痹同盟国首脑,接连20次改变入侵法国的开战时间,并多次把改变的日期通过某种途径让同盟国国家的政府和参谋部获悉,使之逐渐习以为常,从而使同盟国国家的军政首脑逐渐失去了警惕性。当英法情报机关在希特勒发动正式进攻前夕,再次拍发德国军队向法国边境调动的许多消息时,英法当局还认为又是一次"神经战",根本没有引起注意。

明火执仗:公开行动,致敌错觉

"明火执仗"本意是指点着火把,拿着武器,公开行动。作为一条军事斗争谋略,明火执仗的含义是:毫不隐蔽地在敌人面前从事自己的军事活动。含有"实而实之""反常用兵"的谋略思想。

采用明火执仗之谋略,似乎带有很大的冒险性。其实,战争是充满危险的领域,没有勇敢与冒险,是难以取胜的。列宁说:"战争本来就是危险的,没有估计到可能遭到失败,就不能进行战争。"施以计谋本身就是一个用险、冒险的过程。战争中也常遇到"箭在弦上,不得不发"的情况,逼着你非冒险不可。此时,勇气对于指挥员十分重要,有时看来似乎是孤注一掷的冒险,常常正是投向战争天平的一个决胜的筹码。所以,指挥员只有敢于进行大胆、理智而又科学的冒险,才能创造出险中求胜的战争奇观,倘若指挥员万事求全,不敢冒半点风险,必然无所作为。

案例:明火执仗苏军夜间穿插,麻痹大意德军丧失重地。1942年11月19日,苏军在斯大林格勒反攻作战的第一阶段,第二十六坦克军担任主攻方向上的攻击任务,当突击至彼列拉夫斯基附近时,发现德军向顿河撤退。为争取时间迅速断敌退路和防止德军龟缩,军长罗金少将决定派一坦克先遣队,穿插到敌防御纵深的长拉奇城附近,抢占顿河上剩下的唯一桥梁。按说,夜间秘密穿插应严格控制灯火,并进行严密伪装,随时准备战斗。罗金少将却命令先遣部队成行军队形,全部打开车灯,明火执仗地向前开进。车灯照得大地雪亮,坦克一辆紧接一辆在德军眼皮底下行驶。如果当时德军两翼夹击,苏军坦克先遣队将全军覆没。然而,德军指挥官看见这些坦克有条不紊、从容不迫地行动,竟连起码的侦察手段都没采取,就断定是自己的部队在撤退。就这样,苏军坦克先遣队在一没隐蔽,二不伪装,明火执仗的情况下,没用一枪一弹,大摇大摆地通过了德军防线,抢占了德军防御纵深数十公里内的河上通道——顿河大桥。

欲擒故纵:暂时放之,终究收之

"欲擒故纵"为三十六计之一。打仗,只有消灭敌人,夺取地盘,才是目的。如果逼得"穷寇"狗急跳墙,垂死挣扎,己方损兵失地,是不可取的。放他一马,不等于放虎归山,目的在于让敌人斗志逐渐懈怠,体力、物力逐渐消耗,最后己方寻找机会,全歼敌军,达到消灭敌人的目的。诸葛亮七擒七纵孟获,绝非感情用事,他的最终目的是在政治上利用孟获的影响,稳住南方,在地盘上,次次乘机扩大疆土。在军事谋略上,有"变""常"二字。释放敌人主帅,不属常例。通常情况下,抓住了敌人不可轻易放掉,以免后患。而诸葛亮审时度势,采用攻心之计,七擒七纵,主动权操纵在自己的手上,最后达到目的。

案例1:诸葛亮七擒七纵孟获,终使蜀国西南安定。蜀汉建立之后,定下北伐大计。当时西南夷族酋长孟获率10万大军侵犯蜀国。诸葛亮为了解决北伐的后顾之忧,决定亲自率兵先平孟获。蜀军主力到达泸水(今金沙江)附近,诱敌出战,事先在山谷中埋下伏兵,孟获被诱入伏击圈内,兵败被擒。按说,擒拿敌军主帅的目的已经达到,敌军一时也不会有很强的战斗力了,乘胜追击,自可大破敌军。但是诸葛亮考虑到孟获在西南夷族中威望很高,影响很大,如果让他心悦诚服,主动请降,就能使南方真正稳定。不然的话,南方夷族各个部落仍不会停止侵扰,后方难以安定。诸葛亮决定对孟获采取攻心战,断然释放孟获。孟获表示下次定能击败诸葛亮,诸葛亮笑而不答。孟获回营,拖走所有船只,据守泸水南岸,阻止蜀军渡河。诸葛亮乘敌不备,从敌人不设防的下游偷渡过河,并袭击了孟获的粮仓。孟获暴怒,要严惩将士,激起将士的反抗,于是相约投降,趁孟获不备,将孟获绑赴蜀营。诸葛亮见孟获仍不服,再次释放。以后孟获又施了许多计策,都被诸葛亮识破,四次被擒,四次被释放。最后一次,诸葛亮火烧孟获的藤甲兵,第七次生擒孟获,终于感动了孟获,他真诚地感谢诸葛亮七次不杀之恩,誓不再反。从此,蜀国西南安定,诸葛亮才得以举兵北伐。

案例2:英军虚晃一枪假撤退,阿军如梦初醒失阵地。英阿马岛战争中,英军的第一个登陆点选在达尔文港,上岸地段选在古斯格林。英军在登陆开始时气势汹汹,遭到阿守军的奋力抗击。英军遂转而虚晃一枪,突然撤退了。这时阿军则认为抗登陆已经成功,于是组织部队全力进行反击。正当阿军得意之际,英军则悄悄地出动直升机,派精锐部队在阿军背后实施机降,占领并切断了阿军的后勤补给线。这时阿军才如梦初醒,慌忙中阿军又全面展开火力战,企图打开通向后方的通道,此举正中英军下怀。结果阿军弹尽粮绝,不得不缴械投降。

抛砖引玉:舍弃小利,诱敌上当

"抛砖引玉"为三十六计之一,出自《传灯录》。相传唐代诗人常建,听说赵嘏要去游览苏州的灵岩寺。为了请赵嘏作诗,常建先在庙壁上题写了两句,赵嘏见到后,立刻提笔续写了两句,而且比前两句写得好。后来文人称常建的这种做法为"抛砖引玉"。此语经常用作以自己的意见或文字引出别人的高见或佳作的谦辞。

作为一条军事斗争的计谋,其含义是:用实质不同但外形相似的东西去迷惑敌人,使敌人懵懂上当。钓鱼要用诱饵,"引玉"必须"抛砖",先让敌人尝到点甜头,才能引其吃更大的苦头。"砖"和"玉",是一种形象的比喻。"砖",指的是小利,是诱饵;"玉",指的是作战的目的,即大的胜利。"引玉"是目的,"抛砖"是为了达到目的而采取的手段。钓鱼需用钓饵,先让鱼儿尝到一点儿甜头,它才会上钩;敌人占了一点儿便宜,才会误入圈套,吃大亏。"抛砖"的目的在于欺骗敌人,常用的方法有小部队佯攻或次要方向上的佯动等。欲真的引出"玉"来,关键在于摸准和利用敌人的心理,致敌作出错误判断,从而就范。

战争中,迷惑敌人的方法多种多样,最妙的方法不是用似是而非的方法,而是用极其类似的方法,以假乱真。比如,用旌旗招展、鼓声震天来引诱敌人,属"疑似"法。而用老弱残兵或者遗弃粮食柴草之法诱敌,属"类同"法。相比之下,类同之法更容易造成敌人的错觉,使其判断失误。当然,使用此计,必须充分了解敌方将领的情况,包括他们的军事水平、心理素质、性格特征,这样才能让此计发挥效力。正如《百战奇略·利战》中所说:"凡与敌战,其将愚而不知变,可诱以利,彼贪利而不知害,可设伏兵击之,其军可败。法曰'利而诱之'。"

案例1:楚军抛砖引玉诱敌兵,绞军贪图小利失城池。公元前700年,楚国发兵攻打绞国(今湖北境内),大军行动迅速。楚军兵临城下,气势旺盛,绞国自知出城迎战凶多吉少,决定坚守城池。绞城地势险要,易守难攻。楚军多次进攻,均被击退。两军相持一个多月。楚国大夫屈瑕仔细分析了敌我双方的情况,认为绞城只可智取,不可力克。他向楚王献上一条"以鱼饵钓大鱼"的计谋。他说:"攻城不下,不如利而诱之。"楚王问他诱敌之法,屈瑕建议:趁绞城被围月余,城中缺少薪柴之时,派些士兵装扮成樵夫上山打柴运回来,敌军一定会出城劫夺柴草。头几天,让他们先得一些小利,等他们麻痹大意,大批士兵出城劫夺柴草之时,先设伏兵断其后路,然后聚而歼之,乘势夺城。楚王担心绞国不会轻易上当,屈瑕说:"大王放心,绞国小而轻躁,轻躁则少谋略。有这样香甜的钓饵,不愁它不上钩。"楚王于是依计而行,命一些士兵装扮成樵夫上山打柴。

绞侯听探子报告有挑夫进山的情况,忙问这些樵夫有无楚军保护。探子说,他们三三两两进出,并无兵士跟随。绞侯马上布置人马,待"樵夫"背着柴草出山之机,突然袭击,果然顺利得手,抓了30多个"樵夫",夺得不少柴草。一连几天,收获不小。见有利可图,绞国士兵出城劫夺柴草的越来越多。楚王见敌人已经吞下钓饵,便决定迅速逮大鱼。第六天,绞国士兵像前几天一样出城劫掠,"樵夫"们见绞军又来劫掠,吓得没命地逃奔,绞国士兵紧紧追赶,不知不觉被引入楚军的埋伏圈内。只见伏兵四起,杀声震天,绞国士兵哪里抵挡得住,慌忙败退,又遇伏兵断了归路,死伤无数。楚王此时趁机攻城,绞侯自知中计,已无力抵抗,只得请降。

案例2:以军侦察机模拟战斗机佯攻,叙利亚雷达遭暴露受打击。1982年6月

9日,以色列军队在一群无人电子侦察机上安装了雷达回波增强器,并突然飞临黎巴嫩贝卡谷地上空,模拟战斗机群佯攻,引诱叙军防空雷达开机,进而侦察核实"萨姆-6"导弹的技术参数和部署情况。叙军不知是计,大上其当,暴露了自己的导弹制导系统的部署位置、雷达频率和信号特征等。未待叙军反应过来,以军遂以90架美制战斗机,在施放强烈干扰信号使叙军导弹和雷达制导失灵后,飞抵叙军导弹部署位置上空,仅用6分钟,便摧毁了叙军的10个苏制"萨姆-6"导弹连。

草船借箭:取之于敌,为我所用

"草船借箭"是一种以假乱真,逼敌上当受骗的计谋,出自《三国演义》第四十六回《用奇谋孔明借箭,献密计黄盖受刑》一节。此计说的是,三国时期,诸葛亮用20只快船装上草人,利用大雾天气,佯攻曹军,引曹军放箭迎战,10万支箭扎于草人之上,达到借敌之箭的目的。这一计谋的实质是利用战场上的有利条件,采取各种手段,欺骗敌人,实现诱敌上当为我所用的目的。

案例:张巡用草人赚敌几万支箭,趁敌不备搞突袭大败令狐潮。唐玄宗天宝十五年(公元756年)正月,叛将安禄山在洛阳称帝,国号为燕。真源(今河南鹿邑县东)县令张巡聚众2000人,据守雍丘(今河南杞县),与叛军相抗衡。投降叛军的雍丘县令令狐潮率领4万余人围攻雍丘。叛军攻城时,张巡命士兵把饲草捆扎起来,浇上油脂,点燃后向敌人掷去,并不断出其不意地出城与敌交锋,致使敌人难以接近城垣。令狐潮攻城60余日不下而退。两个多月后,令狐潮率军又来攻雍丘,城中箭矢也已用完。张巡便设了一个"草人借箭"的计谋:用饲草捆扎了1000多个草人,再给草人穿上黑衣服,趁夜暗用绳子拴住悬下城去。叛军见许多黑影缒下城来,以为是张巡派兵偷袭,便向草人乱箭齐发,射了很久,不见一点动静,当发现是些草人时,为时已晚。张巡又命人把草人拽上城,只见上面插满了箭。就这样,张巡借来了几万支箭。第二天晚上,叛军又发现有黑影缒下城来,以为又是城里守军用草人来赚箭了,便不当回事,只是看着发笑。然而,敌人又上当了,这次缒下来的不是草人,而是500名敢死队员。由于敌人没有防备,敢死队员直冲令狐潮大营,烧毁营栅帐篷,营中顿时大乱,敌人纷纷溃逃。张巡打开城门,率军全力追杀,一直追了10余里。

瞒天过海:示假隐真,藏形于无

"瞒天过海"为三十六计之一,其谋略思想在于示假隐真。主要用于战役伪装,以隐蔽军队的机动、集结及发起攻击的路线、地点、时间等,以期达到出其不意的效果。

"瞒天过海"之谋略绝不可以与"欺上瞒下""掩耳盗铃"或者诸如夜中行窃、拖人衣裳、僻处谋命之类等同,这些也绝不是谋略之士所应当做的事情。虽然这几者在某种程度上都含有欺骗性在内,但其动机、性质、目的是不相同的,不可以混为一谈。

瞒天过海的另一表现形式:藏形于无。源于《阵纪·战机》:"得战之机者,藏形于无,游心于虚,故圣人常务静以待敌之有形。"意思是,隐蔽起来不露形迹和作战意图。隐蔽行动企图,是实现出其不意、攻其无备的先决条件。

案例1:施伪装用大船瞒天过海,唐太宗30万大军劈波斩浪。贞观十七年,唐太宗御驾亲征,领30万大军以临东土。一日,浩荡大军东进来到大海边上,帝见眼前只是白浪排空,海茫无穷,即向众总管问及过海之计,四下面面相觑。忽传一个近居海上的豪民请求见驾,并称30万过海军粮此家业已独备。帝大喜,便率百官随这豪民来到海边。只见万户皆用一彩幕遮围,十分严密。豪民老人东向倒步引帝入室。室内更是绣幔彩锦,被褥铺地。百官进酒,宴饮甚乐。不久,风声四起,波响如雷,杯盏倾侧,人身摇动,良久不止。太宗警惊,忙令近臣揭开彩幕察看,不看则已,一看愕然。满目皆一片清清海水横无际涯,哪里是什么在豪民家做客,大军竟然已航行在大海之上了!原来这豪民是新招壮士薛仁贵扮成,这"瞒天过海"的计策就是他策划的。

案例2:德国进攻苏联前行动隐蔽,连施骗局蒙蔽苏军。第二次世界大战中,法西斯德国为了实现闪击苏联的战略企图,对各项战争准备工作,特别是对军队的集结和展开,进行了一系列政治欺骗和战略战役伪装。在外交上,德主动与苏签署了互不侵犯条约以及双边贸易协定,甚至还向苏出售新式飞机和武器。在军事行动上,德故意散发进攻英国的舆论,甚至为战斗部队大量印发英国地图并配备英语翻译,在英吉利海峡沿岸也集结了大量渡河登陆器材,进行频繁的登陆作战演习。总之,看起来德军是真的拉开了进攻英国的架势。但是,暗中却制订部署了代号为"巴巴罗萨"的闪击苏联的计划,上述外交和军事上的行动,不过是"巴巴罗萨"计划的一部分。由于一切伪装和欺骗都很巧妙,以致苏方没有意识到德方的真正企图,导致战争初期陷于被动,遭受了重大损失。

偷梁换柱:频更其阵,伺攻弱点

"偷梁换柱"为三十六计之一。其谋略思想是:如果和一部军队共同对敌作战,可以多次变动它的阵容,暗中抽换它的主力,或者派自己的部队去代替它作梁、作柱,这样它必然守不住阵地,我方立即开进,马上兼并它的部队,投入战斗,这是吞并这股敌人用其攻击他股敌人的首要策略。

封建社会里，军阀割据，所谓"友军"，只是暂时的联合而已，所以"兼并盟友"是常事。不过，从军事谋略上去理解本计，重点也可以放在对敌军"频更其阵"上。也就是多次佯攻，促使敌人变换阵容，然后伺机攻其弱点。这种调动敌人的谋略，也能收到很好的效果。

案例：赵高将诏书偷梁换柱，为日后专权打下基础。秦始皇称帝，自以为江山一统，是子孙万代的家业了。他自以为身体还不错，一直没有去立太子、指定接班人，宫廷内存在两个实力强大的政治集团。一个是长子扶苏、蒙恬集团，一个是幼子胡亥、赵高集团。扶苏恭顺好仁，为人正派，在全国有很高的声誉。秦始皇本意欲立扶苏为太子，为了锻炼他，派他到著名将领蒙恬驻守的北线为监军。幼子胡亥，早被娇宠坏了，在宦官赵高教唆下，只知吃喝玩乐。公元前 210 年，秦始皇第五次南巡，到达平原津（今山东平原县附近），突然一病不起。此时，秦始皇也知道自己的大限将至，于是，连忙召丞相李斯，要李斯传达密诏，立扶苏为太子。当时掌管玉玺和起草诏书的是宦官头儿赵高。赵高早有野心，看准了这是一次难得的机会，故意扣压密诏，等待时机。几天后，秦始皇在沙丘平召（今河北广宗县境）驾崩。李斯怕太子回来之前，政局动荡，所以秘不发丧。赵高特地去找李斯，告诉他，皇上赐给扶苏的信，还扣在他这里。现在，立谁为太子，他和李斯就可以决定。狡猾的赵高又对李斯讲明利害，说：如果扶苏做了皇帝，一定会重用蒙恬，到那个时候，宰相的位置你能坐得稳吗？一席话，说得李斯果然心动，二人合谋，制造假诏书，赐死扶苏，杀了蒙恬。赵高未用一兵一卒，只用偷梁换柱的手段，就把昏庸无能的胡亥扶为秦二世，为自己以后的专权打下基础，也为秦朝的灭亡埋下了祸根。

指桑骂槐：杀鸡儆猴，敲山震虎

"指桑骂槐"为三十六计之一。此计是用"杀鸡儆猴，敲山震虎"来统领部属和树立威严的手段。据《史记·孙子吴起列传》记载，孙子曾以斩杀吴王宠姬的手段，使由吴王的后宫美女所组成的散漫之伍军纪严明。

指桑骂槐，此计的比喻意义应从两方面来理解。

一方面，用来略兵。就是要运用各种政治和外交谋略，"指桑"而"骂槐"，施加压力，配合军事行动。对于弱小的对手，可以用警告和利诱的方法，不战而胜。对于比较强大的对手，可以旁敲侧击威慑。春秋时期，齐相管仲为了降服鲁国和宋国，就是运用此计。他先攻下弱小的遂国，鲁国畏惧，立即谢罪求和，宋见齐鲁联盟，也只得认输求和。管仲"敲山震虎"，不用大的损失就使鲁、宋两国臣服。作为作战谋略，"指桑骂槐"则是指歼敌一部,以震慑另一部队使其不敢来犯,或不战自败。

另一方面,用来治军。作为部队的指挥官,必须做到令行禁止,法令严明。否则,指挥不灵,令出不行,士兵一盘散沙,怎能打仗!所以,历代名将都特别注意军纪严明。管理部队,刚柔相济,关心和爱护士兵,假如有令不从,有禁不止,就不可能打胜仗。正确的方法是:故意制造些错误,然后责备别人的过失,借此暗中警告那些不服自己指挥的人。这种警戒,是从反面去诱导他们。所以,有时采用"指桑骂槐""杀鸡儆猴"的方法,抓住个别坏典型,从严处理,就可以震慑全军将士。对待部下将士,必须恩威并重,刚柔相济,这也是一种调遣部将的方法。

孙武

案例1:孙武整肃军纪小试牛刀,杀宠妃立军威千古流传。春秋时期,吴王阖闾看了大军事家孙武的著作《孙子兵法》,非常佩服,立即召见孙武。吴王说:"你的兵法,真是精妙绝伦。你能不能当面给我演示一下,让我开开眼界呢?"孙武说:"这个不难。您可以随便找些人来,我马上操练给您看看。"吴王一听,心生好奇。随便找些人来就可操练?吴王存心想为难一下孙武,说道:"我的后宫里美女多得很,先生能不能让她们来操练操练?"孙武一笑说:"行呀!任何人都可以操练。"于是,吴王从后宫叫来180名美女。众美女一到校军场上,只见旌旗招展,战鼓排列,煞是好看。她们嘻嘻哈哈,东瞅西瞧,漫不经心。孙武下令180名美女编成两队,并命令吴王的两个爱姬作为队长。两个爱姬哪里做过带兵的官儿,只是觉得好笑好玩,好不容易才把稀稀拉拉、叫叫嚷嚷的美女们排成两列。孙武十分耐心地、认真细致地对这些美女们讲解操练要领。交代完毕,命令在校军场上摆下刑具,然后威严地说:"练兵可不是儿戏,你们一定要听从命令,不得马马虎虎,嬉笑打闹,如果谁违犯军令,一律按军法处置!"美女们以为大家是来做做游戏的,不想碰见这么个一脸正经的人。这时,孙武命令擂起战鼓,开始操练。孙武发令:"全体向右转!"美女们一个也没有动,反而哄然大笑。孙武并不生气,说道:"将军没有把动作要领交代清楚,这是我的错!"他又一次详细讲述了动作要领,并问道:"大家听明白了没有?"众美女齐声回答:"听明白了!"鼓声再起,孙武发令:"全体向左转。"美女们还是一个未动,笑得比上次更加厉害了。吴王见此情景,也觉得有趣,心想:你孙武再大的本领,也无法让这些美女们听你的调动。孙武沉下脸来,说道:"动作要领没有交代清楚,是将军的过错,交代清楚了,而士兵不服从命令,就是士兵的过错!按军法,违犯军令者斩,队长带队不力,应先受罚。来人,将两个队长推出斩首!"吴王一听,慌了手脚,急忙派人对孙武说:"将军确实善于用兵,军令严明,吴王十分佩服。这次,请放过寡人的两个爱姬。"孙武回答道:"将在外,君令有所不受。吴王既然要我演习兵阵,我一定要按军法规定操练。"于是,将两名爱姬斩首示众,吓得众美女魂飞魄散。孙武命令继续操练。他命令排头两名美女继任队长。全场鸦雀无声。鼓声第三次响起,众美女精神集中,处处按规定动作,一丝不苟,顺利地完成了操练任务。吴王见孙武斩了自己的爱姬,心中不悦,但仍然佩服其治兵的才能。后来吴王以孙武为将,终使吴国挤进强国之列。

案例2:李宗仁严军纪三令五申,抓现形施军法以儆效尤。1921年,粤桂战争中桂方失败,李宗仁率领的部队接受了陈炯明的收编。李宗仁率部队进入横县后,沿路看见军人的尸体零零落落横于道左,也有若干百姓的尸体杂于其间。经检查这里被杀军人的番号,发现是粤军,后来听说,粤军过境时纪律不好,为百姓所仇恨,大军过后,地方团队遂击杀零星落伍的军人。军队也还击,所以军民的尸体杂陈田中,触目惊心。因此,每当部队中途休息时,李宗仁便指粤军遗尸为例,告诫全军,务必秋毫无犯,免蹈粤军覆辙,自毁名誉。当晚在横县境内百合宿营时,李宗仁便集合全军训话,三令五申:(1)本军不许占民房。(2)本军商民买卖公平,严禁强买强卖。百合为一级大圩场,有商民千余户,贸易极盛。为防止士兵肇事,李宗仁特别组军风纪律检查队沿街巡逻,以防意外。谁知第二天在街上,竟然有一士兵和一老太婆发生纠缠,被检查队发现。原来这位老太太有一件衣服被窃,她便怀疑是李部士兵所为,正好她在街上碰见这位士兵提着一个普通老百姓的包袱,老太婆怀疑包袱内一定是她的失物,要打开检查,两人遂纠缠起来。虽然最终无法确定士兵提的包袱是偷来的还是捡来的,但李宗仁已决心整饬风纪,拟重办一两个犯法士兵,以儆效尤,遂命令号兵吹紧急集合号,瞬息之间,全军2000人已在圩前的方场中集合,李宗仁就地枪决犯法士兵。这时全军寂静无声,四面围观的民众也暗自咋舌,赞叹李宗仁军令如山,纪律严明,为历年过往军队所未见。自这番整顿之后,全军军风严明,令行禁止,秋毫无犯,所过之处,军民都彼此相安。

反示意向:传敌谬误,乱敌视听

"反示意向"中的"反示",就是指传导给对方的信息所表现的东西,和我们的主观意向是相反的。说具体点,就是在某种情况下,人们一般都会这样想,而我偏要那样想。将我的意向隐而不露,使敌方无法得知,顺着人们通常认识问题的思路,在我方的相反点示之以显形,使之相信我的意向真的这样。对手上当后,我或进攻或退却,即可达到施谋目的。反示意向在古代谋略家中已有论述和使用,如《孙子兵法·

始计篇》中说："能而示之不能,用而示之不用,近而示之远,远而示之近。"刘基在《百战奇略》中说："凡与敌战,若敌众我寡,敌强我弱,须多设旌旗,倍增火灶,示强于敌,使彼莫能测我众寡强弱之形,则敌必不轻与我战。我可速去,则全军远害。法曰:'强弱,形也'。"再如,"声东击西""围魏救赵""以强示弱"等都是这种情况。

通常情况下,火力对抗的双方都是从两极出发相向观察问题并进行博弈的,加上双方互相行欺诈谋术,由此构成了虚实、强弱等对立统一的哲学范畴。对立的两极,反差最明显,人们又通常习惯于对反差明显的东西作直线思考。所以,在谋略斗争中,凡进行示形欺敌,多采取"反示"。如远示近,急示缓,强示弱,弱示强等。有很多类似的思想方法,许多具体的谋略都是由"反示意向"的基本谋略方法展开和运用的。如示丰计,两军对峙日久,粮尽弹绝之际,设法显示自己粮弹充足,而逼退敌军的谋略。示丰计一般是己方处于不利地步,特别是粮草不足的情况下,希望速战速决而采取的策略。也可在双方都处于不利条件下,为了迫使敌方先行后退,向敌示丰,从而结束相持状态,以利于自己摆脱不利处境,或者达到缓兵的目的。

案例1:示丰。南朝宋文帝元嘉八年(公元431年),征南大将军檀道济领兵讨伐北魏,大战30余回合,连连获胜。正当宋军挥戈挺进到历城(今山东济南市郊)时,魏军以轻骑兵偷袭了宋军的后方基地,烧毁了粮草,致使宋军缺粮断炊,烧鼠而食。魏军乘势掩杀,情势十分危急,宋军只好准备退兵。此时宋军又有人降魏,将宋军缺粮的事告诉了魏军。如果魏军追击,后果将不堪设想。为了欺骗魏军,掩护撤退,檀道济急中生智,采用了一个"唱筹量沙"的妙计:他命令几十名士兵在夜间一面用斗不停地量沙子,一面大声喊着报数字,"一斗、二斗、三斗",同时让另一些士兵将沙袋搬来搬去,做出在分粮的样子。军营中吵吵嚷嚷,折腾了大半夜,故意让魏军听到。天快亮时,又命人把几十袋沙子放到帐外,敞开袋口,将军中所剩不多的米撒在袋中的沙子上面,然后让士兵们全部回营休息。魏军听到宋军通宵不停地忙着分粮,天明后又派出侦探化装成老百姓到宋营察看虚实,看到宋军粮堆如山,误认为宋军并不缺粮,便把投降的宋兵当作奸细杀掉了,并停止了追击。魏军观察宋军的动静,只见宋军上下全副武装,檀道济谈笑风生,身穿白衣,镇定自若地坐在车子上,带领部队从容不迫地在前进。看到宋军的阵势,魏军恐怕有埋伏,更不敢靠近宋军。就这样,宋军在饥饿与恐惧的气氛中安全地撤退了。

案例2:反示。1935年4月,长征途中的中央红军分三路从贵州向云南进发。国民党云南省主席、"剿共"第二路军总司令龙云非常恐惧,因其主力调入贵州,昆明几乎是座空城。其实中央红军并没有攻打昆明的意图,只是为了迷惑敌人。当蒋介石急调薛岳率军前往昆明救援时,红军虚晃一枪,忽向西北方向急进。此时,蒋介石

皎平渡

才明白过来,判明红军想渡金沙江北上。于是他又命令薛岳督师追击,命龙云、刘文辉等把守金沙江各渡口。4月29日,中央红军分左、中、右三路连夜向金沙江前进。在当地群众的帮助下,在国民党军尚未来得及烧毁船只、大军封江之时,抢先渡过金沙江,摆脱了蒋介石的围追。毛泽东假攻昆明,引诱敌人,继而掉头向西北,调动敌人,用小部兵力在龙街洪门一带虚张声势,迷惑敌人,主力红军却乘虚而入,在皎平渡成功过江。当国民党大军赶到江边时,红军已远走高飞了。

虚挑实取:假作挑战,待机攻取

"虚挑实取"是指假作挑战而待机攻取的谋略行动。语源《兵经百字·误》:"克敌之要非徒以利制,乃以术误之也……虚挑实取。"意思是说,克敌制胜的要诀,不是只凭力斗,而是要用多种方法造成敌人的失误。有的装作挑战,而实际攻取。在多数情况下,"虚挑"表现为示形设虚,属于"佯动"之举,"实取"才是要达到的真实目的。

案例:拿破仑虚晃一枪施手段,纳尔逊苦苦等待扑个空。1798年5月19日,拿破仑率领载有3万多军队和大炮的350艘大小船只,离开土伦(在法国南部)基地,向埃及进军。他的船队必须沿整个地中海海岸前进,也必须避开英国海军上将纳尔逊的强大舰队,否则,就会被一战击沉。可是在事先,全欧洲都知道拿破仑正在准备一次海上远征,纳尔逊也不例外。为了迷惑对方,拿破仑扬言要经过直布罗陀海峡,绕过西班牙,去爱尔兰登陆。纳尔逊信以为真,整天整夜地在直布罗陀海峡等待,拿破仑却扬帆东航。在6月10日,顺利地占领了马耳他岛。6月19日继续东进,30日,在亚历山大港附近的埃及海岸登陆。登陆后,他得知,在48小时前,纳尔逊曾经到达该港,因未问到他的去处,又东航到君士坦丁堡(今土耳其的伊斯坦布尔)去了。原来纳尔逊发觉上当,去追他的航队,又赶过了头。拿破仑登陆后,立即向南进攻埃及装备精良的骑士卫兵队,在7月20日于恩巴贝村和金字塔之间将对方击败,进入开罗,并立即建立了政权机构。没过多长时间,就牢牢地控制了埃及。

退守宜拙:故显愚笨,麻痹敌人

"退守宜拙"指隐蔽自己的计谋而故意显示愚笨。退守宜拙,是一种在退却时诱敌上当的谋略。引自《兵经百字·韧》:"遇强敌而坚壁,或退守时宜拙也。"在退守中故意装出笨拙、无能、软弱的样子,叫敌人看不起自己,或紧追不舍,或疏忽懈怠,从而上当受骗。"拙"是手段,目的是创造战机。退守宜拙,实质上是后发制人的一种表现形式。

案例1:耶律沙撤退中故露破绽,宋太宗求胜心切受挫败。北宋太平兴国四年(公元979年),宋太宗赵光义率领大军攻灭北汉,乘胜进攻契丹(辽),想收复五代时后晋割让给契丹的幽蓟地区。6月,赵光义率军从太原转向河北,攻占了几个州县,击败敌将耶律奚底、萧讨古等部,然后,挥师围攻南京(今北京),但遇到契丹军队的顽强抵抗。与此同时,辽景宗耶律贤命令南府宰相耶律沙率兵前去救援。7月,耶律沙的部队与北宋军队大战于高梁河(今北京西直门外)。耶律沙故意败退,宋太宗下令追杀。追至10余里,恰值天色已晚。忽然,宋军遭遇契丹耶律休哥、耶律斜轸的部队。耶律休哥、耶律斜轸兵分二路,乘夜夹击宋军。宋太宗被契丹军队的震天喊杀之声所慑,仓促指挥军队应战。宋军大败于契丹军队之手,死者万余,宋太宗趁乱乘驴车逃走。

案例2:埃军且战且退造假象,以军横冲直撞遭伏击。第四次中东战争期间,以军王牌第一九〇装甲旅奉命增援菲尔丹,破坏菲尔丹桥,阻止埃军向前推进。其先头部队在第二道防线被埃第二步兵师阻击,35辆坦克被毁,前进受阻。以军旅长亚古里恼羞成怒,不甘失败,将余下的85辆坦克集结起来,准备孤注一掷。埃军分析:以军虽装备精良,但孤军深入,缺乏纵深火力支援;经长距离机动,疲惫不堪;先头受挫,容易急躁。埃军决定假装惧怕,诱敌冒进,待机设伏。他们派出工兵在菲尔丹附近架设假桥,制造假象,主力边打边退,佯装无力与以军争战。而后在道路两侧部署了秘密的反坦克火网,专等以军上当。亚古里误认为埃军装备弱,不敢交战,于是命令部队疾速开进。待以军全部进入伏击圈后,埃军各种反坦克武器一齐射击,3分钟击毁了以军85辆坦克,生擒骄横一时的敌旅长,创造了以反坦克武器打歼灭战的范例。

示之若近:远而示近,反示以远

"示之若近"是示形用诈,造敌错觉,出其不意地攻击敌人的计谋。出自《百战奇略·远战》:"我欲远渡,可多设舟楫,示之若近济,则敌必并众应之,我出其空虚以济。"此计的意思是,若要在敌远处攻击,可设置疑兵,佯装要在敌近处攻击,调动敌人应之,从而出其不意地攻击敌人远处。

示之若近的表现形式:远而示近。语源自《孙子兵略·始计篇》。远与近属于不同的空间概念。在古代,由于冷兵器的局限性,空间成为将帅智慧施展的战场。由此,产生出以空间差争取时间差,从而制敌的这类谋略运用之法。其实这种做法在现代社会中,人们时常都在运用。譬如,激烈的篮球竞赛中,一些外围投篮手接球后,总是先做出假装突破的动作,使防守者自然后撤防守,给自己造成远投的机会。体育术语中称这叫"假动作"。远而示近,实际上就是战争中的"假动作"。

示之若近的反向运用:反示以远。源于《百战奇略·近战》:"我欲攻近,反示以远,须多设疑兵。"欲攻击敌人近处,而设置疑兵佯攻敌人远处,制造敌行动错误,达到出其不意、攻其无备的目的。

案例1:耿弇起初营造进攻西安的态势,实际虚晃一枪攻击临淄。公元29年,汉光武帝刘秀派耿弇进攻割据山东的张步。张步的弟弟张蓝率兵2万防守临淄西北的西安,另有将官率兵万余防守临淄,这两座城相距40里。耿弇进兵到西安和临淄之间的途中,了解到西安城虽小但坚固,守军也较精锐,临淄城虽大但守兵不多,容易攻破,因此,决定首先进攻临淄。为了隐蔽企图,给敌人制造错觉,耿弇扬言在5日后进攻西安。张蓝得知消息,日夜严加防守。到了进攻的日期,耿弇突然率军队星夜赶到临淄城下,并施以攻击,取得奇效。近而示远的谋略既可以在选择进攻地点上采用,达到隐蔽进攻路线、主攻方向和攻击点的作用,又可以用于提前进攻、使对方措手不及。

案例2:志愿军两路部队配合作战,一路佯攻一路实取,扰乱敌人判断。1951年,中国人民志愿军和朝鲜人民军春季反击战开始后,志愿军某部一个团奉命先歼灭清平川敌人,而后南渡北汉江,抢占制高点,控制渡口,掩护大部队渡江作战。5月17日,当该团进到清平川时,敌人已缩回北汉江南岸,进行防守。该团指挥员登高勘察地形,侦知:北汉江在群山峡谷中由东南蜿蜒而来,在虎鸣山至清平川一带转了一个大弯,又向西南流去,选的进攻地段,正在江的弓背上。面前400米宽的江面上横跨着一座水泥桥,那座桥既能储水又能发电。桥东是深不可测的蓄水池,桥南是709.7高地和禾也山,在该山山麓有敌人火力点,同时敌人还在赶修工事。团党委分析研究后,决定一反常规,在白天就近夺桥渡江,为了分散敌人注意力,请求上级令兄弟部队在离桥面较远的地方进行佯渡,策应自己。决定上报后,不仅得到批准,还得到军榴弹炮团的支援。下午4时,按计划,先由友邻团在远处开始佯攻,敌人果真集中力量对付他们,正在这时,一排炮弹飞向桥南敌人阵地,敌人顾此失彼,被猛烈的炮火打得昏头转向,争相逃命。该团四连一个排,首先冲过桥去,用手雷消灭了敌人火力点,接着,全团也冲过桥去,直向709.7高地前进,一举夺下制高点,接应大部队渡江。这一战歼敌17900余人,使南朝鲜总统李承晚4个师和美军1个师受到致命性打击。

无中生有：假中示真，真中藏假

"无中生有"为三十六计之一。此计的谋略思想是采取虚张声势、虚实变换的手段，迷惑敌人，制敌于窘境，予其不意的打击。无而示有，诳也。诳不可久而易觉，故无不可以终无。无中生有，则由诳而真，由虚而实矣，无不可以败敌，生有则败敌矣。

此计的关键在于真假要有变化，虚实必须结合，一假到底，易被敌人发觉，难以制敌。先假后真，先虚后实，无中必须生有。指挥者必须抓住敌人已被迷惑的有利时机，迅速地以"真"、以"实"、以"有"，也就是以出奇制胜的招数攻击敌方，在敌人头脑还没有清醒时就被击溃。

无中生有，这个"无"，指的是"假"，是"虚"。这个"有"，指的是"真"，是"实"。无中生有，就是真真假假，虚虚实实，真中有假，假中有真。虚实互变，扰乱敌人，使敌方造成判断失误，进而行动失误。此计可分解为三个主要步骤：第一步，示敌以假，让敌人误以为真；第二步，让敌方识破我方之假，掉以轻心；第三步，我方变假为真，让敌方仍误以为假。这样，敌方思想已被扰乱，主动权就被我方掌握。

使用此计有两点应予以注意：第一，敌方指挥官性格多疑，过于谨慎的，此计特别奏效。第二，要抓住敌方迷惑不解之机，迅速变虚为实，变假为真，变无为有，出其不意地攻击敌方。

案例1：张仪无中生有骗怀王，楚国偷鸡不成蚀把米。战国末期，七雄并立。实际上，秦国兵力最强，楚国地盘最大，齐国地势最好，其余四国都不是它们的对手。当时，齐楚结盟，秦国无法取胜。秦国的相国张仪是个著名谋略家，他向秦王建议，离间齐楚，再分别击之。秦王觉得有理，遂派张仪出使楚国。张仪带着厚礼拜见楚怀王，说秦国愿意把商于之地600里（今河南淅川、内江一带）送与楚国，只要楚能绝齐之盟。怀王一听，觉得有利可图：一得了地盘，二削弱了齐国，三又可与强秦结盟。于是不顾大臣的反对，痛痛快快地答应了。怀王派逢侯丑与张仪赴秦，签订条约。二人快到咸阳的时候，张仪假装喝醉酒，从车上掉下来，回家养伤。逢侯丑只得在驿馆住下。过了几天，逢侯丑见不到张仪，只得上书秦王。秦王回信说：既然有约定，寡人当然遵守。但是楚未绝齐，怎能随便签约呢？逢侯丑派人向楚怀王汇报，怀王哪里知道秦国早已设下圈套，立即派人到齐国，大骂齐王，于是齐国绝楚和秦。这时，张仪的"病"也好了，碰到逢侯丑，说："咦，你怎么还没有回国？"逢侯丑说："正要同你一起去见秦王，谈送商于之地一事。"张仪却说："这点小事，不要秦王亲自决定。我当时已说将我的奉邑6里送给楚王，我说了就成了。"逢侯丑说："你说的是商于 600 里!"张仪故作惊讶:"哪里的话!秦国土地都是征战所得,岂能随意送人?你们听错了吧!"逢侯丑无奈,只得回报楚怀王。怀王大怒,发兵攻秦。可是现在秦齐已经结盟,在两国夹击之下,楚军大败,秦军尽取汉中之地 600 里。最后,怀王只得割地求和。

上甘岭战役中的志愿军战士

案例2:志愿军瓶瓶罐罐骚扰敌,美军思想麻痹遭突袭。上甘岭战役中,侵朝美军在约 3.7 平方公里的战场上投入 36 万人作战,扔下了成千上万吨炸弹,把整个上甘岭山峰削去了两米多。在这种情况下,坚守主峰的志愿军战士只好撤进坑道。美军不断向坑道里投放烟雾弹,企图熏死中国士兵。有一天晚上,我志愿军某连利用敌人疲乏之机搞了一次坑道外

的骚扰战。他们先向准备出击的方向扔空罐头盒和其他发响的东西。开始,敌人对每一个声响反应都很灵敏,只要我军战士一扔罐头盒,美军士兵便朝发响的地方猛射一阵。我们的战士反复搞了 3 次,到了第四次,美军就不再有反应了。这时,志愿军的一个突击爆破小分队带上炸药包,迅速跃出坑道,转眼间就把距坑道口 20 米远的美军掩体炸上了天。当美军意识到发生了什么事情时,志愿军小分队早已安然无恙地撤回了坑道。

暗度陈仓:佯攻正面,迂回敌后

"暗度陈仓"为三十六计之一。计的全称为"明修栈道,暗度陈仓"。此计源于汉朝。暗度陈仓,意思是采取正面佯攻,当敌军被己方牵制而集结固守时,己则悄悄派出一支部队迂回到敌后,乘虚而入,进行决定性的突袭。此计与声东击西计有相似之处,都有迷惑敌人、隐蔽进攻的作用。二者的不同之处是:声东击西,隐蔽的是攻击处;暗度陈仓,隐蔽的是攻击路线。

一般来说,用兵方法不能违背正常的用兵原则,只有引诱敌人按正常的用兵原则来判断我行动企图,才能达到出奇制胜的目的。这一计谋展现了"奇""正"的辩证关系。"奇""正"相互对立,又相互联系。孙子说:"凡战者,以正合,以奇胜。"所谓"正",指的是兵法中的常规原则;所谓"奇",指的是与常规原则相对而言的灵活用兵之法。

其实,"奇""正"也可以互相转化。奇出于正,无正不能出奇。比如说,"明修栈道,暗度陈仓",此法可以说由奇变为正,而适时的正面强攻又可能转化为奇了。当

年,邓艾识破姜维"暗度陈仓"之计,认定姜维派廖化屯白水之南,不过是想迷惑自己,目的是袭取洮城,等姜维偷袭洮城时,邓艾已严阵以待了。邓艾懂得兵法中奇、正互变的道理,识破姜维之计。由此可见,对于熟悉兵法的人来说,战场上的情况千变万化,使用各种计谋,必须审时度势,机械搬用某种计谋,是难以成功的。

案例1:韩信明修栈道,暗度陈仓。秦朝末年,政治腐败,群雄并起,纷纷反秦。刘邦的部队首先进入关中,攻进咸阳。势力强大的项羽进入关中后,逼迫刘邦退出关中。鸿门宴上,刘邦险些丧命。刘邦此次脱险后,只得率部退驻汉中。为了麻痹项羽,刘邦退走时,将汉中通往关中的栈道全部烧毁,表示不再返回关中。其实刘邦一天也没有忘记要击败项羽,争夺天下。公元前206年,已逐步强大起来的刘邦派大将军韩信出兵东征。出征之前,韩信派了许多士兵去修复已被烧毁的栈道,摆出要从原路杀回的架势。关中守军闻讯,密切注视修复栈道的进展情况,并派主力部队在这条路线各个关口要塞加紧防范,阻拦汉军进攻。韩信"明修栈道"的行动果然奏效,由于吸引了敌军注意力,把敌军的主力引诱到了栈道一线,韩信立即派大军绕道到陈仓(今陕西宝鸡县东)发动突然袭击,一举打败章邯,平定三秦。

案例2:东线欺骗西线实攻,美军成功实施"左勾拳"计划。在海湾战争中,多国部队以美军的装甲第七军和英军第一装甲师、美军第十八空降军和法军第六轻装甲师,实施"左勾拳"作战行动,消灭了伊军共和国卫队。战前为隐蔽这一企图,美军在东线进行了一系列欺骗行动:在科威特沿海部署了海军陆战队,在地面进攻前1天,海军的"海豹"小分队沿科威特海岸实施各种欺骗行动。在科威特以南部署了1个由460人组成的仿真师

美国的坦克装甲部队在推进

("特洛伊"特遣队),他们沿30公里宽的正面部署了假坦克和假火炮;用扬声器播出模仿的坦克轰鸣声。用仅有的5辆坦克在各个假阵地之间不停地运动,不断向敌人开火,造成了在那个方向部署了一支庞大装甲部队的假象。由于美军采取了这些欺骗措施,使伊军对"左勾拳"行动企图毫无所知。

笑里藏刀:示之以柔,迎之以刚

"笑里藏刀"为三十六计之一。《三十六计·第十计》:"信而安之,阴以图之;备而后动,勿使有变,刚中柔外也。"此计的基本思想就是采取一系列的欺骗手段掩盖真

相、迷惑对手,暗中进行策划,达到突然袭击的目的。是古人用现实生活中的现象借喻战争中使计用谋的一种方式。

笑里藏刀的表现形式之一:刚中柔外,是指表面柔顺,而内心却十分刚强。可以用来指人的性格,也可指军队部署态势,还可用来指外示和好、暗藏杀机的策略。

笑里藏刀的表现形式之二:示之以柔,迎之以刚。源于西汉刘安的《淮南子·兵略训》。以软弱的样子造成敌人错觉,使用坚强的力量打击敌人。

"兵家始祖"吕尚说:"鸷鸟将击,卑飞敛翼;猛兽将搏,弭耳俯伏,圣人欲动,必有愚色。"雄鹰恶鹞捕食前收缩翅膀,猛兽猎物前弭耳伏地,聪明人行动前露出一丝愚笨的样子,都是伪装——将真相隐蔽起来,麻痹对方。当敌稍有怠慢,立刻猝不及防地给对方以致命打击,置敌于死地。

案例1:公孙鞅假意示和平,公子行赴宴被俘失吴城。战国时期,秦国对外扩张,必须夺取地势险要的黄河崤山一带,于是派公孙鞅为大将,率兵攻打魏国。公孙鞅大军直抵魏国吴城城下。这吴城原是魏国名将吴起苦心经营之地,地势险要,工事坚固,正面进攻恐难奏效。公孙鞅苦苦思索攻城之计。他探听到魏国守将是与自己曾经有过交往的公子行,心中大喜。他马上修书一封,主动与公子行套近乎,说道,虽然我们俩现在各为其主,但考虑到我们过去的交情,还是两国罢兵,订立和约为好。念旧之情,溢于言表。他还建议约定时间会谈议和大事。信送出后,公孙鞅还摆出主动撤兵的姿态,命令秦军前锋立即撤回。公子行看罢来信,又见秦军退兵,非常高兴,马上回信约定会谈日期。公孙鞅见公子行已钻入了圈套,暗地在会谈之地设下埋伏。会谈那天,公子行带了300名随从到达约定地点,见公孙鞅带的随从更少,而且全部没带兵器,更加相信对方的诚意。会谈气氛十分融洽,两人重叙昔日友情,表达双方交好的诚意。公孙鞅还摆宴款待公子行。公子行兴冲冲入席,还未坐定,忽听一声号令,伏兵从四面包围过来,公子行和300名随从反应不及,全部被擒。公孙鞅利用被俘的随从,骗开吴城城门,占领吴城。魏国只得割让西河一带,向秦求和。秦国用公孙鞅笑里藏刀计轻取崤山一带。

希特勒笑里藏刀

案例2:希特勒挥舞和平橄榄枝,暗地里磨刀霍霍积极备战。第二次世界大战爆发前,希特勒一面到处挥舞和平的橄榄枝,四处签订和约,另一面却暗中穷兵黩武,积极备战。欧洲许多国家由此而放松了警惕,张伯伦甚至认为欧洲和平时代已经到来。正当一片歌舞升平的绥靖思潮蔓延世界的时候,法西斯德国突然闪击欧洲各国,由于这些国家备战不足,在德国猝然打击下,纷纷陷落。这场历史上最惨痛的战争,至今仍留下许多难以治愈的创伤。战争就是你死我活的残酷绞杀,为了达到战胜对手的目的,一切伪装、欺骗手段都可能使用。现代条件下,"笑"的方式更加多样,"刀"的隐藏更为巧妙。当看到"笑"的时候切不可忘记"刀"的存在。敌人就是敌人,不管它怎么装扮,其险恶之心和实际图谋始终没变,认识到这一点才能防患于未然,切实做到有备无患。

诱之以利:施以小利,诱敌入套

"诱之以利",即以小利引诱敌人陷入己方圈套的计谋。语源自《百战奇略·利战》:"凡与敌战,其将愚而不知变,可诱之以利。"意思是作战中,如果敌将领愚笨、鲁莽,而不知虚实变化,可以施小利诱骗他进入己既设圈套而歼之。

在军事斗争中,诱敌和迷敌是紧密相连的。迷惑敌人的办法很多,其中最好的办法,是善于运用战术伪装,示假隐真,利而诱敌。钓鱼要有诱饵,诱敌要给敌以小利,让敌尝到一点儿甜头,才能造敌错觉,迷惑敌人,实现预期目的。以小利诱敌,诱饵要对敌有极大的吸引力和诱惑力,并配合各种诱骗活动,使敌上当受骗。

诱之以利的表现形式之一:示怯弱以诱之。源于《百战奇略·强战》:"若我众强,可伪示怯弱以诱之,敌必轻来与我战。"意思是,作战中我众敌寡,我强敌弱,敌势必避而不战。为创造战机,可以伪装成弱小惧怕的样子,引诱敌人来与我交战,并乘机以精锐部队出其不意地消灭之。

诱之以利的表现形式之二:诱敌深入。语源自毛泽东《中国革命战争的战略问题》:"敌我强弱悬殊,我们在保存军力待机破敌的原则下,才主张向根据地退却,主张诱敌深入,因为只有这样做才能造成或发现有利于反攻的条件。"这一谋略,是古代军事谋略的发展,与"欲擒故纵""抛砖引玉"等一系列谋略具有同样的内涵。

案例1:红军诱敌深入,蒋军似牛被牵。1930年10月,蒋介石先后调集11个师3个旅,向共产党中央根据地的红一方面军发动了第一次"围剿"。11月5日,蒋军首先向袁水流域推进,扑了个空,又继续向赣江东岸推进。红军除以少数兵力迟滞、迷惑敌人,诱敌就范外,主力实行"求心退却",于12月1日在黄坡、小布、安福圩地区隐蔽待机,进行作战准备。至12月18日,蒋军先后进占万安、东固、建宁一线,东西相距800里。由于蒋军深入红军腹地,战线拉长,兵力分散,又不断遭到红军和地方武装的袭扰,士气沮丧,饥饿疲惫,造就了红军反攻的必要条件和有利态势。12月29日,蒋军第十八师主力向龙岗地区推进,进至小别附近时,被红军伏击,蒋军连师长在内共9000余人全被歼灭。至此,蒋军的第一次"围剿"被红军粉碎了。

蒙哥马利

隆美尔

案例2：蒙哥马利假地图诱敌入瓮，隆美尔陷入死地损失惨重。希特勒为了挽救在非洲战事不利的意大利，妄图占领埃及，然后向东，与进犯东南亚的日军在印度会师，就派遣德军将领埃尔温·隆美尔为北非德意联军总司令，率领1个军团的兵力去北非。隆美尔是一个精明的战略家，也是希特勒最得力的将领之一。他惯于使用坦克集群发动闪电般的突击，而北非一望无际的大沙漠为他大显身手创造了条件。1942年蒙哥马利到达开罗。此时，国际形势开始有利于英军，德国由于在斯大林格勒战役中损失惨重，不得不大大压缩在非洲的兵力和武器的供应，这就给英军在北非战役的反攻提供了有利条件。蒙哥马利恰当地把握了这一时机，组织了反攻。如何才能诱使隆美尔这只狡猾的"沙漠之狐"上当呢？蒙哥马利先用各种假情况，使对方相信他的部队战败后已不堪一击；根据隆美尔当时对阿拉曼地区的地形还不熟悉的情况，他巧妙地送给隆美尔一套假地图，在这些地图上，车辆难以通行的流沙地区被改为"硬地"。隆美尔得到这张地图后，觉得正合他的想法，既没有想过要实地侦察，也没有通过其他手段进行调查核实，就完全相信了。1942年9月1日凌晨，隆美尔开始按照这张地图向阿拉曼地区发动进攻。蒙哥马利早已在此悄悄地部署了3个战斗力很强的装甲师严阵以待，专等"鱼"上钩。隆美尔果然上当。他的部队按图"索骥"，从凌晨到天亮时都未找到一个目标。几十辆坦克、装甲车、半履带车和7辆卡车在英军假地图标明为硬地而实际上为流沙的地区东倒西歪地挣扎，许多车辆陷入泥沙中不能动弹，当德军士兵下来推车时，英军几个中队的战斗机对其进行了轰炸扫射。这次战斗，以德军损失惨重、仓皇撤退而告结束。蒙哥马利首战告捷，英军士气为之一振。

欲缓形以速：以速示敌，迫其不前

"欲缓形以速"，即本来准备持久作战，却装作要与对方速决。此谋源见清代陈光宪著《历代名将事略·误敌》。人类的知识来源于自然，自然界中许多有趣的事情常常与人类的行为有着极为相似的地方。了解动物的人会发现，当鹿、羊、野牛一类孱弱的动物突然遭到虎、狮、豹等猛兽袭击时,它并不总是先急于逃命,而是首先伸出硬角,拿出死命抵抗的架势,一旦对方稍有闪失,立即拔腿就跑。这个办法与"欲缓形以速"之谋相通。这种谋略原是一个自然法则,被人类掌握后,就演变成战争中的一个制胜军事谋略。

欲缓形以速的反向运用:欲速形以缓。见清代陈光宪《历代名将事略·误敌》,大意为:本想速战却佯装迟战。速与缓,是军队行动时间、速度中的两个相反概念。形缓,并非真缓,实质仍在于速,这里所指的缓,只是一种形缓而实速的用谋技巧。"兵贵神速",历来被兵家作为战争的第一要点,人们常论"时间就是军队,时间就是胜利"。尤其是在现代战争中,高技术兵器的不断出现,军队运载工具更加现代化,争取速度、争取时间更是成为胜负的关键。

案例:张辽速出兵打敌立足未稳之时,不仅解攻城之围,还重创敌军。三国时,魏国东征孙权后,曹操率领主力讨伐张鲁,命张辽、乐进、李典率领 7000 士兵坚守合肥。孙权乘魏主力远征,合肥守军力量薄弱之机,亲统重兵围攻合肥,孤城合肥危在旦夕。如何解围,众将意见不一,多数认为孙权兵众,唯有待魏主力回援,方能解围。主将张辽认为:"魏军主力在远方征战,远水难救急火,应当趁敌尚未稳定下来,完成部署之前,用神速的行动,挫败敌人锐气,保证城防的稳固。"是夜,精选出 800 健勇,杀牛犒赏。天一亮,张辽披甲上马,带领军士,乘敌懈怠,突入敌阵,左砍右杀,直战至当午,孙权军队元气大伤,心惊胆战。张辽见目的达到,收兵回城修整护城设备。等吴军恢复士气后,重新攻城,已经无法破城,攻了十来天也未攻下,无奈退兵。此战所胜之理,正是张辽正确地运用了"欲缓形以速"之计所致。

欲攻形以守:假装防御,攻其不备

"欲攻形以守"源见清代陈光宪著《历代名将事略·误敌》,是想进攻却假装防御的谋略。此乃虚实的运用,也蕴含着以静制动的原理。

欲攻形以守的反向运用:欲守形以攻。源见清代陈光宪著《历代名将事略·误敌》。兵临城下,将至壕边,明明自己力量空虚,只能守而不能攻,却又不作防备,倘若没有超人的胆略和智慧是不可能做到的。这里就把攻与守有机联动为一体了,以攻促守,守必更固。当然,绝不能不顾实际一味照搬,应重在示形,只有形似才能慑敌,否则,反会被敌所用。

虚实相兼乃用兵之法,一切军事行动都应力求给敌人造成更多的错误,从而抓住敌人的失误,打敌要害,就能获胜。并非一切进攻都要示守在先,但是当示守利攻时,必须择机示守之形,麻痹敌人,以实现进攻的突然性和隐蔽性。

案例:周亚夫先以守为攻稳扎稳打,再寻找战机果断出兵。西汉景帝三年(公元前154年),七国叛乱,汉太尉周亚夫奉命东进,平叛七国。行前,亚夫奏请景帝:"楚兵剽悍骁勇,一时难以取胜,我想以守待攻,断其粮道,最后胜敌。"景帝应允。亚夫统兵荥阳,摆出坚守的态势,暗中派高侯率领轻骑,绕到吴楚背后,断绝了他们的粮道。吴楚军队以为周亚夫惧战,多次挑战。汉军见时机成熟,迅速出兵,仅一个多月时间,就攻占吴国全部郡县,吴、楚叛乱被全部平息。周亚夫此役之胜,胜在以守为攻,攻守变幻,使叛军不辨真伪,稳操胜券。"欲攻形以守"之计,妙在给对方造成错觉,使其难以看出自己真正的行动。

欲进形以退:以退为进,把握主动

"欲进形以退"语源清代陈光宪著《历代名将事略·误敌》,本想前进却显示出或者时而做出后退的架势,旨在欺骗与调动敌人。

欲进形以退,就是抓住"退形"做文章,以退为进,虚实并存。一切退都是为了进,如同防守都是为了进攻一样。因此,在指挥作战中,如果对方主动退却,一定要留意查明其是真退还是假退,否则,就会由于判断失误而陷入被动。

案例1:虞诩散布假消息实施欺骗,趁敌松懈攻击敌人薄弱之地。东汉安帝永初年间,羌族反叛,侵犯武都。邓太后命虞诩为武都太守,平定叛乱。足智多谋的虞诩率军进发武都途中,被羌人抢先夺占陈仓和崤山峡谷等险关要塞,行进受阻。虞诩一面命军队停止前进,一面故意散布消息说已向皇帝上书请求增兵,要待增兵到后再向西进。羌人误以为虞诩当真不会再进,就放松了阻击力量,分兵到附近掠劫。虞诩乘机拔军速进,日夜兼程,很快进至武都。虞诩此举的成功之处,在于他运用欲进形退,似止非止,似退非退,使羌人误判,暴露空隙。

案例2:新政权未稳定暂养生息,振兴时寻良机夺回利益。苏俄政府与德国签订《布列斯特和约》,是战略上以退为进的典型案例。俄国十月革命成功后,百废待兴,百业待举,苏维埃政权急需集中力量治理国内。而列宁从由前线发回的详细情报又看出,军队没有斗志,士兵一心只想回家,再不能打下去了。工人和农民都厌弃长期的战争,国民经济已经完全崩溃了。但是,前沙皇政府与资产阶级临时政府在第一次世界大战中参加了英、法协约国一方对德、奥作战。十月革命后,尽管俄国已是改朝换代,交战双方却偏不认账,仍死死拽住列宁的苏维埃不放,要它继续参战。而只要俄国还处于同德奥交战的状态,就无法保证苏维埃政权的地位完全巩固。要真正巩固苏维埃政权,必须结束战争。因此,布尔什维克党从十月革命刚一胜利就展开了争取和平的斗争。苏维埃政府向一切交战国的人民及其政府建议，"立即就公正的民主的和解开始谈判"。但是，英法两个盟国不接受苏维埃政府的建议。由于英法两国拒绝和谈，苏维埃政府执行苏维埃的意志，决定同德奥两国进行谈判，并最终与两国签署了此和约。《布列斯特和约》对于列宁以及布尔什维克党、苏维埃政府、苏维埃人民来说是极不公正的，屈辱的，不堪忍受的。可是，为了祖国的长远利益，列

列宁向国民阐述观点

宁不仅自己要忍受，而且也费尽心思地劝同志们忍受，劝全党、全国人民忍受。因为"小不忍则乱大谋"，而退后一步自然宽。列宁曾写过一篇文章，标题就是"退一步进两步"，这实际也是他缔结《布列斯特和约》的目的。列宁和布尔什维克党及苏维埃国家通过与德交善而韬光养晦、卧薪尝胆，很快便将失去的东西重新夺回来。历史证明列宁的谋略是无可指责的。诚如《联共（布）党史》所承认的："《布列斯特和约》的缔结，使党有可能赢得时间来巩固苏维埃政权，调整全国的经济。"

伪示以实形：以弱示强，造敌错觉

"伪示以实形"语源自《百战奇略·虚战》："若我势虚，当伪示以实形，使敌莫能测我虚实所在。"意思是说，作战中，若我虚弱，敌军强大，应伪装出强、实的样子，使敌人摸不清我之兵力强弱、虚实，不敢与我交战，从而保存兵力，伺机再战。

伪示以实形的表现形式是：有者无之，无者有之。源于《尉缭子·战权第十二》。兵不厌诈，古今常理。在互相用诈的战争中，如果你不能欺骗敌人，那必然为敌所制；如果你不能识破敌诈，那就会陷入敌人的圈套。行诈之前，首先要设法伪装自己的真实企图，以假象掩盖真相，以形式掩盖内容，有者示无，无者示有，使敌人难以料定我的本意。乘敌犹豫或判断错误之际，出其不意，攻其不备。

案例：红军虚张声势吹军号，蒋军"围剿"不成被全歼。1933 年 10 月，四川军阀刘湘纠集 100 多个团，分兵 6 路，对川陕苏区进行"围剿"。红军集中兵力，边打边撤，最后退到巴山南麓万源一线，进行了英勇的万源保卫战。敌人经过轮番冲击，锐气丧失，有生力量遭到重大损伤后，在一天晚上偷偷撤走。红九军军直属队及二十五师侦知后，立即对一部分敌人进行追击。军直属队只有五六百人，有战斗力的只有一个通信队，他们每人配有手枪和冲锋枪各一支，另外就是 1 个号兵连和机关勤杂人员及干部，他们好多人连枪都没有。当他们南追到一个三岔路口时，发现敌人企图向东而

走，红二十五师立即向东追去，军直属队则继续向南前进，规定在羊坝场会合。但军直属队走了五六里地，就遇到敌人阻击，他们弄明情况后，令通信队摸到敌人跟前去，待机冲击，然后虚张声势，将号兵连分开，每隔 10 公尺一人，约定通讯队一打响，即全部吹冲锋号，其余人则向敌呐喊助威，很快歼灭了敌人一个团。战后他们押着五六百俘虏向羊坝场前进。到后不久，有一团敌人又向该地撤来，军直属队又用上述办法抢先部署好后，等待来敌。敌人一到，红二十五师出其不意，以浩大的声势，又一举消灭了敌人一个团。过了两小时天快明时，又发现镇北有敌人混乱地跑来，捉住一个一问，又是敌人一个团仓皇后撤，军直属队毫不畏惧，除留少数人看俘虏外，其余人又用原办法对付来敌。在巨大的冲锋号声中一个冲击，敌人即四散乱窜，红军一喊"缴枪不杀"，他们就糊里糊涂又缴枪了。一个军直属队，一夜消灭了敌人 3 个团、俘敌 2000 多人。

众而形以寡：示之以虚，诱歼敌人

"众而形以寡"是诱歼敌人所采用的谋略。源于清代陈光宪《历代名将事略·误敌》："误敌之方，不可悉数……治而形以乱，饱而形以饥，众而形以寡，勇而形以怯，备而形以弛。"众而形以寡，是指本来兵力很多，却装成很少的样子。古人云：使敌人发生错误的方法是数不胜数的。本来很严整，表面上装得很混乱；本来供养很充足，却装成很缺乏；本来兵力很多，却装成很少；本来很勇敢，却装成害怕；本来戒备很周密，却装成很松弛。

案例：美军战前示弱引敌兵，越军不知不觉陷重围。1966 年 7 月初，越军二七二团获得可靠情报：7 月 9 日，美国第 1 步兵师的一支运输车队，在很少的兵力护送下，由安禄开往明盛。越军决定对美运输车队进行一次伏击。9 日中午，美运输队进入越军伏击圈。车上只有不多的几个士兵，都背着枪，嘴里嚼着口香糖，说说笑笑，毫无顾忌。周围埋伏的越军看到这种情景，十分高兴。战斗打响后，出乎越军的意料，这支美军运输队不但没有惊慌失措，反而像事先经过排练一样，按照既定计划有条不紊地进行抵抗，而且兵力越来越多。10 分钟后，兵力已达 1 个步兵连和两个装甲骑兵连，不但有轰炸机在空中助战，而且有炮兵进行轰击。接着，美军又有 3 个步兵营来增援。至此，越军已被完全包围了。经过一天多的顽强战斗，到 10 日黄昏，越军二七二团的少数剩余人员才在夜幕、大雾的掩护下，化整为零，突出美军的包围圈。原来，这是美军为保障运输线的安全，精心策划的一次代号为"坎尔帕索"的计划，并故意将此计划泄露给越军，致使越军受骗，遭到重大损失。

设虚形以分其势：示形设假，使敌分兵

"设虚形以分其势"源于《百战奇略·形战》："若彼众多，则设虚形以分其势。"意思是，作战中，若敌强我弱，敌众我寡，应示形设假，诱敌四处分散兵力，处处防备我，而我则集中兵力击其一点，在局部上，造成以众击寡之势。

在敌众己寡、敌强己弱的情况下，死打硬拼，势必会败。善于示形用诈，欺骗敌人，调动敌人，分散敌兵力，造成敌各点兵力分散，然后集中主力攻其一点，由全局上的劣势，变成局部上的优势，这是善用兵者的用兵之法，是以劣胜优的妙计。

示形佯动，分散敌人，应做好兵力、兵器、时间、空间相互统一，以己部分的分散，诱敌全局上的分散；以己次要方向上兵力分散诱敌主要方向上兵力分散，保证在主要方向上以集中对分散、以优对劣、战胜敌人。

案例：曹军假渡河诱敌分兵，设虚形以分势解除白马之围。东汉建安五年（公元200年），袁绍派兵围攻曹操部将刘延于白马城。曹操采纳谋士的建议，以一部兵力在延津，伪装成"将渡河向其后"的样子，诱袁绍分兵西应，然后乘其兵力分散之时，派兵袭击白马，击败了围攻白马的袁绍军，解了白马之围，创造了在劣势条件下以佯动示形以分敌兵，战胜敌人的成功战例。

第四章
强己弱敌

《老子·三十三章》:"胜人者有力,自胜者强。"

《商君书·国策》:"得天下者,先自得者也。能胜强敌者,先自胜者也。"

《吕氏春秋·先己》:"欲胜人者必先自胜。"

强己与弱敌是一对辩证的关系。在军事斗争中,强己弱敌是一对永恒的主题,应该说,所有军事斗争的根本目的不外乎强大自身、削弱敌方。在实际的军事谋略运用中,更是将弱敌与强己紧密结合起来,进而产生了诸多具体的军事计谋。强己弱敌一系列谋略的运用,更突出地表现在战前,即在加强战备、巩固自身的基础上,尤其重视利用欺骗、诱惑、离间、恐吓等方式达到削弱敌军的结果,具体体现在不同的谋略中。

强己弱敌具有广义与狭义之分:

广义的强己弱敌,既可以和平方式间接实现,也可以武力方式直接达成消灭敌人的目的,既可以存在于战前,也可以存在于战端、战中、战后,贯穿于战争的全过程,且可以由奇正、虚实、动静等方式达成,泛指一切削弱敌方的军事谋略。

而狭义的强己弱敌,主要与作战歼敌、直接灭敌这一方式相区别,主要是指通过非武力的行为,而实现强大自身、削弱敌方的谋略。

本章展示的强己弱敌,是狭义概念的谋略。既不包括直接通过武力攻伐实现的强己弱敌谋略,也不包括由于奇正、虚实、动静等因素而达成强己弱敌目的的谋略,仅指通过非武力手段增强自身战斗力或削弱敌方战斗力的谋略。

返尸计:耗敌力量,拖垮对手

"返尸计",即充分运用葬礼拖垮敌方后勤补给和经济来源的计策。此计源于古代赵国返送齐国战死官兵遗体,减少战争代价,通过经济手段拖垮敌人的谋略。

案例:赵国返还敌军尸体,既消耗其国库又瓦解其斗志。齐国的军队进攻廪丘(今山东郓城西),赵国派孔青带领敢死队前往救援。齐人遭到惨败,被俘2000余人,扔下尸体30000具。赵国把敌尸堆成山,以此来炫耀自己的胜利。宁越说:"这么干太不值得了,不如归还尸体,让它们从内部进攻齐国。因为在战场上使齐国的车马兵甲毁于真枪实刀,尸体归还以后,让他们的府库资财消耗于葬礼。"孔青说:"齐国不接收尸体怎么办?"宁越说:"战而不胜,这是第一条罪状;与士兵同出而不能同入,葬尸在沙场,这是第二条罪状;返还尸体而不要,使做异乡鬼,这是第三条罪状。老百姓因为这三件事必然怨恨他们的上级,这样一来,上级无法役使下级,下级没有心思服从上级,一下分崩离析,这就叫双重进攻。"运用此计,不仅可以消耗敌人的资财,还可以打击敌人的士气,造成其心理恐惧,使其背上"包袱",起到迟缓其行动的效果。

用间计:间间如箭,箭箭穿心

"用间计"是一种通过离间的手段,使敌方上级怀疑下级,或者使其统帅对战局产生错误判断,直接或间接削弱敌人的谋略。用间计包括生间计、死间计、反间计、内间计、因间计等。

生间:派人到敌方侦察后亲自返回报告情况的计谋。源于《孙子兵法·用间篇》:"生间者,反报也。"生间计是对死间计而言的。就其内容来说,有选贤能之士,或游说于列国之间,或打进敌国官僚机构之中;有以各种职业作掩护混入敌国,或因战略需要长期潜伏,或为着某一具体的作战情报速去速回;有以诈降迷惑对方,或借机给敌以不意的袭击,或为今后作战充做内应等。

死间:故意散布虚假情况,借敌之手处死投降叛逃人员的计谋。源于《孙子兵法·用间篇》:"死间者,为诳事于外,令吾闻知之而传于敌间也……"针对叛逃人员可能向敌人报告情况和敌人作出的反应,相应地调整部署,改变原来的情况,使敌人上当,而疑杀我方的叛逃人员,这是借刀杀人的精彩一招,也是死间计的妙处所在。

反间:收买或利用敌方派来的间谍为我所用或以假乱真的计谋。源于《孙子兵法·用间篇》:"反间者,因其敌间而用之……"反间计,就是巧妙地利用敌人的间谍反过来为我所用。在战争中,双方使用间谍是十分常见的。反间计的内容一般包括两个方面:一是敌间谍被我捕获后,暗中用重金收买,使他变成在我控制下给敌方提供虚假情报的双重间谍;二是我发现了敌方间谍,并摸清了他的用意,但不露声色,采取将计就计的办法,给他透露一些假情报,使敌吃亏上当。在各式各样的间谍战中,反间计是最活跃、最主动的,其用法和手段随着科学技术的发展和人类思维的不断进步,已远远超出孙子反间计的本来内容。

内间:收买敌国人员做间谍的计谋。源于《孙子兵法·用间篇》:"内间者,围其官人而用之……"堡垒最容易从内部攻破。利用敌人内部派别之间的矛盾进行间谍活动,容易获取重要情报和瓦解敌人。对于敌方军官的不称职者、有罪而受过判刑或处分的贪财者、看不起上司者、想当官而当不上的满腹怨愤者等,都可以分化瓦解或重金收买,使其为己服务。

因间:是利用熟悉敌方乡土情况的人获取情报的计谋。语源《孙子兵法·用间篇》:"因间者,因其乡人而用之。"在现代情报活动中,一方面可以利用敌方境内熟悉诸多情况的人作为己方的间谍,一方面可以通过正常的外交、外贸、探亲访友等活动派出己方人员,在掌握敌方当地诸多情况之后,完成间谍任务。

案例1:第二次世界大战中,为保证在诺曼底登陆成功,盟军成功采取死间计,达到伪装和欺骗目的。当时,盟军在荷兰领土空投了几十名谍报员,随即他们的大多数都落入纳粹反间谍机关手中。由于盟军情报部门事先没有像往常那样给这些谍报人员配发服后没有任何痛苦便可死去的氰化钾,而是故意发了些无毒性的假药片,指望这些人在严刑拷问之下向德方招供专门制造的假情报。结果,这些间谍招供的假情报迷惑了德军情报机关。他们根据"死间"的假情报,一会儿向希特勒报告说盟军将在荷兰登陆,一会儿又报告说盟军将在加莱地区登陆。这样,使得希特勒及德军统帅部难以下定决心,直到诺曼底登陆战役开始,德军才如梦初醒。

案例2:德国广泛使用内间计,使盟军堡垒在内部攻破。随着科学技术的高度发展和间谍工具的使用,二战中以内间计为主体的间谍战已日益激烈复杂。当时,德国驻土耳其大使馆以重金收买了一位土耳其要员,获得了以下几份重要情报:其一是英国在土耳其的全部间谍名单;其二是美国当时运交俄国的各种武器装备的型号和数量的报告;其三是英国大使送交伦敦的备忘录副本,上面记录着这位大使同土耳其外长会谈并促其向德国宣战的详细经过;其四是同盟国三国外长——霍尔、艾登和莫洛托夫在莫斯科会议中所作决议的初步报告。这些情报呈送希特勒后,立即受到重视,并下令有关部门继续收买有关情报。收买敌方内部要人,往往可获得极为重要的情报,以便己方能够及时作出反应。

案例3:日军通过因间计获取珍珠港情报,为日后偷袭做好铺垫。第二次世界大战期间,一名日本间谍化名"森村"来到日本驻檀香山总领事担任书记生,他就是被日本人称作"珍珠港的无名英雄"的日本谍报人员吉川。吉川到达檀香山后,以观光为名,大约每4天去一次珍珠港,借机仔细观察港内美海军数量、质量和配属情况。他很快摸清了港内美军舰船的类型和艘数、部署在夏威夷航空基地的飞机机种和架数以及珍珠港防空状况等军事情报。这就为日海军成功地偷袭珍珠港提供了不可多得的重要情报。此案例为因间的典型案例。

案例4:伊拉克战争中,美国综合运用"生间""因间""内间""反间"等谋略,可以说是集用间计之大成。伊拉克战争中,在许多重要军事行动的背后,都闪现着美国特工的身影:在伊拉克北部,美特工人员因为指引美军对北部极端穆斯林组织营地进行空袭而受到了表扬。在伊拉克西部沙漠,美英情报人员和特种部队合作,控制了两条原为伊军飞机使用的飞机跑道,摧毁了一些飞毛腿导弹的发射架。在伊拉克南部,情报人员和特种部队协助美军占领了几个油田,并且获得了波斯湾北部的控制权,切断了伊拉克的武器运输,同时防止伊拉克官员逃逸。在巴格达地区,他们占领了将近1000个被怀疑是生物武器和化学武器的基地,并且指引空军对萨达姆官邸和共和国卫队总部进行了空袭。美军特种部队士兵在3名美国中情局收买的伊拉克人接应下,成功潜入巴格达市区一个最重要的通信中心,窃听了伊拉克政要谈话,得到萨达姆班子的多数成员将在"多拉农庄"(伊拉克一个军事指挥与控制中心)召开会议的情报。根据这3名伊拉克奸细提供的"多拉农庄"的详细资料,美英提前开战,对巴格达进行了猛烈轰炸。美军成功营救出被俘女兵杰西卡·林奇,也有赖于美军招募的线人和中央情报局特工提供的可靠情报。美军发动的针对萨达姆的第二次"斩首"行动中,特工人员发挥了重要作用。据西方情报专家分析,美国至少同时使用了三种来源的情报:一是与萨达姆关系密切的伊拉克高级官员提供的情报。二是无线电侦察情报。三是跟踪萨达姆的特工提供的情报。美英联军小股部队迅猛突进到巴格达腹地,他们选择的进攻路线往往没有伊军大部队,不怕遭到伏击,显然是事先得到了可靠情报。一名美军军官表示:"特种部队和情报部门的工作人员是我们在此次战争中的秘密武器,如果没有他们,我们的常规部队不可能在战争中取得如此神速的进展。"一些西方专家将美国发动的伊拉克战争称为"特工指挥下的战争"。

离间计:制造嫌隙,扰乱敌营

"离间计"是利用对方君臣不和、主将不和或相互猜疑等问题,挑拨其相互之间的和睦关系,扰乱对方的指挥层,破坏对方阵营的团结,从而实现从内部削弱其战斗力的军事谋略,是强己弱敌类谋略的典型谋略。这一谋略为古往今来军事家们所常用并在具体实践中得到了广泛的发展,有多种表现形式。

表现形式之一:亲而离之。引自《孙子兵法·始计篇》。意思是说,对于亲密相处的敌人要想法离间他们。亲而离之,实质就是离间之计。"亲"的结果就可能形成"拳头","离"的结局必然分成"五指"。以我方而言,显然希望敌人分成"五指"而避免让其形成"拳头",这就需要设法离间他们。诸如设法造成敌人恩怨上、组织上、利益上的裂缝,使其产生内耗,甚至于互相残杀,以达到借刀杀人的目的。

表现形式之二:诬构疏敌。源自《兵经百字·言》。意思是说,运用计谋可借助假话来掩盖即将准备的行动;或是对敌营内的人进行诬陷,造成敌营内部的猜疑。诬构疏敌,实质上就是离间敌人,使敌内部产生矛盾,出现裂缝。这种计谋在古代用得最为广泛,其中又以疏能、疏助、疏邻最为突出。

表现形式之三:阴赂左右。引自《六韬·武韬》:"阴赂左右,得情甚深。"意思是说,阴赂敌将左右之近人,使其建立与我方深厚之情谊,并为我所用。

表现形式之四:收内间外。源于《六韬·武韬》:"收其内,间其外。才臣外相,敌国内侵,国鲜不亡。"意思是说,收买敌国君主左右的大臣,同时离间其边远的大臣,使其有才干的大臣都帮助外国,再加上外国的入侵,这个国家就很少有不灭亡的了。

案例1:刘邦离间项羽部下,终致项羽败亡。公元前204年,汉王刘邦根据项羽比自己强大的形势,问计于陈平。陈平建议利用离间计使项羽怀疑范增、钟离昧等,然后乘机进攻,必定能消灭项羽。于是,刘邦交给陈平4万两黄金,任凭他使用。陈平用黄金收买了项羽军中人员,叫他们到处宣扬:大将钟离昧等追随项王多年,功劳很大,可是得不到分封王侯,他们准备与刘邦合谋灭掉项王,各自称王。项羽听了这些谣言,信以为真,不再信任钟离昧等了。项羽怀疑部下,便派使者去刘邦营中探听真假。刘邦预备了丰盛的筵席,见到项羽的使者后故作惊讶地说,我以为是范增大夫的使者,原来是项王的使者,并命令撤去筵席,换上粗茶淡饭。使者回去后报告了项羽。从此,项羽认为范增变了心,不再采纳他的计谋。范增怒而辞官还乡,因背上毒疮发作死于途中。由于项羽听信谣言,谋士勇将得不到信任重用,有的甚至叛离了他,致使他兵败垓下,自刎乌江。

案例2:法西斯利用苏联"肃反",成功策划离间借刀杀人。1936年,苏联国内"肃反"正处激烈之际,法西斯头子希特勒决定抓住这一时机,借刀杀人,以除掉苏联图哈切夫斯基元帅这个重要对手。他下令部下编造了图哈切夫斯基等人的反苏证据,甚至伪造其与德国高级将领间的往来书信。不久图哈切夫斯基等8名能征善战的苏军高级将领被捕并被处死刑。希特勒完全达到了离间的目的,为日后进攻苏联创造了更为有利的条件。

敬勇计:以勇为荣,激励士气

"敬勇计"是将帅通过表达对忠勇之士之敬仰,激发官兵荣辱心、责任感,进而激励官兵士气,从思想意志和心理上增强战斗力的谋略。此计源于战国时期越王勾践以蛙言勇、激励官兵士气的故事。

案例：战国时期，由于诸侯争霸，战争连年不息，所以国君对勇士一般都很敬重。而越王勾践为了伐吴报仇，独出心裁，用敬勇之计，激励士气。勾践率兵伐吴，大军刚刚出城，在路上遇到了一只大青蛙，眼睛鼓得圆圆的，挺立在路中央。勾践看见后，令全军停行，他手扶车前横木，恭敬地向青蛙挥手致意。他的手下好生奇怪，纷纷问他是何缘故。他说："我看这只青蛙发怒，好像是一位渴望战斗的勇士，明知车压马踏人踩，会命归西天，但它却毫不退却。伟大啊青蛙，我很敬佩它。"全军上下闻听，纷纷说："大王这样敬佩怒蛙，我们受大王多年教养，岂能不出生入死地作战？难道我们连青蛙都不如吗？"于是，将士互相劝勉，决心不怕牺牲，杀敌立功。他们对送行的父老妻子说："不灭掉吴国，绝不回家相见。"后来，越军士气大振，在战场上奋勇杀敌，终于灭亡了吴国。

美人计：施之以色，削其斗志

"美人计"为三十六计之一。原文："兵强者，攻其将。将智者，伐其情。"此计源于《六韬·文伐》："养其乱臣以迷之，进美女淫声以惑之。"意思是，对于用军事行动难以征服的敌方，要使用"糖衣炮弹"，先从思想意志上打败敌方的将帅，使其内部丧失战斗力，然后再行攻取。此计是利用一些意志薄弱、品质颓废的人的心理，施之以色，诱之以利，使其迷色乱心，玩物丧志，最终兵败身亡。打败敌人最好的方法，是放纵他、麻痹他，进而削弱他。待其心无斗志、体力不支，则可轻易胜之。

势力强大，将帅明智，这样的敌人不能与之正面交锋，在一个时期内，只得暂时向其屈服并示好，其中，侍奉或讨好强敌的方法分成三等。最下策是用献土地的方法，这势必增强了敌人的力量，像六国争相以地事秦，并没有什么好结果。下策是用金钱珠宝、绫罗绸缎去讨好敌人，这必然增加了敌人的财富，像宋朝侍奉辽国、金国那样，也不会有什么成效。独有用美人计才最见成效，这样可以消磨敌军将帅的意志，削弱他的体质，并可以增加他的部队的怨恨情绪。现代战争中，甚至政治争斗中，也不乏使用美人计的例子。现代美人计有强烈的现代色彩，多采用间谍的方式，利用金钱贿赂，利用美人诱惑，方式变化多端。

美人计的另一表现形式：投欲昏志。源于明代《投笔肤谈·兵机第八》："故善制敌者……投其所欲以昏其志。"指迎合敌人的欲望，使其意志昏乱。人是高级情感动物，皆有七情六欲。随着战争中人的作用不断增强，人对军事行动必然发生一定的影响。投欲昏志、见欲迷智的事情在战争历史中比比皆是，方式也多种多样。可见投其欲的确能使人昏志，或诱之以利，或施之以财，或付之以名，或淫之以色，或挑之以怒。凡能昏志之欲,都会被利用投放,而凡是不明智的人,都会见欲忘志。

用科学的观点去分析,美人计之所以能起到削弱敌人的作用,正是准确地抓住对方内在的心理活动状况,迎合了心理需要,通过心理误差,导致行为失误。如果没有准确分析对方心理,投欲再多,也不能让其有所动、有所乱。

如何施用美人计,是大有文章可做的,要注意两点:一是要投其所好,不一定是用美人进献,也可以是其他敌人爱好的东西,以起到削弱其意志的作用。要灭敌,有时就要亲近敌人投其所好,使之亲近于你,放松警惕,然后伺机歼灭,这便是趋嗜计。二是在实施美人计的同时,也要坚持治军强兵,使美人计实施后,能够采取强大的军事攻击,最终达到计谋实施的胜战效果。

案例1:越王割爱献美人,吴王沉溺丧国家。春秋时期,越王勾践败于吴王夫

夫差贪恋西施(剧照)

差,便用美女西施和贵重珠宝取悦夫差,让他贪图享受,丧失警惕。后来越国终于打败了吴国,逼得吴王夫差拔剑自刎。勾践先败于夫差后,吴王夫差罚勾践夫妇在吴王宫里服劳役,借以羞辱他。越王勾践在吴王夫差面前卑躬屈膝,百般逢迎,骗取了夫差的信任,终于放他回到越国。为了复仇,勾践回到本国后,成功地对吴王使用了美人计,借以昏吴王之志。勾践

被释回越国之后,卧薪尝胆,不忘雪耻。吴国强大,靠武力,越国不能取胜。越大夫文种向他献上一计:"高飞之鸟,死于美食,深泉之鱼,死于芳饵,要想复国雪耻,应投其所好,衰其斗志,这样,可置夫差于死地。"于是勾践挑选了两名绝代佳人:西施、郑旦,送给夫差,并年年向吴王进献珍奇珠宝。

夫差认为勾践已向他俯首臣服,所以一点儿也不加怀疑。夫差整日与美人饮酒作乐,连大臣伍子胥的劝谏也完全听不进去。后来,吴国进攻齐国,勾践还出兵帮助吴王伐齐,借以表示忠心,麻痹夫差。吴国打胜之后,勾践还亲自到吴国祝贺。夫差贪恋女色,一天比一天厉害,根本不想过问政事。伍子胥力谏无效,反被逼自尽。勾践看在眼里,喜在心中。公元前482年,吴国大旱,勾践乘夫差北上会盟之时,突出奇兵伐吴,吴国终于被越所灭,夫差也只能一死了之。

案例2:盟军巧施"美男计",获取情报立战功。美人计在现代战争的运用中,有时美人引申为"美男"。在第二次世界大战中的1943年,围绕着盟军在欧洲登陆问题,盟国与德国情报机关展开了激烈的争夺。为得知此次登陆的战略意图,希特勒要求施伦堡不惜一切代价和手段,倾力将盟军情报搞到手,施伦堡动用了曾获得过

希特勒十字勋章的王牌间谍荷恩妮小姐。荷恩妮曾经利用她的美色,从盟军一位联络参谋那里得知盟军将攻打西西里岛的确切情报,使得盟军在向西西里岛进攻时,遭到了惨重的打击。美军设在伦敦的八一〇四特种部队特勤处长史蒂芬得知荷恩妮以荷兰地下抵抗组织联络员的身份到达英国后,便决定利用她来实施自己的欺骗和反间计划。史蒂芬经过周密部署,首先让自己手下的一位年轻英俊的军官伯恩斯坦坠入荷恩妮的情网,并故意把大量情报透露给她。史蒂芬还通过其他手段和措施,使得德军大本营对荷恩妮的情报深信不疑,误认为盟军将在荷兰登陆。于是,德国人以空前的规模与速度从南调兵北上。1944 年 6 月 6 日,盟军在诺曼底登陆,成功地开辟了新战场。为表彰史蒂芬的反间工作,艾森豪威尔特授予他"自由勋章",而他的对手——德国王牌间谍荷恩妮则被纳粹以"两面间谍""变节者""内奸"等罪名处死。

破釜沉舟:断绝归念,一往无前

"破釜沉舟"是指在军事谋略斗争中,树立只能前进不能后退、决心死战的思想,进而以死相搏的谋略。此计源于《孙子兵法·九地篇》:"帅与之深入诸侯之地,而发其机。若驱群羊,驱而往,驱而来,莫知所之。聚三军之众,投之于险,此谓将军之事也。"意思是说,将帅率领军队深入诸侯国土,要像击发弩机射出箭一样,使其一往无前,砸烂军锅,烧掉船只,表示死战的决心。把士卒投入危险境地,使他们只能跟着前进,这是将帅的责任。

打仗,必须有士气。没有士气,没有统一的思想、高昂的斗志是很难打胜仗的。如何使部队能做到这些,则更为重要了。从谋略学意义看,"破釜沉舟"强调的重点不在于死战,而在于如何使部队产生死战决心。这一方法与"背水一战""决一死战""投之亡地而后存,陷之死地而后生"的谋略思想接近。《史记·项羽本纪》中记载:"项羽乃悉引兵渡河,皆沉船,破釜舟,烧庐舍,持三日粮,以示士卒必死,无一还心。"这与毛泽东在抗日战争后期,鼓励全党和全国人民为夺取最后的胜利要"下定决心,不怕牺牲,排除万难,去争取胜利"的论述,其大意基本一致。

运用这种攻心谋略方法应注意三点:一是认真分析对抗中敌我形势,然后看情况决定是否采取"破釜沉舟"之谋略,因为有些时候不一定采取这种谋略方法。这种谋略方法多用在敌强我弱情况下。二是这种谋略方法的关键点是激励将士,造成一种只能进不能退的环境和氛围,从而使部队自然地产生上述思想情绪。三是当部队将士产生"死战"的心理时还必须采取正确的、具体的战胜敌人的办法。因为士气、情绪与正确的方案、措施是两回事。否则,不仅打不了胜仗,很可能出现盲目的冒险行动,最后以失败告终。

案例1:项羽破釜沉舟,激励斗志打败强秦。公元前207年10月,楚军主将宋义率军抵安阳后,不亲自出兵反而滞留多日,坐观秦赵相斗,以收渔人之利。副将项羽激于义愤杀宋义,楚王命其为主将。当时其他盟国援军已进至巨鹿城郊,但不敢与秦军交战。12月,项羽以一部兵力接漳水,隔绝秦两支军队之联系,自率主力随后跟进,渡漳水后,命令全军破釜沉舟,每人仅带三日粮,准备与秦军决一死战。楚军进至巨鹿城外,即将秦军王离部围困。秦军章邯率部往救,项羽挥军迎击。楚军将士奋勇死战,九战九胜,大败秦军。

案例2:毛泽东科学分析时局,鼓励军民为国家存亡决死而战。毛泽东在领导全党全国人民进行抗击日本侵略者、反对国民党的革命斗争中,也运用了这种谋略思想。如在分析中日战争时,他首先分析了战争的目的以及战争的前途。他做结论说:中日战争是一场决死之战,日本帝国主义想把我国变成殖民地。在这种情况下,没有其他选择,只能拿起武器,与日本帝国主义侵略者决战到底。抗战胜利后,毛泽东分析国内形势时,告诉人们蒋介石是在磨刀,他要坚持内战,消灭共产党和人民武装,在这种情况下怎么办。没有别的出路,只有针锋相对,用武力打败蒋介石。

背水一战:投之亡地,决一死战

"背水一战"是指在不利情况下,甚至已无后路,背水与敌决一死战。这是一条以天然水障断绝军队退路,遏其士兵奋勇向前决一死战的谋略。此计为汉朝刘邦的大将韩信所创。这种谋略思想古人也曾多有论及,《孙子兵法·九地篇》说:"投之亡地然后存,陷之死地然后生。夫众陷于害,然后能为胜败。"意思是说,把士卒投入危地才能保存,使士卒陷入死地然后才能得生。士卒陷入这种境地,然后才能力争胜利。

从谋略学意义上看,这是一种不利情况下的拼死决战思想。任何一种战斗、战役都有个决战问题,不决战分不出胜负,但不同情况下有不同决战。在不利情况下,进行决战是比较特殊的。因为已不利了,就应尽量避免决战。但这不是绝对的,在特殊情况下也是可以决战的,这是一种特殊情况下的特殊谋略。如果形势十分危急且别无他法,那么,竭尽全力,与敌拼死一搏,实属迫不得已。只要能用其他办法解救自己或攻击敌人,一般不应搞破釜沉舟,因为这样做使自己陷入被动和绝境,是异常危险的。所以,这种赌博式的谋略,非万不得已的情况下,应特别谨慎地使用。

运用这种谋略方法应注意四点：一是注重利用此计之时机与方式。因为处于劣势的一方进行决战是不利的。必须敢于冒此风险，或者迫于无奈，在广泛发动官兵的基础上，誓死一搏。或者在涉及全局的成败，又有比较大的把握之时，也可放手一试。二是一定要在综合分析敌我的情况下实施。在一定意义上说，更得考虑周全，更得使用计谋，更得出敌意料，这样才能确保此战必胜。三是要充分发动，做好鼓舞士气的工作，开展好政治鼓动。四是充分考虑后果，要有应对失败的打算，要有对战争、对官兵、对国家的负责精神，不可无原则地放弃。另外，在运用这种谋略时，要把广大指战员当阶级弟兄，靠政治工作、阶级感情动员大家与敌拼战。

案例1：韩信巧摆背水阵，士兵奋勇杀敌军。公元前204年10月，汉王刘邦的大将韩信率兵同属于楚王项羽势力的赵国作战，创造了有名的背水阵，取得了破赵的胜利。当时，赵国号称20万兵力集结于井陉口，凭险固守，阻止汉军进攻。韩信处于劣势，要击破赵军，强攻是不行的。只有引诱其脱离有利地形，伺机予以消灭。同时汉军新兵很多，韩信认为，要使他们奋不顾身而不溃败，必须将其置于危险境地，迫其为求生而战。韩信侦察到赵军统帅陈余自恃兵多轻敌，而且有勇无谋，总是死守兵法的常规，就令部队夜间接敌，又以骑兵2000人皆手持汉军红旗，秘密从小路迂回到赵军大营侧翼的抱犊寨山隐蔽待机。随后韩信将主力部队万余士兵摆在绵蔓水东岸，背水列阵。赵军大笑韩信不知兵法，更加轻敌。清晨，韩信引诱陈余出战。经激战，汉军弃旗向背水阵佯退，陈余便全力以赴追击。汉军合兵一处，背水死战，奋力抵抗。陈余见久战不克即收兵回撤，岂知此时大营已插满了汉军的旗帜。原来，赵军被诱出击时，隐蔽在抱犊寨山的2000名汉军乘机袭击占领了赵军大营，切断了赵军的归路。结果赵军退无所归，兵无斗志，全线溃逃，陈余被斩，赵王被擒。韩信破赵之战，不拘泥于兵法原则，背水列阵，出奇制胜，历来为兵家所称道。自古至今，以弱胜强，都很注重发挥精神因素的作用。韩信能根据自己军中士兵的特点和敌人心理的特点，创造相应的作战形式——背水阵，并且利用敌我战斗情绪变化的规律，来构思和确定战斗部署，实现预想的胜利。这种高超的指挥艺术，实乃高人一筹。

案例2：现代战争史上，苏联莫斯科保卫战可称为一个背水之战的范例。1941年9月底，德军在苏德战场北翼封锁列宁格勒，在南翼占领基辅，在中央攻占斯摩棱斯克，打开了通往莫斯科的门户，莫斯科成了苏德战争的焦点和关键。当时德军处于进攻状态，苏军处于战略防御。战场上的主动权掌握在德军手中。对比双方的兵力，苏军也处于劣势。在这种情况下，以斯大林为首的苏军和苏联人民没有被吓倒，他们团结一致，积极进行防御，决心背水一战，同时调动其他战场给予积极配合，终于在12月5日以后，迫使劳师远征的德军由进攻转入防御。而斯大林又

参加莫斯科保卫战的苏联士兵

抓住了德军预备队后勤耗尽开始转入防御又立足不稳之际，发动反攻。到1942年1月5日，苏军又利用德军惊慌失措且防寒准备差的有利时机，决定在西部、西北和西南三个战略方向发起总攻。到4月20日，苏军向西推进，收复了莫斯科、加里宁等地，大败德国，宣告此战的胜利，加速了二战中德国战败的进程。

壮烈激众：慷慨陈词，激励斗志

"壮烈激众"是通过动之以情、晓之以理，而增强己军士气，提高战斗力的谋略。语源于《兵经百字·言》，意即：用振奋人心的言语去激励将士们的斗志。语言是人类交流思想感情的工具，无论是挥锄耕田的人，还是举剑砍杀的人，其行为在一定程度上都是由思想支配的，如果说思想是人类最美丽的花朵，那么语言就是滋润花朵的甘露。

撒旦说过："在战斗的气氛之下，每个人都会自动地发出一种热情。指挥官应该尽量设法鼓励这种感情的发展，而不应该抑制它，精神和物质是胜利之剑的双刃。"作为一名优秀的指挥员，其思维的重心不仅在于如何从物质上战胜对方，更重要的是要使自己的部队具备战胜敌人的必胜信心，这里关键在于如何"激众"，随时点燃将士的心头之火，保持血战到底的决心和勇气，这样的军队才是不可战胜的。

案例1：燕军中计残害俘虏，齐国军民同仇敌忾。公元前284年，燕王伐齐，齐将田单故意扬言，齐军最怕燕军割俘虏鼻子，掘齐人坟墓，如果燕军这样做，齐军将不战自溃。头脑简单的燕军不知是计，果真照办。齐国军民从城头看到燕军的所作所为，悲壮涕零，义愤填膺，杀敌心切。田单见目的达到，一举反攻，收复了失地。

案例2：科索沃战争中，南联盟善于激发爱国热情，树立敢打必胜信心。一个国土幅员狭小、武器装备相对落后、势单力薄的弱小国家，为什么能够在较长时间里坚持抗击世界上最强大军事集团的大规模高技术空中打击，其精神力量具有至关重要的作用。一方面，统一思想，一致对外。一是有一个坚定的领导层。面对北约大兵压境的严峻形势，南联盟最高统帅部临阵不慌，处乱不惊，表现出坚强的意志和不屈的决心。米洛舍维奇成为全国军民的一面旗帜。二是宣传教育及时有力。当局在抗击北约高强度轰炸的同时,广泛开展关于抗击北约侵略正义性的宣传教育,激励人民为维护国家主权而战。三是大敌当前,各党派捐弃前嫌,一致对外,形成了全民抗战的有利局面。此外,在战前和战争中撤换了政府和军队领导层中的一些思想不可靠的人,以保证抗战的统一领导和顺利进行。另一方面,宣扬传统,激励斗志。南斯拉夫主体民族塞尔维亚人有着不畏强权的民族传统精神。用美国前国务卿基辛格的话说,塞尔维亚人"几百年来是在恶劣的周边环境中生存的",他们曾与力量处于顶峰时的奥斯曼帝国进行过斗争,反对过纳粹对欧洲的主宰,蔑视过苏联。在北约强加的战争面前,南联盟军民继续发扬民族光荣的反侵略传统,同仇敌忾,一致奋战。甚至自发组织起来,用血肉之躯保卫城市设施。广场音乐会、人体盾牌、战地马拉松等就是这种民族精神的生动写照。捍卫国家主权和领土完整的使命感使塞尔维亚人空前团结,军队与政府密切配合,在共同抵御外来侵略中不怕压,不怕炸,不怕地面进攻,始终保持着高昂的斗志。

以义激众:晓以大义,激发士气

"以义激众"与"壮烈激众"有异曲同工之妙。让士兵认识到战争的正义,使其明白叛人者必叛己,坐视不救者必少援的道理,从而正"正义之师"之名,一旦士气高涨,则激发无穷斗志,甚至可攻无不破。同时,要以己之待人察人之待己,则不可无忠,不可无勇,不可无义,是故危难之际,激之以忠、勇、义,使之重死轻生,不背己,不弃友。

案例1:副将取义激主将,以义激众救友军。宋金交战,挥军南进,攻陷饶凤关,刘子羽独力不支,败退洋州,再败于兴元。此时,刘子羽仅有三百余兵,且军粮已尽,只得以草充饥,刘子羽自知难以生还,就写信与军将吴玠诀别,其实是想向其求援。吴玠自从败于饶凤关,军力大为受挫,若要与金兵交战,必败无疑,因此,救与不救,他尚在犹豫之中。这时,他的爱将杨政得知此事,便急匆匆地赶到军门,激昂地大呼:"哨使,你不能坐视不救,不能辜负了刘子羽。不然的话,我们就要抛弃您,也要各自逃命去了。"吴玠听了这话,大为感动:这是义士的呼声,我不能不听,否则,我于上司为不忠,我于朋友为不义,将来,众叛亲离,绝没有好下场。于是,他立即下令,率领全军抄近道去和刘子羽会师。刘子羽看到吴玠,非常激动,他要吴玠去守仙人关,而自己驻军离金营仅十里的谭毒山上,身先士卒,守候在最前沿。诸将哭着劝他:"您不能坐在这里呀!"刘子羽却说:"我今天愿与全军共生死,请诸位不要多说。"诸将见状,斗志更加昂扬,誓与将军同生死。金兵知此情况,便迟迟不敢进攻。

案例2:胜利果实,必须誓死捍卫。1945年8月,当抗日战争进入最后阶段,我各解放区向日伪军大举反攻之际，蒋介石为了抢夺人民抗日胜利果实，一面装出和平姿态，三次电邀毛泽东赴重庆谈判，一面调集大军向我华北、华中、华南各解放区大举进攻。为了保卫来之不易的胜利果实，中央军委当即决定，各地区我军的大部迅速集中，组成超地方性的正规兵团集中行动，扩大地方兵团和民兵游击队；并指示晋冀鲁豫军区坚决消灭侵入我上党地区之敌，控制同蒲、平汉两铁路，随时准备粉碎国民党军队的进攻，同时协同友邻打破蒋介石抢占平津、夺取东北的战略计划。据此，晋冀鲁豫军区首长于 8 月 25 日开始部署上党战役，其中，在政治动员方面，提出了"为保卫胜利果实而战""为支援毛主席谈判而战"的口号，并在军队与人民群众中进行广泛动员，使广大军民充分认识到，要保卫抗日胜利果实，保卫人民既得的权利，除了打垮敌人的进攻，没有别的选择，从而充分调动了全体军民的积极性，也使得党政军民思想与行动高度协调一致，最后夺取了上党战役的胜利。

择众勉若：亲勉士卒，上下同欲

"择众勉若"，即亲身劝勉士兵，使大家心悦诚服，心志与下级保持一致。这是一条治军谋略，源于《司马法·定爵》。从军官到士兵只有心往一处想，才能劲往一处使，这样的军队才会有战斗力。作为一个将帅，为了使士兵和部下能够与自己心志如一，就要俯下身子，深入基层、士兵中去，亲自动员、教育、勉励士兵。只要众多的士兵对你心悦诚服，你指向哪里，士兵就会冲向哪里。择众勉若，是早期思想政治工作的雏形，当前，也不失为军队做好思想政治工作的重要策略。

案例 1：汉代抗击匈奴名将李广治军有方，传为美谈。据《史记·李将军列传》记载："广之将军，乏绝之处，见水，士兵不尽饮，广不近水；士卒不尽食，广不尝食。宽缓不苛，士以此爱乐为用。"号称"汉之飞将军"的李广，就是通过与官兵同饮同战，深得士卒敬爱，兵士们都非常乐意随李广征战。

案例 2：拿破仑亲士爱兵，传为一段佳话。1799 年 2 月，为迎战土耳其军队，拿破仑亲自率军向叙利亚进军。开始是极为艰难的沙漠远征。当法军在 3 月份攻占雅法后，部队开始流行瘟疫，又因久攻阿克尔城不下，拿破仑决定撤兵。当时，正是叙利亚的炎热难忍之际，沙砾焦烫，饮水奇缺，加之瘟疫蔓延，许多人因此而倒下了。面对这种状况，拿破仑下令："健康者全都必须徒步，所有骡马、车辆全都用来运送伤病员。"紧接着，拿破仑又补充说，"全体高级将领不准有特权，也必须步行。"开始继续行军后，当拿破仑的马匹总管牵来一匹马让拿破仑骑时，拿破仑随手给总管一记耳光，骂道："全体步行，我第一个先走。"拿破仑身先士卒的举动，迅速传遍全军，造成了极大的影响,极大地鼓舞了法国士兵的斗志。在拿破仑的激励下,这支疲惫不堪的队伍经过一个月的艰难行军,终于回到埃及开罗。

杀敌以怒:大张敌忾,拼死一搏

"杀敌以怒",是激励士气,与敌奋战的一种谋略。源于《孙子兵法·作战篇》:"杀敌者,怒也……"军队之所以能英勇作战,靠的是士气,士气所以能激发,靠的是对敌人的仇恨心理。俗话说:火从心头起,怒从胆边生。骤然间爆发出来的无畏力量,就是懦夫也能决一死战。相反,仇敌情结消失、士气低落的时候,即便是勇士也会丧失战斗意志。指挥员应善于"激怒",随时点燃士兵的仇敌怒火,使自己的军队保持同敌人血战到底的英勇气概和信心。平时也应注重培养士气,积聚精神力量。杀敌以怒,作为军事斗争中的一种政治策略,具有深远的意义。

案例1:兵临城下搞阅兵,群情激愤誓杀敌。在德军兵临莫斯科城下的严峻时刻,苏联首都人民于 1941 年 11 月 6 日,在地下铁道马雅可夫斯基车站举行纪念十月革命 24 周年庆祝大会。第二天,在红场举行传统的阅兵式,苏军指战员直接从红场开赴前线。斯大林在纪念会和阅兵式上发表演说时指出,希特勒

二战中莫斯科保卫战前的红场阅兵

德国血流殆尽,人员后备枯竭,德国帝国主义者必然灭亡。莫斯科人民正处在生死存亡的危急关头,我们一定要打败侵略者,我们也一定能够打败侵略者。斯大林的演讲,极大地激发了苏联人民和军队的志气,决心同仇敌忾,誓死保卫莫斯科,保卫苏维埃。在莫斯科保卫战中,苏军英勇顽强,顶住了德军的多次进攻,最后变被动为主动,彻底挫败了德军攻占莫斯科的企图。

案例2:血战上甘岭,视死如同归。抗美援朝战争中的上甘岭战役,是我军以劣势装备战胜优势装备之敌大规模进攻的著名战例。在这一恶战中,我军之所以能够取胜,与我军政治工作的巨大威力是分不开的。在战前,我军为准备迎接敌人的秋季攻势,在政治工作中,把"坚守防御,寸土必争"和"以阵地为家"的指导思想,与爱国主义、国际主义和革命英雄主义的教育紧密结合起来,既揭露美帝侵略者在朝鲜犯下的滔天罪行,激发我军对敌人的无比仇恨和对中朝人民的无限热爱,又教育参战部队懂得对美帝国主义要在战略上藐视、在战术上重视这个基本道理,使各级人员树立了"守必固,攻必克"的决心和敢打硬仗、恶仗的思想准备。在战役中,又适时

提出了激励士气的口号,如,"五圣山后通北京""以阵地为家,视死如归""当人民功臣,不当祖国罪人"等。同时,及时宣扬了黄继光、孙占元等英雄事迹,提出向烈士学习,为烈士报仇。正因为有了这种强大的政治工作,尽管敌人共计出动了3000多架次飞机、180辆坦克、1500多门火炮向我上甘岭阵地猛烈轰击,山头被炸低,土层被炸松;在此极端险恶、困难的情况下,我全体指战员充分发扬了勇敢战斗、不怕牺牲的大无畏精神,始终保持着高昂的士气和顽强的战斗意志,依托坑道,与敌顽强拼搏,奋战43天,先后击退敌从排到数个营规模的冲击900余次,最终取得了战役的胜利。

敌悖义之:士以义怒,可以百战

"敌悖义之"引自《黄石公三略·上》,意思是当敌人悖逆无道时,要用正义对付它。敌悖义之,实质上是一种激励士气的谋略。古人讲,蓄义可以怒士,士以义怒,则可以百战。不管他们所说的"义"是民族大义,还是忠君的封建道义,以及拜把子式的"桃园"之义,这种从"义"字着手激励士气的主张,是颇有借鉴意义的。正义之师,被侵之国,广大军民满怀阶级仇、民族恨,心中拥有扑不灭的火种。侵略者的凶残和疯狂害民的举动常常把被侵略民族隐在心底的仇恨召唤到战场上来。所以,此种谋略,是一种古今通用的励士之策。

案例1:美国侵略越南战争中,越南游击队广泛开展群众性的"面对面"斗争和瓦解敌军工作。群众性"面对面"斗争,主要是组织群众面对面地揭露敌人的罪行,瓦解敌军士气,壮大人民威势等。在瓦解敌军方面,主要是执行宽待俘虏政策;节假日主动停火,让其伪军回家团聚;普遍开展对敌军的宣传教育,达到瓦解敌军斗志的目的。据不完全统计,1961年伪军投诚为17000人,1962年32000人,1963年达40000余人,1964年第一季度就达21000人,其内部兵变达60多次。

案例2:苏联入侵阿富汗战争中,阿富汗游击队注重军事打击与政治瓦解相结合。阿游击队在对苏军和阿政府军加强军事打击的同时,大力开展政治宣传活动,揭露苏军侵略罪行和阿政府的卖国罪行,并利用敌军起义人员做敌军工作,从政治上瓦解敌军。因此,阿政府军中哗变、倒戈和开小差的屡见不鲜。如1981年4月,阿政府军第七步兵师1000名官兵哗变,携带武器加入了游击队。在阿游击队军事打

阿富汗游击武装

击和政治攻势下,苏军官兵的许多人,特别是来自苏联中亚地区的穆斯林士兵士气低落,不愿作战,有的向游击队投诚。

分险相拒:凭险扼守,坐待时机

"分险相拒"是弱兵借助险要地形抗击敌人的计谋。源于《阵纪·战机》:"与敌分险相拒,犹当塞谷备衢,广我战道。"意思是:与敌作战分别居险要之地,借地形之利与敌对抗。地形条件历来被兵家所重视,是作战中不可忽视的重要内容。处于劣势的一方,不能与优势对手死打硬拼,应分兵把守险要地势,堵塞山谷,留出通道,据险扼守,巧借地利,达到以劣胜优、以弱胜强的目的。在过去的战争历史中,特别是在冷兵器时代,此计运用较多。现代条件下,武器装备虽然有了质的变化,但仍然受道路、地貌起伏等地形条件的限制,此计谋对处于劣势装备的一方来说,依然是战胜优势敌人的有效战法。

案例:红军依托井冈山,星火渐成燎原势。秋收起义过程中,毛泽东率起义部队在攻打敌大城市不利的情况下,挺进井冈山山区,依托险要地形与敌对抗,使中国工农红军不断壮大,根据地逐渐扩大,并粉碎了蒋介石优势兵力的多次围剿。

集中兵力:以众击寡,当可取胜

"集中兵力"是指根据对方的战略布势和战役战斗进程中对方兵力的变化及消耗情况,适时集中优势兵力于一个方向或一个点上,寻机出击取胜,而后视情况转移兵力消灭其他各部。自古以来,很多军事谋略家都很重视这种谋略方法。《孙子兵法·虚实篇》中说:"故形人而我无形,则我专而敌分。我专为一,敌分为十,是以十攻其一也。则我众敌寡,能以众击寡者,则吾之所与战者约矣。"意思是说:用计谋暴露敌之企图,而自己则不露形迹。施计促使敌人的兵力分散,而我则兵力集中。我以十倍于敌的兵力去攻击敌人,我众而敌寡,以众击寡,当可取胜。

这种谋略方法的理论基础是:军事对抗基本的形式是军事实力的对抗。谁的兵力强、战斗力强,谁胜的可能性就大。在敌我双方军事力量相当或敌强我弱之时,就必须相对集中一些兵力攻击敌人一方面,呈现出敌弱我强之势,这样才能有战胜敌人的把握。因此,这是一个普遍的、常识性的道理、原则。

表现形式之一:并敌一向。语源《孙子兵法·九地篇》:"并敌一向,千里杀将,是谓巧能成事。"意思是说:一旦时机成熟,便集中兵力指向敌人一点,这样即使长驱千里,也可擒杀敌将,这就是所谓巧妙成大事的意思。

表现形式之二：以众击寡。语源《孙子兵法·虚实篇》："能以众击寡者，则吾之所与战者约矣。"意思是说：我以多数兵力打击少数敌人，那么，当前同我打仗的敌人兵力就相对减少了。以众击寡，实质上就是以多击少，这是古今中外的一条谋略通则。

表现形式之三：分敌专我。源于《孙子兵法·虚实篇》："故形人而我无形，则我专而敌分……"分敌专我，是指用假象去欺骗调动敌人，造成我众而敌寡的有利态势。分敌专我，是诱使敌人分散兵力达到逐个歼灭的谋略。

表现形式之四：夹击分势。源于明代周承邦《兵家要领》："兵家夹击原分其势耳。彼势即分，其阵自弱。御前则后不支，御左则右不支，无所不御则无复能支，我所以胜也。"

在现代，认识和运用这一谋略最为精彩的还是毛泽东。他说："集中优势兵力，各个歼灭敌人，这一战法的效果是，一能全歼，二能速决。全歼，方能最有效地打击敌军。使敌军被歼一团少一团，被歼一旅少一旅。对于缺乏第二线兵力的敌人，这种战法最为有用。全歼，方能最充分地补充自己，这是我军武器弹药的重要来源。全歼，在敌则士气沮丧，人心不振；在我则士气高涨，人心振奋。速决，则可使我军有可能各个歼灭敌军的增援队。在战术和战役上的速决，是战略上持久的必要条件。"

运用这种谋略应把握以下几点：一是要独立自主地组织和使用兵力。正如毛泽东说的："集中兵力看来容易，实行颇难。人人皆知以多胜少是最好的办法。然而很多人不能做，相反地每每分散兵力，原因就在于指导者缺乏战略头脑，被复杂环境迷惑，因而被环境所支配，失去自主能力，采取了应付主义。"二是指挥必须自如。能够在一定时间内集中起来，又能很快进行战斗。三是一定打歼灭战，而且首战必胜，这样才能为以后的战斗创造条件。四是打击对象必须选好，一般情况应多拣弱小者打。

案例1：李国英分兵并入，大破郝摇旗。康熙元年，郝摇旗、李来亨、刘二虎、袁宗第等据守茅麓山（今湖北兴山县西北），在四川、湖北、陕西三省交界处州县一带活动。李国英疏请三省兵力会剿，他说："郝摇旗等部横据险要之地，我师进攻，难以联合。因此，应首先商定会师日期，分道并入，使郝部三路作战，彼此无暇兼顾。如果一路被平定，即就近会师，会剿另一路，这样郝部就可全歼。"康熙帝遂派将军穆里玛、图海率劲旅征讨，李国英与西安将军富喀禅、副都统都敏会剿。康熙二年，进兵巫山，直赴陈家坡，首先攻破刘二虎营垒，刘二虎战死，郝摇旗、袁宗第趁暮色逃跑。

案例2：红军集中兵力各个歼灭，成功获得反"围剿"胜利。1930年10月，蒋介石以鲁涤平为总司令，张辉瓒为前线总指挥，先后调集11个师零三个旅约10万人的兵力,采取"分进合击"作战方针,向中央根据地发动第一次"围剿"。红一方面军在毛泽东、朱德领导下,采取诱敌深入方针,3万红军转移到根据地中部,利用敌人的弱点,而相对红军有利的群众条件与地形条件,"集中4万人打张辉瓒的9千人"。结果全歼张部,接着乘胜追击,又歼敌半个师。这样粉碎了第一次"围

反围剿时期的红四方面军

剿"。在以后的诸次战役中,毛泽东也都是采取集中兵力的方针。据统计,解放战争第一年我军进行歼灭战中,集中四倍以上于敌兵力的战役战斗约占三分之二。在战争后期,由于整个军事斗争形势更加有利于我方,集中兵力的倍数相对减少。

剪羽孤势:削其党羽,各个击破

"剪羽孤势"是一种用除去敌人党羽来削弱敌人力量的谋略。源于《兵经百字·兴》:"凡兴师必分大势之先后缓急以定事,酌彼之情形利害以施法……或固本以扩基,或剪羽以孤势……"剪羽孤势,就是运用各种方法,来除掉敌人的外围力量,包括敌将的心腹谋士、得力将领,使其像雄鹰失去双翅一样。"剪羽"时,可用自己的力量去"剪",也可借用敌人的力量去"剪",其目的在于"孤势"。剪羽孤势的另一表现形式:剪除羽翼,各个击破。对敌人采取逐个消灭的手段,首先扫除外围之敌,之后歼灭核心之敌的谋略。

案例:苏联入侵阿富汗之前,事先控制战略要点和阿军,剪除阿明亲信。为了策应军事入侵,苏在阿的军事顾问和特工人员施展了一系列阴谋诡计,以剪除其羽翼。一是预先占领机场和要地。入侵以前,苏借口保卫军事设施和联合清剿反政府武装,先后派遣1个团和1个营兵力进驻巴格兰姆、兴丹空军基地和萨兰山口,为保障尔后空降兵的顺利着陆和地面入侵创造了条件。二是变相解除阿军武装。苏以协助阿军冬训为名,增派了1000名军事顾问和专家,使阿军中的苏军事顾问猛增至三四千人,并渗透到营一级,从而严密地控制了阿军。入侵前一周,苏军事顾问在喀布尔地区以清查武器弹药为由,检查坦克技术状况,对火炮等重型装备进行冬季检修,集中和拆卸了阿军的主要武器装备,使之无法开动使用。三是剪除阿明左右。苏秘密策划暗杀阿军总参谋长(阿明表弟)、保安局长(阿明外甥)、司法部长等阿明亲信,以削弱阿明的势力及其对政府和军队的控制。这些行动,孤立了阿明,剪除了其精锐力量,为日后颠覆其政府起到了重要作用。

卑而骄之：故意谦卑，骄纵敌军

"卑而骄之"是一种设法使已经骄傲的敌人更加看不起我方，造成敌人麻痹，然后寻机一举击败敌人的谋略。源于《孙子兵法·始计篇》："兵者，诡道也。故能而示之不能，用而示之不用，近而示之远，远而示之近。利而诱之，乱而取之，实而备之，强而避之，怒而挠之，卑而骄之，佚而劳之，亲而离之……"卑而骄之，重在如何骄之。骄之必须得当，要能使敌卑我为适度，不能为骄之而失战机或伤我大部实力，也不能一味骄之而使己士气低落，这都不能达到一举击败敌人之目的，是不成功之举。要使敌人卑我，就要使用利而诱之、强而避之等计谋而使敌骄横起来，才能达到出敌不意，在敌不防备时一举击败敌人之目的。

案例：《三国演义》第二十六回"曹操率军诛文丑"就是骄敌制胜之一例。曹操故摆错阵，使文丑劫得粮草马匹，并打乱了前军。当文丑军趾高气扬毫无防备之际，曹军突然冲杀而至，把文丑军打得全败。

刑上究，赏下流：杀之贵大，赏之贵小

"刑上究，赏下流"是指刑罚对上层人物更要严格，奖赏对下层人物更要重视。语源自《尉缭子·武议》："杀之贵大，赏之贵小。当杀而虽贵重必杀之，是刑上究也，赏及牛童马圉者，是赏下流也。"能够做到这一点，就能确立将领的威严。赏罚严明已成为当今世界各国建军治军的重要原则之一。

朱可夫

案例1：朱可夫治军严格，充分激发部队潜能。1941年9月，列宁格勒的形势十分危急。朱可夫大将受命于危难之中，接替伏罗希洛夫任列宁格勒方面军司令员，担起了拯救列宁格勒的重大使命。出于蒙骗德军的需要，朱可夫叫来方面军工兵主任贝切夫斯基上将，并命令他第二天天亮前赶制100辆坦克模型。当工兵主任声明难以完成任务时，朱可夫威严地说："如果你造不出来，我就审判你。"次日，工兵主任竟奇迹般地把100辆坦克模型配置在指定地域。后来，这位工兵主任回忆说："朱可夫的工作魄力使我们做出了按常规难以做到的事。治军严格使他在苏军中树立了崇高的威信，真正做到了令行禁止。"

案例2：婚礼送祝福，五星上将赢得官兵尊敬。第二次世界大战中，欧洲盟军最高统帅、美国五星上将艾森豪威尔参加了一位美军中士麦科夫的婚礼，并亲自向新郎新娘表示祝贺，使得当事人非常感激，也使得艾森豪威尔的部属感到欣慰。尽管这种"奖励"并不起眼，但其激励官兵士气的作用却不可低估。

远其强，攻其弱：避强击弱，战则必胜

"远其强，攻其弱"是一种避实击虚的谋略。源于《百战奇略·易战》："远其强而攻其弱，避其众而击其寡，则无不胜。"意思是作战中要避开敌人强点，选弱的打，战则必胜。避实击虚是古今中外军事家常用之法，现在已成为克敌制胜的一条重要原则。在双方力量相当或弱于对手时，运用远其强攻其弱的谋略，可以避开敌之主力，集中力量打敌弱点，在局部造成以优对劣、以众击寡的态势，争取主动。

案例1：周武帝避强击弱，以最小代价取得最大战果。南北朝时期，公元576年，周武帝宇文邕进攻北齐，由于没有采纳宇文弼的建议把首攻目标选在精兵所聚的河阳强点上，结果受挫归还。次年，周武帝采纳了宇文弼的建议，首先从汾水防御薄弱的地段攻击，迅速攻克晋州，而后东进，灭亡北齐。周武帝在第一次失利情况下，善于吸取教训，努力营造优于敌的战略环境，避免了死打硬拼，以小的代价换取了大的胜利，取得事半功倍的效果。

案例2：英阿马岛海战，阿军施计重创英军。先用质量较差的A-4型攻击机吸引英军的舰载机和防空火力，使敌方认为阿军装备落后、势单力薄，产生骄纵轻敌的错误思想。而当阿军之后用质量较好的"超级军旗"式战斗机对英舰实施突击时，英军防备不足，结果导致英海军遭到阿空军的重创。

人不信上，行其不复：言信行果，严格治军

"人不信上，行其不复"是指士兵对上司还没有信仰时，将官行令绝不可反复。这是一条将官统御士兵的治军谋略。源于《司马法·定爵》："凡战，正不行则事专，不服则法，不相信则一。若怠则动之，若疑则变之，若人不信上，则行其不复。自古之道也。"将领调任到新单位以后，应尽快树立起自己的威信。言必行，令不复，是将官应具备的优良品德，也最能取得部属的信赖。当士兵对他的指挥官还不熟悉时，他的指挥官发布命令又反复无常，士兵就会对指挥官失去信任，指挥官也就很难统领这支军队了。

案例：巴顿治军言必信、行必果，是严格治军的典范。在第二次世界大战中，巴

铁血将军巴顿

顿奉命接替弗雷登多尔,去指挥突尼斯的美军第二集团军。巴顿接任军长后,发现第二军是个纪律松弛的部队,士兵蓬头垢面,胡子很长,服装混乱,哨兵吊儿郎当,如此等等。巴顿决心使全军迅速走上正轨。他下令:全体官兵必须在 7 时 30 分吃完早饭,坚决杜绝上早班迟到的现象,有胡子的军人每天要刮脸。同时,制定了最严格的军容风纪条令和罚款制度。巴顿为了强调令出必行,他亲自下去检查。一周以后,美第二军成了纪律严明、作风过硬的部队,如同换了一副胎骨。这正是巴顿严肃治军,有令必行且一贯到底的结果。

避其锐气,击其惰归:避实击虚,强己弱敌

"避其锐气,击其惰归"是一条通过避实击虚而达到强己弱敌目的的谋略。引自《孙子兵法·军争篇》:"善用兵者,避其锐气,击其惰归,此治气者也。"意思是,善于用兵的人,总是避开敌军锐气,等到敌军松懈疲惫了才去打它,这是掌握军队士气的方法。通常情况下,军队初战时士气比较旺盛,经过一段时间之后,就会逐渐怠惰,到了后期,官兵就会气竭思归。如果在敌人士气旺盛的时候与其交战,显然是于己不利。如果避其锐气等到敌军怠倦疲惫、士气沮丧时予以攻击,就会赢得主动取得胜利。

避其锐气,击其惰归的表现形式之一:击其疲倦,避其闲宛。源于《司马法·严位第四》,系春秋末期军事家司马穰苴军事谋略之一,与孙武"避其锐气,击其惰归"之谋一脉相承。"疲倦"泛指弱小、疲惫之敌,"闲宛"意即强大、精锐之敌。此计全意为:用兵施谋要选择疲惫困倦之敌为主要对象,躲避力量精锐的敌人。战争是实力的角逐,力量的抗衡。实力是战争的物质基础,如何使用实力是战争最高艺术。实力在战争中是相对的,可变的,如果使用得当,弱小和劣势一方同样可以战胜强大、优势的一方。

避其锐气,击其惰归的表现形式之二:钝兵挫锐。语源自《孙子兵法·作战篇》:"其用战也,胜久则钝兵挫锐,攻城则力屈,久暴师则国用不足。"这是一条使敌军队疲惫,锐气挫伤,造成敌疲我打的谋略。钝兵挫锐谋略思想比较丰富,它包含有"以逸待劳""以柔克刚""避实击虚"等思想,是对付优势军队的常用谋略。

案例 1:曹刿利用敌"一鼓作气,再而衰,三而竭",大败齐桓公于长勺。中国历史上周庄王十二年(公元前 685 年)春,即位不久的齐桓公不听主政大夫管仲内修

政治、外结与国、待机而动的意见,发兵攻鲁,企图一举征服鲁国。鲁庄公注意整修内政,取信于民,决心抵抗。深具谋略的鲁国人士曹刿自告奋勇,请随庄公出战。鲁军根据齐强鲁弱的形势,在长勺地区迎击齐军。两军列阵后,鲁庄公想先发制人,被曹刿劝止。齐军见鲁军按兵不动,便一而再、再而三地发起冲击,均未奏效。齐军疲惫,士气沮丧。鲁军阵势稳固,斗志高昂。曹刿见战场形势已出现"敌竭我盈"的有利变化,建议庄公实施反击。鲁军将士一鼓作气,击溃齐军。庄公急于追击,曹刿恐齐军佯败设伏,即下车察看齐军车辙痕迹,又登车眺望齐军旌旗,发现辙乱旗靡,判明齐军确败,方建议追击,终将齐军逐出国境。此战在中国古代战争史中,堪称避其锐气,击其惰归的范例。

案例 2:襄樊战役,我军"避强击弱"攻城略地。1948 年中原军区发起的襄樊战役中,战役指挥员攻城前对敌情进行了认真分析,认为城南群山耸立,易守难攻,是敌人防御强点,而襄阳城西南的琵琶山、真武山、铁佛寺与汉水之间有一狭长走廊直通西门,设防薄弱,于是,一反历来兵家认为欲夺襄阳必先夺南山,山存则城存的常规,大胆正确集中主力从西面连破"三关",迂回敌侧,一举歼敌 2 万余人。这一年6 月,人民解放军发起豫东战役后,迫使国民党军从豫南、鄂北抽调兵力北上增援。此时,在鄂北的襄阳、樊城地区仅有国民党军第十五绥靖区 3 个旅和保安团防守。人民解放军中原野战军决心抓住这一战机,以第六纵队和中原军区所属桐柏、陕南军区部队主力共 14 个团,发起襄樊战役。7 月 2 日,第六纵队等部奔袭老河口、谷城,次日歼灭撤逃守军第一六三旅大部。6 日,包围襄阳、樊城,并袭占了南漳县城。7 日,向襄阳外围发起攻击。国民党守军依托南山坚固阵地顽抗待援,樊城守军迅速撤入襄阳。11 日,人民解放军调整部署,以一部兵力佯攻南山之敌,集中主力突然从东、西两面夹击襄阳城。战至 13 日,夺取东、西两关大部,南山守军仓促缩据城内。15 日夜,人民解放军总攻城垣,至 16 日攻克该城,全歼守军。此役共歼灭国民党军 2.1 万余人,俘国民党军第十五绥靖区中将司令官康泽,解放襄阳、樊城、宜城等城镇 7 座,威逼武汉,切断了华中、西北国民党军的联系。襄樊战役事实说明,"避其锐气,击其惰归"是制胜的重要原则。在现代战争中实现这一谋略的关键,一是要坚持正确、客观地综合分析,待其处于疲惫、大意之机,找准下刀的关节点;二是要善于集中力量,攻敌薄弱之处,狠打猛揍。前者是条件,后者是手段,二者缺一而不可。

薄其前后,猎其左右:多向攻击,陷敌困境

"薄其前后,猎其左右"是指从前后左右多个方向进攻敌人,迫敌多面作战而陷

入困境的谋略。语源自《六韬》:"敌人始至,行阵未定,前后不属,陷其前骑,击其左右,敌人必走……敌人行阵不固,士卒不斗,薄其前后,猎其左右,翼而击之,敌人必惧。"

案例1:汉军"薄其前后,猎其左右",成皋之战大败楚军。公元前203年,汉军把正面相持、翼侧迂回和后方袭扰结合起来,使强大的楚军陷入多面作战的困境,有效地牵引、削弱直至战胜了楚军。这一战表明:处于劣势的一方,只要正确地运用"薄其前后,猎其左右"这条谋略,就可以分化瓦解对方的优势,取得战争的主动权,取得战争的最终胜利。

案例2:美军通过摧毁重要目标、补给基地、交通线等方式,逐步削弱阿富汗整体实力取得战争主动。战争发起后,美军首先将塔利班"总统府"、国家广播电视大楼、机场、塔利班武装指挥中心、防空系统、油库、弹药库和"基地"组织训练营地等作为空袭目标,以摧毁对方的战争潜力,夺取制空权。此后开始的空袭,持续近一天时间,发射巡航导弹50枚,对阿30多个重要目标实施了有效打击。随后几天,美军平均每天出动飞机约30架次,继续对阿重要目标实施空袭,并使用了被称为"掩体粉碎机"的巨型激光制导炸弹。第一阶段的空袭,美方破坏了阿境内的恐怖组织网络,削弱了塔利班武装军事力量,摧毁了其防空系统。同时,美军重点打击塔利班的战术目标,为地面作战扫清障碍。美军主要针对塔利班武装的军营、弹药库、活动目标、前线指挥所、前沿阵地、后方补给线以及"基地"组织训练营地和可能藏身的洞穴等战术目标,进行了有重点的轰炸,为接下来的地面作战扫清了障碍。

第五章
以静制动

《尉缭子·攻权》中指出："兵以静胜，国以专胜，力分者弱，心疑者背。"意即：军队以坚定沉着制胜，国家以团结统一制胜，力量分散就薄弱，意志动摇就失败。这说明，坚定沉着地寻机进攻，是战胜敌人的重要谋略。

静和动是世界万事万物的两种存在方式，具有普遍性。谋略对抗的存在方式，也不外这两种形态。双方通过研究对方"动""静"两种形态，正确分析并摸清对方的真实意图，特别是透过各种假象认识对方真面目。同时，各自又千方百计用动或静的形态掩藏己方真实企图，达到"形人而我无形""制人而不制于人"的目的。

动、静是相对的，是依条件互相转化的。作战形势要求动就应立即动，需要静就应静。动、静都应是积极主动的，而不是消极被动的。静绝不是消极等待，而是待机而动。同时，要把握住动、静互相转化的时机，特别是静转化为动的时机，静不是目的，寻找机会进攻战胜敌人才是目的，这就要求必须实现由静到动的转变。

缠战计：多方牵制，致敌疲竭

"缠战计"是一种逸而劳之，致敌疲惫，进而歼敌的计谋。巧妙地运用多角度、多方位的牵制行动，陷敌于进退不能、首尾不能相顾的被动挨打境地，致敌疲惫力竭而歼之。缠战是以柔克刚，是对难以立刻歼灭的强大之敌采取的一种谋略。

一手难挡四面风，一将难敌四面兵。作战中，对力量强大之敌，实施多面袭扰、牵制，使敌欲战不能，欲退不得，陷入疲于应付、四处挨打的境地，并待其拖疲兵力、物资损耗殆尽而歼之。现代战争条件下，部队机动能力、连续作战能力不断增强，进行缠战不能局限于某一局部战场，而应正面、侧面以及敌后战场遥相呼应，并且地面、海上、空中相配合，才能达到以缠战拖疲敌人的目的，为歼敌创造条件。

案例：羊马河大捷中，我军先牵着敌军绕圈圈，待将其拖垮后再一举歼灭。中国第三次国内革命战争期间,国民党反动派集中了约25万军队向共产党陕甘宁边区重点进攻。解放军在青化砭地区歼灭敌一个旅之后,主力隐蔽在延安东北地区。敌人以11个旅的兵力构成方阵,向东扫荡。解放军又迅速向西转移,到达蟠龙西北地区隐蔽待机。敌在东边扑空,只好掉头西进。敌向西扫荡到瓦窑堡,仍没发现解放军。这样,敌军转悠了一个大圈,费时15天,枉走400里路。在这15天中,敌军经常遭受解放军小部队和地方民兵阻击、尾击和偷袭,不敢走平川大道,只得每天爬山野宿,携带的粮食很快用尽。敌军行动非常迟缓,越迟缓拖的时间越长,军队就越疲劳。士兵和下级军官士气低落、怨声载道,病号、掉队的、逃兵日益增多。敌到瓦窑堡时已严重缺粮和疲劳,只得留下一三五旅守瓦窑堡,主力南下青化砭和蟠龙补充粮食并休整。这样,解放军就从敌方阵中将其一个旅分解了出来,并及时到羊马河地区设伏,不久寻机将敌一三五旅从瓦窑堡调动出来并全歼,取得了羊马河大捷。

缓兵计:面临危急,延缓战事

"缓兵计"是一种面临十分危急的情势,设法延缓敌人进攻的计谋。这一谋略多为处于弱势,甚至是被围困后希望脱离困境的一方所用。缓兵计既可以给脱身提供机会,也可以为反攻提供铺垫。通过延缓敌人的进攻节奏,使自己得到休整或布阵,达到反守为攻的目的。

在现代战争中,采用缓兵之计,通常采取政治外交途径进行和平谈判等手段。战斗中,对敌纵深实施炮火突袭、建立掩护阵地等方法,已成为防守军队拖延进攻军队的有效手段。

案例1:张特假意投降作缓兵计,诸葛恪恼羞成怒受重伤。在中国历史上的三国时期,吴国将领诸葛恪率兵进攻魏国新城郡,当城墙出现缺口,眼看就守不住时,新城守将张特便派人见诸葛恪说:"魏国的法律,守城百日而救兵不至,守城军将举城投降,家族不坐罪。现在将军已经围城90多天,请再宽容几日,我们就投降,现在先把城里的户口、账目送上。"诸葛恪深信不疑,便令部队停止攻城。而张特则乘机迅速将城墙修补好。城墙修复之后,张特登城大骂道:"我城中还有半年的粮食,岂能投降。"诸葛恪大怒,亲自督战攻城,激战中中箭受伤,又值炎热天气,将士多病,无奈只好退兵。退兵之际,又遭魏军追杀,大败而回。

案例2:缓兵计与劫匪对峙,争时间作准备解决人质危机。1976年6月27日,法国航空公司一架大型客机在雅典被4名巴勒斯坦人和两名西德人劫持到乌干达的恩德培机场。以色列派出近200名特种部队队员,乘军用运输机偷袭了恩德培机场,当场打死劫机犯,炸毁10余架飞机,打死打伤乌军100余人,救出全部人质。在此次战斗前,以方通过积极的外交活动,麻痹对方,以换取行动准备时间实施偷袭。首先通过法国外交部不断与劫持者取得联系,故意放出话,表示可以考虑劫持者的要求;进而表示可用关押的巴勒斯坦人交换人质,并列出了移交名单。劫持者在以色列的欺骗下,先后于6月20日和7月1日分两批释放了147名非以色列的人质,并同意将"死限"时间由7月1日延长至7月4日,使以色列多争取了几天的准备时间。直到袭击前两个小时,以当局还通过法国驻乌干达大使打电话给乌干达总统阿明,要阿明从中斡旋,再次延长人质的"死限"时间。在以色列军用飞机抵达恩德培机场上空后,用法航和东非航空公司的名义与机场指挥塔进行联系,诡称"运来了劫持者要求释放的巴勒斯坦人"。飞机降落后,以色列突击队乘劫持者和乌干达士兵不备,对机场进行了突然袭击。

动静相映:力戒妄动,静待战机

"动静相映"源自《兵机》:"兵,武事也,而以静为主。静则无形,动则有形。动之有形,必为之擒。虎豹不动,不入陷阱;麋鹿为动,不罹置罘(捕鸟的网和捕兽的网);飞鸟不动,不绁网里;鱼鳖不动,不摆唇喙。物未有不以动而制者也。是故圣人贵静,静则不躁,而后能应躁。俟彼有死形,因而制之。《尉缭子》曰:'兵以静胜。'甚哉,兵之不可轻动也,况妄动乎?"

力量形态分动静两种,示形也分动静两种。动中示形,是把真假动作、真假布势显露出来给对方看,并在不断的变幻中迷惑敌人。显形多是实现我目标和计划前的示形,一般是为了调动敌人,创造战机。静形则是把真假动作、真假布势不显露出来、潜藏起来,这样更使敌人难以知情判断。但无论用"显"示形还是用"静"示形,目的是一样的,即都是迷惑敌人,而己则乘机进攻,具体采取哪种形式,应根据斗争实际确定。

运用示形这种谋略思想方法应注意三点:一是不能孤立地看待动、静,二者是互相转变的,认识事物应跟上事物变化,而且应认识到敌我双方都是如此。二是应善于透过表面识破实质,由于对方的行动企图都是被表面的现象掩盖着,为了解其企图,必须通过各种侦察手段广泛收集信息识破敌假象,洞悉其本质。三是善于利用这种"示形"达到寻机歼敌的目的。示形(包括动、静两种)仅仅是手段,不是行动目的,因此必须在应用动、静之形欺骗对手的基础上,迅速决断,果断出击,攻歼敌人。

案例:共产党全局考虑撤离延安,毛泽东以静制动反客为主。1947年3月,蒋介石在全面进攻失败后,被迫改为重点进犯我陕甘边区和山东解放区。在延安的毛泽东认真分析当时敌强我弱的形势,毅然决定撤离延安诱敌深入,让敌人背上包袄,而我则轻装上阵,大踏步撤退,在动中掩藏我之真实企图,并在运动中寻机消灭敌人。他对不理解这种做法的同志解释说:我们不要计较一城一地之得失,暂时放弃延安,无损于解放战争的大局。只要我们大量消灭敌人有生力量,就会收复失地,并夺取新的地方。他继续解释说,敌人23万人,我们才两万人,要消灭他们暂时有困难。现在靠你们当"磨心",牵敌人、磨敌人,让敌人团团转,这就是"蘑菇"战术。陕北山高地险,我们就牵着敌人去爬吧,等他们爬够了、疲劳了,我们就能乘机去消灭他们。后来战局发展正是按毛泽东所设计的那样进展的,在运动当中,我军伺机多次组织战役,很快粉碎了蒋介石的进攻。

利缓则挨:静观待变,伺机破敌

"利缓则挨"中的"挨"意即拖延。利缓则挨,是一种拖延时间、待机破敌的谋略。引自《兵经百字·挨》:"可急则乘,利缓则挨,故兵经有后义。"意思是说,可以急的时候就抓住战机打击敌人,利于缓的时候就拖它一下,兵法上的"后发制人"与此有异曲同工之妙。

运用此种谋略,关键在于对敌情的细心观察、研究和把握。当敌虽处优势,而不能持久;或敌快要陷于不利境地,而力图以速战速决来摆脱不利;或马上交战,有利敌而不利于我,在等待时机的情况下,应沉着冷静地同敌人"挨"时间。此种谋略应用较为广泛,既可运用于战略范围,也适用于战役战斗范围。

案例1:刘备被拖住急功近利,陆逊三十里火烧连营。公元221年7月,蜀汉刘备率几十万大军东下,发动对东吴的大规模战争,准备一举吞并东吴。东吴大都督陆逊率5万人拒敌。刘备远道而来,急于速决,所以先派将领吴班率数千人到陆逊阵前叫战,东吴诸将都主张立即应战,打击蜀军的气焰。陆逊则说:"这是敌军的诡计,应当静观战局的发展,不可贸然应战。"陆逊采取先让一步,后发制人的策略,使蜀军得以深入吴国境内五六百里,安营扎寨数十个,分散了兵力。而后陆逊又拒不出战,两军相持达七八个月之久。由于战事旷日持久,蜀军斗志锐减。这时陆逊对诸将说:"刘备很狡猾,经历的战事很多,开始进犯时水陆并进,考虑得很周到,锐不可当。现在驻军已久,始终找不到与我军速决的机会,颓废沮丧,无计可施。我军夹击蜀军一举获胜,就在今日!"于是先试攻蜀军一个营寨,失利之后,陆逊说:"我已经找到攻破敌军的办法了!"命令士兵每人持一火把,夜里顺风放火。当时正值炎夏,蜀军栅寨极易着火,蜀军见火光冲天,顿时大乱。吴军乘势进攻,连破蜀军栅寨40多座,斩杀蜀将张南、冯习及胡王沙摩诃等,蜀将杜路、刘宁等被迫投降,刘备逃到马鞍山(今湖北宜昌西北)。

案例 2：抗日持久战，是共产党在战略上实施"利缓则挨"谋略的成功案例。抗日战争中，党中央和毛主席根据敌我双方的基本特点，即敌强我弱、敌退步我进步、敌小我大、敌寡助我多助，而制定了战略上持久、战役战术上速决的方针。这是因为日本是小国，经不住长时期的战争消耗，我战略上与其"挨"时间，必然将其拖垮，同时又在战役战斗中不断地予以歼灭和打击，就必然取得战争的最后胜利。战争实践充分证明了这一方针的正确性。

步步为营：慎之又慎，稳扎稳打

"步步为营"指在向敌进攻时，稳扎稳打，前进一步就安寨扎营，步步前推进行攻敌。毛泽东在《中国革命战争的战略问题》中说：国民党军队第三次"围剿"的战略是长驱直入，大不同于第二次"围剿"之步步为营。毛泽东在《中国革命和中国共产党》中还说：其领导人民对敌斗争的策略，必须是一步一步地和稳扎稳打地去进行，绝不是大唤大叫和横冲直撞的办法所能成功的。前者是军事上的战法，后者是工作上的方法。就思想方法的谋略而言，二者有相近之处。

一切事物都在变化之中，复杂的军事对抗更是瞬息万变的，而且战争双方都千方百计不让对方掌握自己的企图。在这种情况下，战争指导者更应慎之又慎。同时，作为一个完整的战斗或战役全过程又可分为若干阶段，每一阶段之间互相联系着，前一阶段搞不好就会影响下一阶段。因此，这是一种应当懂得和适当运用的谋略方法。历史上有很多采用这种谋略取得成功的战例。如刘邦与项羽决战即用此法。刘邦和韩信、彭超、英布等步步为营，围攻项羽，最后会战垓下，战胜项羽，迫其自杀。

案例：国民党步步为营本是良策，怎奈其失去民心效果不佳。1931 年 3 月，蒋介石以何应钦为总司令对中央苏区进行第二次"围剿"。他们采取稳扎稳打、步步为营的作战方针，以主力分路推进，互相策应，以期消灭红一方面军，摧毁中央苏区。4 月 1 日，国民党兵分四路开始进攻。但在红军和地方武装及赤卫军、少先队的阻击、袭击下，行动缓慢，而且在较长时间内没有捕捉住红军主力。当国民党军队进入苏区后，处处被动。红军采取诱敌深入的方针，前期注重隐蔽整体，以逸待劳。当发现敌人薄弱环节时，便利用有利地形一举于富田、东田一带出击，歼灭国民党二十八师和四十七师一部。之后又寻机发起数次战斗。国民党这次"围剿"中采取的步步为营的方针并不错，但他们失掉了民心，陷入到苏区人民群众的包围和打击之中，加之在指挥上犯有其他错误，如不知红军主力，各部之间互相脱节，难以互救，最后才被各个击破。

后发制人：先守后攻，以退为进

"后发制人"是指在不利的情况下，先让敌人一步，使自己处于有回旋余地的地位，待敌方暴露出弱点，再进行反击，战而胜之。语源《荀子·议兵》："后之发，先之至，此用兵之要术也。"刘基在《百战奇略》中也说："凡战，敌人若行阵整而且锐，未可与战，宜坚壁待之。候其阵久气衰，起而击之，无有不胜。法曰：后于人以待其衰。"意思是说：遇到敌人队伍整齐，士气旺盛的时候，不能与他们交战，应当坚守营垒，等待时机。等敌人列阵时间长了，士气衰退的时候，再出兵攻击，没有不胜的。兵法上说：两军交战，要等待敌兵士气衰退后再出兵。

此谋通常为劣势一方所常用，其实质是先守后攻、以退为进。其优点是持重待机，避免冒险行事，便于把握"打得赢就打，打不赢就走"的战场主动权。

就谋略家的主观愿望而言，都想"先发"而不想"后发"，谁先发起进攻，谁就主动。但在敌强我弱或战略防御、战略退却的情况下，很难先发制人，常常不得不采取后发制人的策略。这种谋略思想与"待机破敌""先退后进"等很接近。这里的"后发"属于形势所迫，但又绝不是消极"不发"，就本质而言应该称为积极的退却。

案例1：俄军主动撤退坚壁清野，法军饥寒交迫反被击败。1812年，法俄战争爆发，是年6月，拿破仑亲率60万步兵、骑兵、炮兵向俄发动进攻。俄国用于前线的部队仅21万人，处于明显的劣势。在这种情况下，俄军元帅库图佐夫根据当时敌我实际，采取后发制人的策略，实行战略退却，避免与法军作战。俄军在后撤的过程中，又采取坚壁清野、袭击骚扰等办法打击、迟滞法军，削弱法军的进攻锐势。9月5日，又利用博罗季诺地区有利的地形，给敌人以重击，接着把空城莫斯科让给法军。10月中旬，法军在莫斯科受到严寒和饥饿的巨大威胁，不得不撤退。库图佐夫抓住战机进行反攻，大败法军。

案例2：美机巧妙躲攻击，后发制人得胜利。1981年8月，美国第六舰队在地中

执行海上任务的 F-14 舰载机

美国 F-14 舰载机

海举行发射导弹演习。由于演习区域有一部分在利比亚宣称的领海之内,利比亚每天都出动一些飞机进行监视。8月19日,利比亚的两架苏-22歼击轰炸机起飞巡逻。该演习区域美军两架F-14战斗机起飞拦截,企图迫使利机离开演习区域。当美长机飞抵利长机前方130米处,利长机发射导弹向美机攻击,美机躲过导弹,随即利用敌机摆脱向上的错误,发出两枚"响尾蛇"导弹,把利两架飞机击溃。这是此计在战术上的巧妙运用。

反客为主:乘隙插足,扼其主机

"反客为主"为三十六计之一。原文是:"乘隙插足,扼其主机,渐之进也。"意为:寻找敌方可被我所乘之机,钻进敌人内部,并逐步掌握其首脑机关或要害部门。这实际上是"孙行者钻进铁扇公主肚中"的战法。在革命战争年代,我地下工作者或侦察员,常乔装打扮,乘敌之隙,打入敌人内部,长期从事窃取情报、瓦解敌军、铲除敌首等工作,有的还取"信"于敌首脑,当上"要人",并最终率部起义,为革命做出了重大贡献。

"反客为主"一般解释为:主人不会招待客人,反受客人招待。在军事上可引申为:原为主动、占优势的一方,由于主观指导上失误而反变为被动、处劣势一方。客有多种:暂客、久客、贱客,这些都还是真正的"客",可是一旦渐渐掌握了主动和机要之处,就已经反客为主了。将这个过程分为五步:争客位,乘隙,插足,握机,成功。概括地讲,就是变被动为主动,把主动权慢慢地掌握到自己手中来。分成五步,强调循序渐进,不可急躁莽撞,泄露机密,否则只会把事情搞坏。

用在军事上,就是要把别人的军队拿过来,控制指挥权,为己所用。李渊在夺得天下之前,写信恭维李密,后来还是把李密消灭了。刘邦在兵力不能与项羽抗衡的时候,很尊敬项羽,鸿门宴上,以屈求伸,对项羽谦卑到了极点。后来他力量扩大,由弱变强,垓下一战,终于将项羽逼死在乌江。所以古人说,主客之势常常发生变化,有的变客为主,有的变主为客。关键在于要变被动为主动,争取掌握主动权。

案例1:袁绍机关算尽得信任,孤立韩馥反客为主。袁绍和韩馥是一对盟友,当年曾经共同讨伐过董卓。后来,袁绍势力渐渐强大,总想不断扩张,他屯兵河内,缺少粮草,十分犯愁。老友韩馥知道情况之后,主动派人送去粮草,帮袁绍解决供应困难。袁绍觉得等待别人送粮草,不能够解决根本问题。他听了谋士逢纪的劝告,决定夺取粮仓冀州。而当时的冀州牧正是老友韩馥,袁绍顾不了那么多了,马上下手,实施他的锦囊妙计。他首先给公孙瓒写了一封信,建议与他一起攻打冀州。公孙瓒早就想找个由头攻占冀州,这个建议,正中下怀。他立即下令,准备发兵攻打冀州。袁绍又暗地派人去见韩馥,说:公孙瓒和袁绍联合攻打冀州,冀州难以自保。袁绍过去不是你的老朋友吗?最近你不是还给他送过粮草吗?你何不联合袁绍,对付公孙瓒呢?让袁绍进城,冀州不就保住了吗?韩馥只得邀请袁绍带兵进入冀州。袁绍表面上尊重韩馥,实际上逐渐将自己的部下一个一个似钉子扎进了冀州的要害部位。这时,韩馥清楚地知道,他这个"主"被"客"取而代之了。为了保全性命,他只得只身逃出冀州去了。

案例2:红军变被动为主动反客为主,敌人被调动首尾难顾。中央革命根据地第一次反"围剿",本来敌人作为进攻的一方,人多势众、武器精良,起先尚处于战场上的主动地位,但由于被我引诱到天、地、人等都有利于我而不利于敌的范围之后,其主动就变为被动,优势就变为劣势,本来是来攻我即"围剿"我中央革命根据地的,结果反被我牵着鼻子走,其"围剿"的图谋被我粉碎了。

惰而收之:待敌疲怠,予以消灭

"惰而收之"是一种待敌松懈、疲惫、怠惰,然后予以消灭的谋略。语源自《兵经百字·顺》:"大凡逆之愈坚者,不如顺以导瑕,敌欲进,赢柔示弱以致之进;敌欲退,解散开生以纵之退;敌倚强,远锋固守以观其骄;敌仗威,虚恭图实以俟其惰。致而掩之,纵而擒之,骄而乘之,惰而收之。"

《孙子兵法·军事篇》:"朝气锐,昼气惰,暮气归。善用兵者,避其锐气,击其惰归……"军队初战时,士气旺盛,经过一段时间后就逐渐怠倦,到了后期,士兵就会气竭思归,所以善于用兵的人,应避开敌人的锐气,等到敌人松懈疲怠之后再去打它。"惰而收之"的谋略,与孙子"避其锐气,击其惰归"的思想相吻合,与"以逸待劳""佚而劳之"意思相近。

案例:王翦稳扎营盘拖垮楚军,寻机一鼓作气直捣"黄龙"。公元前224年,王翦率领秦国60万大军,前来攻打楚国,楚将项燕率40万大军抵抗。王翦到达天中山(今河南汝阳)后便扎下人马,并不急于攻楚,只令手下军士开沟筑城。项燕与王翦对垒,一再率军挑战,可王翦就是不应战。一连几个月,王翦只让军士们休养生息、演兵操练。这样过了一年多,项燕设法与秦军交手,手下将士天天挑战,却得不到应战,人人疲怠不堪,士气消沉,对秦军也渐渐放松了防备,觉得秦军不过是驻防来了。就在楚军毫无防备的时候,秦军突然如猛虎下山,排山倒海地杀了过来。楚国哪儿还能抵挡得住,被秦军打得落花流水,溃不成军。王翦一鼓作气,乘胜前进,一路克胜,最后俘虏了楚王,项燕自杀,楚国就这样被灭掉了。

以诱待来：以利诱之，使敌自至

"以诱待来"引自《唐太宗李卫公问对·卷中》："以近待远，以逸待劳，以饱待饥，此略言其概耳。善用兵者，推此三义而有六焉：以诱待来，以静待躁，以重待轻，以严待懈，以治待乱，以守待攻。"意思是，以自己之近等待远来的敌人；以自己新锐的生力军，等待疲劳的敌人；以自己的士饱马腾，等待饥饿的敌人。在具体操作过程中，有：敌人不来，引诱他来；敌人浮躁不安，我则沉着破敌；敌人轻举妄动，我以持重稳妥的方法击敌；我以严明的军纪和警戒森严的阵势，破敌人的懈怠疏忽；我以井然有序，节制之师，破敌人的混杂纷乱；我在某一种情况下，采取攻势防御，待机转移攻势，击破敌人。

以诱待来，是说敌人不会在其不利的状况下与我决战，我可以以诱敌方法诱他出来，也就是孙子所说："以利诱之，使敌自至。"战争胜负的因素是多方面的，既有时间、空间因素，也有实力等因素。当某一方面于敌不利时，聪明的敌人是不会轻易出动的。当我以诱敌的方法蒙骗迷惑敌人，使其感到有利可图，他就往往"诱至而出"，被我所歼。可见，善于发挥主观能动性，采用各种方法引诱敌人，就有机会"牵着敌人的鼻子走"。

案例1：红军用计牵敌，敌军肥的被拖瘦，病的被拖死。我中央革命根据地第三次反"围剿"，毛泽东、朱德根据敌人以重兵向我根据地大举进犯的态势毅然决定：绕道迂回，回师兴国。当敌发现我红军主力后，遂调兵遣将妄图围歼。我则决定"中间突破""避强击弱"，连打三次胜仗，尔后迅速转移，休整待机，并以一小部兵力伪装主力，诱敌追随。敌果然中计，其主力尾随我"主力"半个多月方知我主力已返回了兴国，而此时敌已被我拖得疲惫不堪。用他们自己的话来讲，叫"肥的拖瘦，病的拖死"，于是只好撤退。我军岂能放过此好打之敌？早已休整完毕的我军主力集中优势兵力，势如破竹地彻底粉碎了敌人的此次"围剿"。

案例2：解放战争中陕北三战三捷。1946年6月，胡宗南率军大举进犯延安，面对优势之敌，我军主动放弃延安，广泛发动群众坚壁清野，派出小分队牵着敌人的牛鼻子"大游行"。胡匪急于寻找我军主力，不顾给养奇缺，蒙头乱闯，结果士兵疲饥交加，士气低落。我军一面隐蔽休整，寻找战机，一面以一部兵力捣毁敌人屯集物资的仓库。当敌人十分疲惫、十分缺粮之际，集中主力于瓦、蟠羊地区，以逸待劳、以饱待饥，给敌以沉重打击，并收复了延安。

以逸待劳：养精蓄锐，敌疲我打

"以逸待劳"为三十六计之一，语出自《孙子兵法·军争篇》："三军可夺气，将军可夺心。是故朝气锐，昼气惰，暮气归。善用兵者，避其锐气，击其惰归，此治气者也。以治待乱，以静待哗，此治心者也。以近待远，以佚待劳，以饱待饥，此治力者也。"意思是说，凡是先到战场等待敌人的，就从容、主动，后到达战场的只能仓促应战，一定会疲劳、被动。所以，善于指挥作战的人，总是调动敌人，而绝不会被敌人调动，如作战初期采取守势，养精蓄锐，等待进攻之敌疲劳后再出击。

以逸待劳的表现形式之一：以饱待饥。此谋源于《孙子兵法·军争篇》，意思是：以自己的粮足士饱来对待敌人的粮尽人饥。这里的"饱""饥"是古人以粮为战，以饱饥为度，筹划作战指导的方略。

以逸待劳的表现形式之二：以近待远。语出自《孙子兵法·军争篇》："以治待乱，以静待哗，此治心者也。以近待远，以佚待劳，以饱待饥，此治力者也。"

以逸待劳的表现形式之三：伺衰而击。引自《左传·昭公二十一年》，原文为："后人有待其衰。"意思是，采取后发制人，等待敌人士气衰落时再攻击它。后人将此谋简化为"伺衰而击"，泛指趁敌人衰疲之际打击它。《孙子兵法》说：避其锐气，击其惰归。伺衰而击，就是此言的具体运用，是弱军战胜强军的重要应用谋略之一。避强就弱乃兵家常用之谋，当弱军与强军作战时，与其硬拼而不重视用谋，则必然为强军所胜。只有巧妙地抓住强军的弱点，才有可能以劣胜优。

以逸待劳的表现形式之四：安处待劳。引自《孙膑兵法·下篇》，意思是以安逸休息对待敌人的疲劳。显然，"安"能养精蓄锐，"劳"则伤神乏力。安处待劳，形同以静待动、以逸待劳。一般情况下，安处待劳有以下几种情况：以防御对待连续进攻之敌；以伏击对待长途奔袭之敌；以围困对待盲目突围之敌；等等。要使此种谋略奏效，不仅要注重"劳"敌，即造成敌人的疲劳，还要避免被动"待"敌，即要主动去"待"。所以，在部队主力"安"的同时，能以一部兵力设法"劳"敌，或者牵着敌人的鼻子走，或者使敌盲目乱窜，等等，造成敌人体力不支、士气低落，方能形成安处待劳之势，结出"安处待劳"之果。

案例1：刘邦自恃兵多贸然进攻，冒顿以逸待劳围困汉军。公元前202年，刘邦亲率32万大军北进，与匈奴军队决战。他自恃兵多，认为消灭匈奴并活捉其首领冒顿就在眼前，不顾侦探的敌情分析报告和部属"不可贸然进攻"的建议，亲领先头部队疾进，把后续部队远远地甩在后边。他从晋阳奔进至平城，到城外亲自登山观察情况时，突然匈奴伏兵四起，杀声震天，陷入包围。刘邦方知中计，即刻令部队抢占山头,守住山口要道,等待后续部队前来解围。谁知匈奴40多万大军早将刘军先头部队分割包围,后军尚远,一时哪能前来解救?刘邦被困在山上整整7天7夜,缺粮断水,几乎陷入绝境。幸亏采取了贿赂敌人的手段使匈奴解围一角,刘邦才乘着大雾,提心吊胆地冲出重围。本来处于优势的刘邦军队之所以陷敌重围,是因为军队长途跋涉,体力疲惫,战斗力削弱;匈奴军队之所以胜利,主要是占了"以近待远"的便宜。

　　案例2:巴军以饱待饥、以逸待劳,印军人多势众仍处被动。克什米尔为高海拔区域,地理环境对印军极为不利。由于作战准备不足,印军紧急采购了雪地靴。6万多印度军人做梦也没有想到,跟他们打了两个月的对手——700多名巴基斯坦穆斯林武装分子的武器会那么先进,伙食如此奢华。相比之下,担任攻占山头任务的印度官兵就惨多了,他们一天到晚吃的都是"复合口粮",所谓"复合口粮"就是预先烤好

在克什米尔艰难环境中作战的士兵

的索然无味的干粮。更糟糕的是,这些干粮经高寒地区一冻变得又硬又干,好不容易咽下,填饱了肚子,嘴里咽喉却变得火急火燎起来。想化点雪水吧,山上的雪尽是硝烟味,根本喝不得。此外印度的军装根本不适合高原山区作战,而穆斯林武装分子却穿着轻便的防寒服,住着登山队员常用的高级防寒帐篷。当印度军队跌跌撞撞地追击敌人的时候,穆斯林武装分子用雪上摩托实施迂回。因此,在双方冲突期间,印度军队虽然兵力充足,但始终处于被动挨打的状态。

以静待哗:沉着安稳,攻敌浮躁

　　"以静待哗"源于《孙子兵法·军争篇》:"以治待乱,以静待哗,此治心者也。"以自己的严整来对待敌人的混乱,以自己的镇静来对待敌人的哗恐,这是掌控军心的方法。

　　以静待哗的表现形式之一:以静待躁。引自《唐太宗李卫公问对·卷中》(见"以诱待来"条目)。以静待躁,就是以我沉着安稳的态势乘机攻击浮躁不安的敌人。其表现形式通常有二:一是退守忍让,诱敌深入追击,与敌若即若离,引起敌人的暴怒和烦躁,待敌疲惫,再反手一击;二是坚壁持久,守而不出,"稳坐钓鱼台",迫敌曝师

于阵外或城下,无计可施,强攻不能,欲退也不能,从而引起烦躁和不安,挫其锐气,待其衰竭,再一鼓作气反击。

以静待哗的表现形式之二:敌躁我静。源自于《阵纪·战机》:"敌躁我静,必罢其力;敌先我动,必观其形。"意思是,敌人骄躁气盛,我则肃静安定,等待敌人士疲力竭时,再一举歼灭它。

以静待哗的表现形式之三:以严待懈。引自《唐太宗李卫公问对·卷中》(见"以诱待来"条目)。就是说,我以军纪严明之师,击敌军心涣散、营务废弛懈怠之时。用兵作战,要有一支纪律严明的军队,要靠协调一致的整体力量。行列不齐、步调混乱、军心涣散的乌合之众,是不堪一击的。以严待懈,包含着待懈、乘懈的内容。在复杂的战场上,敌军或因深入我境,抢夺财物致懈;或因天时突变,误入迷途致懈;或因被暂时的胜利冲昏了头脑忘战无备致懈;或因部队久困断炊,争抢食物致懈;等等。这些都是可待可乘的有利时机。现代条件下,仅仅用"待"还是不够的,还要充分发挥主观能动性,经常设计造谋,使敌出现懈的状态,只有使其懈,此种谋略才能发挥作用。

俗话说,千里马跑尽了气力,劣马也能超过它。大力士用尽了力气,弱者也能战胜他。用兵打仗也是如此,若对手士气正盛,弹多粮足,此时与之作战,必然遭敌猛烈攻击,遭受重大损失,甚至导致失败。若以一部牵制疲劳敌人主力,隐蔽待机,等敌士气衰弱、精疲力竭、弹尽粮绝之时打击敌人,就会事半功倍,变难打之敌为好打之敌,以小的代价换取大的胜利。

案例1:齐、鲁长勺之战。鲁庄公十年(公元前684年)春天,齐、鲁两国在长勺进行了一次战役。当时齐国比较强大,鲁国比较弱小。但由于鲁国采用曹刿的谋略,以静待躁,当齐军击了三次进攻的战鼓,鲁军才开始击鼓反击,此时齐军士气已经低落,而鲁军士气却正好旺盛。于是,齐疲鲁打,鲁最后战胜了强敌齐国。

黄桥战役胜利后

案例2:我军战史上的黄桥决战。战役开始后,我军面对具有很大兵力优势的顽军,采取了诱敌深入的方针。我军充分利用在根据地作战的有利条件,以逸待劳,迟滞、消耗、拖疲顽军。而敌军在战役初期并未遇到我大力抵抗,所以更加骄横冒进,分路直进黄桥,进入了我预选战场,就范于我,被我军打个正着。

形格势禁：坐谋破势，掌控战局

"形格势禁"源于《史记·孙子吴起列传》："夫解杂乱纷纠者不控卷，救斗者不缚戟，批亢捣虚，形格势禁，则自为解矣。"形格势禁，是指军事行动因形势所限而不能顺利进行。排解复杂纠纷的，不便从中去插；救援别人作战的，不直接从正面去增兵。打敌人的要害，冲敌人的中虚，形势发生变化，敌人就会自行解兵而去。

案例1：王守仁随机应变，兵来将挡取得主动权。公元1519年6月，宁王宸濠起兵反对明朝政府，由南昌沿长江顺流而下，攻占九江等地并围攻安庆。江西提守王守仁为解安庆之围，攻打守兵不多的南宁。宁王放弃安庆回兵自救，王守仁分兵迎击，一举消灭敌军，生擒宁王。在作战过程中当我处于劣势地位时，必须设法调动敌兵力，在敌疲惫时予以攻击，从而掌握战场主动权。

案例2：美军机动灵活，依据战争态势快速决策，在对伊作战中体现得淋漓尽致。在伊拉克战争中，美军以其第三机械化步兵师和海军陆战远征旅作为地面攻击部队，兵分两路，沿东西两线以每天100多公里的惊人速度长驱直入，向巴格达高速挺进，仅用两天时间就基本形成对巴格达的外围攻击部署。美军地面部队的突然攻击和高速推进，完全打乱了伊军的防御部署和作战准备，因而美英联军如入无人之境，全面夺取和牢牢把握了战场的主动权，将制敌机动思想淋漓尽致地展现在世人面前。在实施制敌机动过程中，对于主要道路两侧的主要城市、重镇，美军采取围而不攻、绕过而不占领的做法，只控制通往巴格达的主要交通要道，不去夺占伊南部的大片领地，形成与伊军部队犬牙交错之势。这与机械化战争时期逐地争夺、线式推进的传统战法形成了明显反差。在歼敌方法上，针对伊军主力退守重要城镇，旨在与美军打城市巷战和近战的做法，美军也正是通过制敌机动，以地面部队与伊军保持必要接触，并对其重要城镇实施围困，施加攻击压力，迫使和吸引伊军部队做出反应，而后迅速召唤空中火力和地面炮兵火力，对暂时离开城市、正在机动中的伊军部队实施精确打击，大量歼灭伊军主力。美军的这种地面接触施压、空中精确打击的非线式空地一体战法，有效地避免了与对方打巷战、打近战的传统作战形式，减少了自身及平民伤亡。

以重待轻：稳妥持重，迎击轻佻

"以重待轻"引自《唐太宗李卫公问对·卷中》（见"以诱待来"条目）。是指我以持重稳妥的方法打击敌人的轻举妄动。"以重"是为了"待轻"，"以重"是手段，"待轻"

才是目的。

通常情况下,敌人的"轻"多来自以下几个方面:一是将领火气太盛易轻;二是自恃兵力强大易轻;三是胜战之后易轻。"轻"的结果往往过高地估计自己的力量,过低地估计对方的力量,头脑膨胀,麻痹大意。进攻时孤军冒进,防御时疏漏百出,造成对方可乘之隙。在"以重"之时也要确保不能被动挨打,要想方设法分散、消耗敌人之兵力,"待轻"时要分散兵力,速战速决。

案例:我军战史上的陕北青化砭伏击战是"以重待轻"谋略的成功运用。当我军主力主动撤出延安后,胡宗南集团依仗其兵力优势,急于寻找我军主力决战。我遂以一小部兵力与敌保持接触,佯作掩护主力撤退之势,诱敌主力向延安西北的安塞方向追进,而我主力则秘密向延安东北的甘谷驿、青化砭、蟠龙地区转移集结。敌第三十一旅骄横急躁、单兵冒进,我则在充分准备之下,集中 5 倍于敌的兵力,在青化砭打了个漂亮的伏击战,一举将该敌 2900 余人全部消灭,并活捉敌旅长李纪云。

持久以敝:强敌来攻,待机破之

"持久以敝"之谋略源于《百战奇略·不战》:"若敌众我寡,敌强我弱……皆不可与战,宜坚壁持久以敝之,则敌可破。"意思是说,当强敌来攻我时,不能与敌直接交战,应凭垒固守,持久作战,以消耗疲惫敌人,挫其锐气,待敌力竭气衰,再去打败敌人。

此计是处于弱小的一方在优势敌人进攻时,保存军力,待机破敌的计谋。运用此谋,必须选择有利地形作为御敌的阵地,才能持久作战,挫敌锐气,待敌衰竭。没有良好的阵地作依托,不仅不能持久以待其敝,反倒有被敌歼灭的可能。持久以敝是以指挥员的主观努力,转换实力对比,变不利为有利,把握敌厌战时机,乘隙制敌的谋略。此计应根据敌情、地形等客观条件灵活运用,不能死搬硬套。

持久以敝的另一表现形式:羁縻取之。以长围久困使敌不战自毙的计谋。出自《百战奇略·缓战》:"若彼城高池深,多人而少粮,外无救援,可羁縻取之,则利。"意思是,对于城防坚固,不易攻破,但兵多粮少物资缺乏,且孤立无援的敌人,可以采取长期围困,待其粮少物乏,就可能不战自败。

案例 1:李世民深沟高垒稳应敌,裴寂无可奈何反被歼。公元 619 年,唐将裴寂率军进攻刘武周,败于度索原,刘武周乘机进逼河东。秦王李世民统军东渡黄河拒之,进至玉璧城,刘武周协众寻机与唐军决战。李世民采取深沟高垒、以挫其锋的持久疲敌战法,致刘武周所部力疲粮尽不得不撤退。李世民趁机率军追击,介州一战将其歼灭。

　　案例 2：解放军长困久围战略要地，国民党持久而敝成瓮中之鳖。长春位于东北腹地，是贯通京哈、长图及东北境内各铁路线的交通枢纽，战略地位十分重要。从 1947 年起，国民党军事当局又动用 10 多万人力，耗费巨资，环城修筑了很多钢筋水泥碉堡和暗堡群。仅中央银行周围修建的永久性工事就有 150 处之多，整个城区变成一座军事要塞。根据中共中央和东北局的指示，解放军决定对长春采取"长围久困，展开政治攻势和经济斗争，使其粮弹俱困、人心动摇时再攻"的方针。在长春城外方圆 50 里的地面上，形成一个封锁区。解放军 10 万围城部队，筑起一道坚不可摧的城外之城，国民党军成了瓮中之鳖。解放军在通往长春的各交通路口设立检查站、检查哨，禁止粮食、蔬菜、燃料等一切生活物资和牛、马进城，严禁一切走私分子入城，重点实行粮食封锁。郑洞国率 10 万军队要在城内生存下去，吃饭活命是起码的条件。为此，城内守军绞尽脑汁。围城之初，他们经常在长春城外的村庄里抢粮抢柴，储存起来以备后用。后来，随着解放军围城部队日益向前压缩，国民党军队不敢轻易出城，只好依靠空投。然而，空投飞机遭遇解放军炮兵和高射机枪的射击后，有时来不及空投就掉转机头仓皇回逃，有的被迫从高空漫无目标地乱投，很多粮食落在解放军的阵地或封锁区内。这些南方的大米、四川的榨菜、猪牛肉罐头，反成了解放军的美味佳肴。在这种情况下，国民党军加大了对长春市 50 万无辜百姓的搜刮，他们组织了军政警合一的"战时粮食管制委员会"，将城内的粮食搜刮起来，"统一分配"。1948 年 6 月到 9 月间，长春市的粮价上涨了 700 倍。为了缓解城内缺粮的压力，国民党开始采取"杀民养兵"政策，他们将骨瘦如柴的长春市民成群结队地驱赶出来。为此，解放军围城部队专门设立了数十个难民收留所，向百姓们发放粮食。人们也纷纷组织起来配合人民解放军封锁长春。军事打击和经济封锁使长春成为一个孤岛。此时，人民解放军又展开了强大的政治攻势，国民党内部开始分崩离析。1948 年 10 月 16 日，60 军军长曾泽生与解放军商定了起义的具体计划。17 日下午，曾泽生出城与解放军具体确定了交接防的时间、口令、办法。17 日午夜，解放军接防部队进城，60 军同时撤出城外休整。21 日晨 4 时，国民党东北"剿总"副总司令、长春国民党守军最高指挥官郑洞国也被迫投降。在经过近 5 个月的严密封锁围困后，长春终于兵不血刃地和平解放。

乱而取之：趁敌混乱，战而胜之

　　"乱而取之"，语源自《孙子兵法·始计篇》："利而诱之，乱而取之……"意思是说，对于贪利的人，要用小利引诱它；而对处于混乱状态的敌人，要乘机攻取它。孙子兵法把"乱而取之"作为其诡道之一。刘基在《百战奇略》中专门论及"乱战"："凡与敌战,若敌人行阵不齐,士卒喧哗,宜急出兵以击之,则胜。法曰:乱而取之。"意思是说:同敌人作战,如果敌方队列不整齐,士兵吵吵嚷嚷,应急速出兵同他们交战,就一定能取胜。兵法上说:趁敌人混乱之机战胜之。

"乱而取之"属于"伐谋"和"任势"范围,同时又是进攻敌人阶段常使用的一种策略。敌方处于混乱之际,往往缺乏思想准备,且力量又难以迅速集中,是毫无战斗力而言的。而此时以己严整击其混乱,则必胜无疑。

运用这种谋略方法应注意三点:一是准确地分析敌方的形势,不为敌方的"伪示"所欺骗,确认敌人是真乱还是示乱。二是一旦确认敌人是真乱,就应当机立断,迅速出击,"机不可失,时不再来"。三是千万不能让敌人识破我之战略企图,而将计就计,反客为主,算计于己。

案例1:淝水之战,晋军趁乱掩杀大获全胜。晋太元八年,秦晋两军战于淝水,两军隔水列阵对峙。晋将谢玄针对秦军大都是刚募集收拢的杂军,军纪废弛、军心不稳、主帅骄蛮等弱点,用激将法请秦军后撤,待晋军过河决战。秦军主帅苻坚主动后撤,企图趁晋军半渡之际,灭晋军于淝水之中。没想到前军一撤,便阵脚大乱,降将朱序反戈大吼"秦军败了",后军闻风便逃。晋军乘势掩杀,大败秦军。乱,为军中大忌。军队一乱,即成一盘散沙,锐气顿减,必然失败。乱有自乱,也有"被乱",善谋者不仅要善于利用敌人自乱之机而歼之,更善于制造敌人混乱,迫敌不战自败。

案例2:日军混乱一团糟,美机趁机施攻击。1942年5月,日本以150艘舰船、1000架飞机、约10万人的庞大联合舰队,进攻驻有美军27艘军舰、23艘辅助船只、348架飞机的中途岛。6月5日,由于日本海军南云舰队情报不准,日本第一批突击队反航时,第二批突击飞机还在航空母舰上因带鱼雷还是带炸弹的问题上争议,南云舰队4艘航空母舰上乱作一团。美国驻太平洋地区司令尼米兹立即命令隐蔽于中途岛东北返回的飞机猛烈攻击。日军"赤诚"号、"加贺"号和"苍龙"号3艘航空母舰连连中弹,最后连同大量超载飞机一起沉没,山本五十六闻讯后,慌忙率主力舰队前往救援,遭美飞机攻击。6日下午,日军"飞龙"号航空母舰又被击沉。日舰只好撤退而美军又乘胜追击,最后以美军获全胜而告终。

轰炸中的场景

顺详敌意:将计就计,以谋制谋

"顺详敌意"源于《孙子兵法·九地篇》:"为兵之事,在顺详敌之意,并敌一向,千里杀将,是谓巧能成事。"这里的"详"同"佯",指在谋略斗争中,假装顺从敌人的意图,把敌人的行动引向极端,使它犯错误,而我方乘机攻歼之。

明朝揭暄在《兵经百字·顺》中也说:"大凡逆之愈坚者,不如顺以导瑕,敌欲进,赢柔示弱以致之进;敌欲退,解散开生以纵之退,敌倚强,远锋固守以观其骄;敌仗威,虚恭图实以俟其惰,致而掩之,纵而擒之,骄而乘之,惰而攻之。"其意为,凡是硬攻容易碰壁的,不如顺从敌人的意图引导它犯错误;敌人企图前进,就故意示弱引诱它孤军深入;敌人企图退却,就故意网开一面,虚留生路,纵使它突围后退;敌人依仗自己的力量强大,就故意固守不出,避而不战,以滋长它的骄傲情绪;敌人依仗声威,就假意退让而暗中积蓄力量,以等待它麻痹松懈。军事斗争的最高艺术,莫过于能调动敌人而不被敌人所调动。假装顺从敌人的意图,因势利导,欲擒故纵,把敌人的行动引向极端,再乘敌之隙或于我有利时攻而歼之。

毛泽东在红军初创时期,基于敌强我弱的形势,曾提出"诱敌深入"的战术方针,是"顺详敌意"这一谋略的时代发展。这种谋略方法是符合一般人的心理特征的,通常情况下,人们对自己所期待的事情,最容易产生一种幻想,越急切达到目的的,越容易产生幻想,利用对方希望达到某一企图的心理状态,就容易引诱其上圈套。逆着对手的意图行动,对手必定加强防范,就难以成功;而顺水推舟,顺其意愿,则可使对手容易接受。所以这是一种很经济、很实用的谋略手段。

运用这种谋略思想方法应注意三点:一是先知敌之本意,不知道或错误判断敌之意图便无法施用此谋,这是一个前提条件。二是学会顺从敌人的意图,装得像,使敌人相信,不生疑心。三是在顺势发展中寻机进攻,顺详敌意仅仅是手段,寻机歼敌才是目的。

案例:苏军把握德军意图,因势利导反击德军。1943年9月,德国法西斯军队从顿巴斯地区撤退时,故意堂而皇之地开走。苏联红军发现这里原据点中仍有一支德军精锐部队,认为德军是企图以假撤兵为掩护,诱红军上钩,然后杀一个回马枪。红军指挥官采取顺详敌意、将计就计的谋略,以一个小分队装作没有发现敌情的样子,从正面向村子里走去,而一部分红军隐蔽地向村庄侧后迂回,准备从后路击敌。当红军正向前开进时,德军以为苏军中计,暗自高兴。突然,正面向村落开进的苏军小分队全部就地卧倒,德军尚未反应过来,背后猛然枪声大作,苏军从侧后猛打上去,形成前后夹击之势,德军企图杀回马枪之计破产,被苏军一举歼灭。从这一案例中可以看出,在表面上,苏军顺敌心理,进入了德军设伏地区,实际上是顺敌判断的思路,就坡卸驴,歼敌于得意忘形之时。

佚而劳之:促敌疲弊,寻机歼灭

"佚而劳之"是指对处于安闲状态中的敌人,要设法劳累它,造成敌疲我打之有利战机。语源自《孙子兵法·始计篇》:"兵者,诡道也。故能而示之不能,用而示之不用,近而示之远,远而示之近。利而诱之,乱而取之,实而备之,强而避之,怒而挠之,卑而骄之,佚而劳之,亲而离之,攻其无备,出其不意。此兵家之胜,不可先传也。"此谋与"以逸待劳"等谋略有一脉相承的军事思想渊源。

佚而劳之,是劣势战胜优势兵力的一个绝妙谋略,是一个以柔克刚的极好手段。实行佚而劳之的谋略,要尽力破坏敌人的生存条件和休息环境,以饥饿和疲劳去削弱敌人体力,颓废敌之意志,造成敌人疲惫不堪、军无斗志,使其由强变弱,便于我寻机歼灭。

案例1:伍子胥献计疲惫楚军,待其松散麻痹之时一举击溃。公元前515年(周敬王五年),吴王阖闾想对楚国用兵。大将伍员说:"楚王是个昏君,他的主要助手大多数也是奸臣,弄得全国上下、属国四邻都仇恨他。但楚国土地大,兵员多,财物丰富,想一下子就打垮它,还不是那么容易的。为了把握大一些,现在将我们的军队分成三部分,轮流去攻击它,它就得用全部兵力来对付,这样搞它几年,就可以使它的粮少财尽,精疲力竭,然后再集中兵力进攻,保证成功。"阖闾接受这一建议,执行的结果,使楚国及其属国一年7次迎击吴军,疲于奔命。连陈、许、顿、胡等一向忠于楚国的属国,也因应接不暇,跑到晋国那边去了。公元前506年冬,阖闾看到进攻楚国的条件成熟,就联合唐、蔡两国去打楚国。当时楚国尚有疲劳之师25万多人。吴军由水路出发,转陆路,经蔡、唐两国土地,潜行千余里,从楚国东北部,侧面进击。囊瓦指挥楚军抵抗,在柏举一战,被打得一败涂地。吴军所向披靡,一连打了5个胜仗,占领了楚国建都200多年的郢都。

案例2:解放军以一部疲惫削弱来犯之敌,待其精疲力竭聚而歼之。1946年8月下旬,蒋介石纠集第五军、第十八军、第八十八军等部队,由苏北向山东省单县、鱼台、成武开进,又命令刘汝明部15000人及第三师、第四十七师4个旅17000余人,由河南省商丘、考城(今兰考)、长垣向山东曹县、定陶、菏泽等地开进,妄图合击解放军一部于定陶、菏泽地区。晋冀鲁豫解放军总部针对敌人休整多时,长期准备,兵足械良,暂时握有行动自由权等特点决定:用少数部队阻击由苏北来犯之敌,而以一部兵力疲惫削弱西来敌人,待它精疲力竭时,再集中兵力歼灭之。为了实现这一战役意图,他们对西来敌人先用运动防御战法,阻击消耗。以4个团(其中有两个地方团)对刘汝明部,两个团(有1个地方团)对四十七师,两个团对第三师。打一阵,走一阵,走一阵,又打一阵,走走打打,力求拖垮敌人。经过12天的艰苦战斗,迫使敌人完全失掉了"自由",跑来跑去,疲于奔命。白天被我牵着鼻子行动,夜里不敢休息。吃不饱、喝不好,又消耗了大量的弹药和有生力量,仅整编第三师就伤亡1500人以上,然后在它向菏泽、第四十七师向定陶分道前进,各自孤立,互难策应之时,乃调集优势力量于9月6日,在菏泽西南大杨湖地区,对整编第三师进行了围歼。接着从侧后袭击第四十七师,将其大部消灭。此后又去打敌第四十七旅、第一一九师、第四十一师等,又各消灭一部,至9月8日止,共毙伤俘敌17200余人。

隔岸观火:静观敌乱,伺机攻击

"隔岸观火"为三十六计之一,是制敌相互残杀的策略。静观或坐待敌内部矛盾发展,当敌内部矛盾很突出,相互倾轧的时候,不急于趁火打劫,若操之过急,可促成敌人内部各派别之间达成暂时性的联盟。此时要避开敌人,等待敌人各派之间反目,并互相残杀致两败俱伤之时,我则伺机而攻击,则可坐收渔利。

隔岸观火,并非消极坐观,而应是一旦时机成熟,迅速由"坐观"转为"出击",同时辅以政治、外交等手段相配合,瓦解敌军,促使敌营垒内部矛盾激化,为我主动歼敌创造有利的态势。毛泽东曾在《反对投降活动》一文中,揭露美帝国主义纵容日本侵略中国,企图"隔岸观火"的险恶用心。毛泽东指出:"国际投降主义者引诱中国投降,同样是他们的阴险政策。"

案例:曹操稳坐"钓鱼台",隔岸观火利自来。东汉末年,袁绍兵败身亡,几个儿子为争夺权力互相争斗,曹操决定击败袁氏兄弟。袁尚、袁熙兄弟投奔乌桓,曹操向乌桓进兵,击败乌桓,袁氏兄弟又去投奔辽东太守公孙康。曹营诸将向曹操进言,要一鼓作气,平服辽东,捉拿二袁。曹操哈哈大笑说,你等勿动,公孙康自会将二袁的头送上门来的。于是下令班师,转回许昌,静观辽东局势。公孙康听说二袁归降,心有疑虑。袁家父子一向都有夺取辽东的野心,现在二袁兵败,如丧家之犬,无处存身,投奔辽东实为迫不得已。公孙康如收留二袁,必有后患,再者,收容二袁,肯定得罪势力强大的曹操,但他又害怕曹操进攻辽东,只得收留二袁共同抵御曹操。当他探听到曹操已经转回许昌,并无进攻辽东之意时,认为收容二袁有害无益。于是预设伏兵,召见二袁,一举擒拿,割下首级,派人送到曹操营中。曹操笑着对众将说,公孙康向来惧怕袁氏吞并他,二袁上门,必定猜疑,如果我们急于用兵,反会促成他们合力抗拒。我们退兵,他们肯定会自相火并。看看结果,果然不出我所料。

坐山观虎斗：导敌自残,坐收渔利

"坐山观虎斗"是一种坐收渔利的谋略。语源自《战国策·秦二》:"有两虎诤人而斗者,管庄子将刺之,管与止之曰,虎者戾虫,人者甘饵也。今两虎诤人而斗,小者必死,大者必伤。子待伤虎而刺之,则是一举而兼两虎也。无刺一虎之劳,而有刺两虎之名。"

军事斗争中,双方都力图以小的代价换取对方最大的损失。坐山观虎斗,就是利用或创造对手之间的矛盾,导致敌人自相残杀,而己则能收到"兵不钝而利可全"的效果,不需花费多大代价就可换取大的胜利。

案例:第二次世界大战期间,张伯伦坐山观虎斗,妄图坐收渔利。

1938年,惯于隔岸观火而又老奸巨猾的英国首相张伯伦,以牺牲苏联为诱饵,把法西斯德国"祸水"东引苏联,企图坐山观虎斗:一方面把法西斯德国当作"西方反布尔什维克的凶恶打手",另一方面,又把社会主义苏联当作"削弱乃至淹死竞争对手"德国的强大力量。张伯伦的如意算盘就是想造成苏德两败俱伤,以坐收渔人之利。

作之而知动静：投石问路,探究虚实

"作之而知动静"是一种用挑动的方法来掌握敌人行动规律的谋略,引自《孙子兵法·虚实篇》:"故策之而知得失之计,候之而知动静之理……"意思是说,认真分析判断以求明了敌人作战计划的优劣长短;挑动敌人,以求了解其活动的规律。

在战争的舞台上,为了了解敌方的行动规律,如果按照通常的侦察做法和手段,往往难以摸清敌人的规律,而采取一些故意暴露、挑动的做法,有时能对敌人的活动规律掌握得十分准确。

案例:郦食其作说客探听虚实,张良据敌情果断出击。刘邦进军咸阳,抵达晓关,此关形势险要,为咸阳之咽喉,有秦将韩荣、朱蒯、耿沛把守。刘邦要进兵,谋士张良献计须用智取,说秦将乃屠贾之子,易以利动,乃遣人在关前及山上多张旗帜为疑兵,使谋士陆贾和郦食其携带黄金,贿赂关卒而入城,见了主将韩荣、朱蒯等。郦食其摆了一下利害关系,说:"今秦朝无道,若虐待百姓,天下合兵共同讨伐,并非沛公(即刘邦)一人,若将军肯惜天下百姓生灵痛苦,就开关向沛公投降,沛公亦会感激将军,保持禄位。"韩荣答:"本人食秦禄很久,这样做未免太不仗义了吧,可否给我三天时间,与诸将共议,或战或降,取决于大家,先生且退回关下,到时请再来!"郦食其即退回营去,韩荣与关上守将共同商议,有主张战斗到底的,有主张开城投降的,双方争论很激烈,大家都感到莫衷一是,当然亦不会积极备战。到第三日,郦食其又来了,问韩荣怎样,韩荣说众人不从,大家主张不一。郦食其就说:"将军等忠心为主,值得钦佩;将军之处境,沛公亦深为理解,今特奉上黄金千两,表示对将军的崇敬,沛公亦已下令暂时退兵,等待其他方面军到,再作区处。"韩荣推脱不过受之。郦食其便回见沛公,告知详情。张良即设谋,说:"既有此可乘之机,正好用计。"于是遣兵调将,命薛欧、陈沛,带领十几个人,扮成百姓模样,各挑一担柴,中间暗藏火炮,从小道绕到关后去,放火烧山。再令樊哙等大张旗帜,鼓噪前进,拼力攻打。韩荣自受了千金馈礼之后,认为前线不会有战事,终日饮酒,毫无准备。忽见敌军前来,急欲出马迎敌,却有人来报告,说关后遍山都起火,炮声不绝,大股敌人已入了关。韩荣惶恐,来不及上阵,樊哙等已抢上了关,大杀秦兵,韩荣见已被夹攻了,便连夜逃跑,奔回咸阳,刘邦乘胜穷追猛打,一场狂风扫落叶,终于攻入了咸阳。

形人而我无形:示敌于明,藏我于暗

"形人而我无形"是隐蔽做好准备,使自己动向不为敌所知,暗自积聚力量,最终突袭以制敌的谋略。源于《孙子兵法·虚实篇》:"故形人而我无形,则我专而敌分。我专为一,敌分为十,是以十攻其一也。则我众而敌寡……"意思是,在作战中要使敌人暴露它的原形,却不让敌人察明我军的真相,那么,我军的兵力就可以集中而敌人就不能不分散;我军集中在一处,敌人分散于十处,这就是用十成兵力去打它的一成,那么,我军就成为多数而敌人就成为少数。形人而我无形,实质就是想方设法察明敌人的情况而隐瞒自己的情况。

案例:英军登陆马岛前,进行一系列佯动,迷惑敌军而隐蔽自身作战意图。战争属于生死的较量,敌对双方为了"致人而不致于人",就首先要千方百计地侦察和得到对方的真实情况而不暴露己方的企图,以使敌人不知己方的虚实。1982年英阿马岛之战中,英军登陆前,曾对马岛南部的阿军基地实施了连续的炮击,而对马岛北部却显得漠不关心。与此同时,英军还通过航空母舰、飞机以及部分登陆

马岛之战中的战前准备

部队的欺骗和佯动措施,掩盖了从马岛北部登陆的真实企图,从而有效地分散了阿军的注意力和兵力配备,保证了英军于马岛北部圣卡洛斯港登陆的一举成功。

安守勿应,以待其敝:静观其变,伺机取之

"安守勿应,以待其敝"是凭垒防守,待其衰竭而歼之的谋略。源于《百战奇略·安战》:"敌人远来气锐,利于速战,我深沟高垒,安守勿应,以待其敝。"意思是,看见敌来攻时,锐气正盛,不能与敌速战,应凭据深沟高垒固守,避敌锐气,挫其锋芒,消耗疲惫敌人,待敌力竭,乘机歼灭敌人。"安守勿应,以待其敝"之计的目的,就在于转化敌我力量对比,由敌强己弱、敌优己劣,通过主观努力,转变为己强敌弱,己优敌劣,从而战胜敌人。

案例:司马懿劝众将安守勿应,诸葛亮用妙算无计可施。公元234年,诸葛亮率10万蜀军五出祁山攻魏,企图与魏军决战于渭南。魏将司马懿采取坚壁不战的方针,背渭水为阵,进行持久坚守,以挫蜀军锐气。司马懿利用诸葛亮多谋少勇这一弱点,故布疑阵,将诸葛亮逼出渭水南岸这一胜负必争之地,然后坚守待变。他料定蜀军远离本土,利在急战,时间一久难免粮草不继,兵无斗志,自然不战而退。因此,不管蜀军在魏军军营外如何耀武扬威,甚至收到诸葛亮派人送来侮辱性的东西——讽刺他胆小如鼠的一些妇女服饰,他都装聋作哑,甘做缩头乌龟;为了安抚帐下群情激愤、蠢蠢欲动的士卒,他还假意向早已授意他坚守不战的朝廷请示,装出一副我欲战而朝廷不许的无可奈何的姿态。其实他心里早已有底,诸葛亮重病在身,仍然日理万机,势难长久。诸葛亮一旦逝世,蜀军就将群龙无首,纵然人多势众,也无法再与养精蓄锐的魏军抗衡。事情果然不出司马懿所料,在长达百余天的对峙之后,诸葛亮病逝于军中。蜀军失去主帅,只好按照诸葛亮生前的部署,悄悄撤回成都。由于司马懿的谋划周密,魏军在这场长时间的对峙中,不费一兵一卒,取得了完全的胜利。

第六章
摄心夺魄

《孙子兵法·军争篇》：三军可夺气，将军可夺心。

《资治通鉴·魏纪》：夫用兵之道，攻心为上，攻城为下；心战为上，兵战为下。

古人认为，心是用来思维的器官，所以从谋略上提出了旨在破坏或干扰对手思维的"攻心计"。可见，攻心者实为攻脑是也。夺敌之气，吓敌之胆。长我之威，激军之勇。

攻心之计，是从心理上威慑、瓦解、征服敌人的计谋。通过攻心战，能使敌人产生恐惧、厌战、不知所措等心理状态，以致最后消极怠战，或不战而退，或不战而降。

攻心计为历代军事家所推崇。"兵学鼻祖"孙子曾经说过："百战百胜，非善之善者也；不战而屈人之兵，善之善者也。故上兵伐谋，其次伐交，再次伐兵，其下攻城。"

情感能推动人的行动，理智能决定人的行为。战争中的人们经常处于一种紧张或兴奋的心理状态，来自各个方面的多种信息，在此时对人们产生的刺激和影响尤为剧烈。当人的情感和理智被某种信息强烈刺激后，会产生怀疑、恐惧、动摇等多种心理现象。利用人的这种心理活动特点，以多种手段和方法给敌人传送其所需要的信息，进而左右其思想，影响其行动，就是攻心战法。

空城计：虚不露怯，迷惑对手

"空城计"为三十六计之一，因诸葛亮最初使用而得名。其实，史上空城计谋运用很多，是军事中虚实计谋的典型例证。空城计，是一种心理战术。在己方无力守城的情况下，故意向敌人暴露我城内空虚，就是所谓"虚者虚之"。敌方产生怀疑，便会犹豫不前，就是所谓"疑中生疑"。敌人怕城内有埋伏，怕陷进埋伏圈内。这是悬而又悬的险策。使用此计的关键，是要清楚地了解并掌握敌方将帅的心理状况和性格特征。诸葛亮使用空城计解围，就是他充分地了解司马懿谨慎多疑的性格特点才敢出此险策。

空城计的核心精神:虚不露怯。在力量空虚的情况下,用兵示形要注意虚不露怯。就是说,在作战中,如果自己兵力弱小,不要表现出怯懦惧怕的样子,以免使敌晓得我虚实情况,陷入危险境地。"兵者,诡道也",示形用诈是运用计谋的重要手段。

此计的实质就是运用虚实变化,以真真假假、虚虚实实迷惑敌人,达到隐蔽真实情况的目的。单纯虚不露怯,是一种消极的方法。运用此计时,可结合故意虚张声势,显示力量有余;或设置假目标、假阵地、假部署,以示强大或设置疑兵,迷惑敌人等多种主动手段,造敌错觉,使敌无法查明我之实情,立于不败之地。

案例1:李广偶遇匈奴军,沉着应对摆"空城"。西汉时期,北方匈奴势力逐渐强大,不断兴兵进犯中原。飞将军李广任上郡太守,抵挡匈奴南进。一天,皇帝派到上郡的宦官带人外出打猎,遇到3个匈奴兵的袭击,宦官受伤逃回。李广大怒,亲自率领100名骑兵前去追击。一直追了几十里地,终于追上,杀了两名,活捉1名,正准备回营时,忽然发现有数千名匈奴骑兵正向这里开来。匈奴队伍也发现了李广,但看见李广只有百名骑兵,以为是为大部队诱敌的前锋,不敢贸然攻击,急忙上山摆开阵势,观察动静。李广的骑兵非常恐慌,李广沉着地稳住队伍:"我们只有百余骑,离我们的大营有几十里远。如果我们逃跑,匈奴肯定追杀我们。如果我们按兵不动,敌人肯定会疑心我们有大部队行动,他们绝不敢轻易进攻。现在,我们继续前进。"到了离敌阵仅两里地光景的地方,李广下令:"全体下马休息。"李广的士兵卸下马鞍,悠闲地躺在草地上休息,看着战马在一旁津津有味地吃草。匈奴部将感到十分奇怪,派了一名军官出阵观察形势。李广立即命令上马,冲杀过去,一箭射死了这个军官,然后又回到原地,继续休息。匈奴部将见此情形,更加恐慌,料定李广胸有成竹,附近定有伏兵。天黑以后,李广的人马仍无动静。匈奴部将怕遭到大部队的突袭,慌慌张张引兵逃跑了。李广的百余骑安全返回大营。

案例2:毛泽东唱"空城计"吓退蒋军,傅作义吓破胆止步不前。

1948年10月,人民解放军在华北战场控制了平绥路的大部分地区。为挽救危局,保住华北,傅作义部决定突袭已被我解放了的华北重镇石家庄。当时,我党中央机关刚迁至离石家庄不远的西柏坡不久,我军主力都远在察绥地区作战,石家庄实际上是一座空城。面对这种情况,毛泽东一方面指示中央机关做好撤离准备,一方面于10月26日在《人民日报》头版头条以《紧急动员一切力量,准备迎击匪军进扰》的醒目标题揭露敌人企图进攻石家庄的阴谋,说明我军民早已严阵以待,决心歼灭敢于来犯之敌。同时,通过我方电台广播,播发了这一新闻。傅作义获悉后,大为吃惊,他见自己的企图已经完全暴露,且我军早已做好充分准备。

同时傅作义鉴于同年 5 月与阎锡山联合攻打石家庄阎部一师被歼的教训,怕再次自投罗网,遂于 10 月 31 日命令准备偷袭之敌回撤保定,进攻石家庄的阴谋终成泡影。

三军夺气:挫敌锐气,削其战力

"三军夺气"是攻心谋略的一种类型。拿破仑说,一支军队的实力,四分之三是由士气构成的。一支军队的士气高低,是预示作战胜负的重要标志。因此,夺敌之士气就成为心战的重要内容。三军夺气就是指在军事谋略斗争中,依靠挫伤敌军的锐气,削弱其战斗力,而后乘机战而胜之。这一谋略思想源于《孙子兵法·军争篇》:"三军可夺气,将军可夺心。是故朝气锐,昼气惰,暮气归。"意思是:三军可以挫伤其锐气,将军可以动摇其决心。军队初战的时候,士气比较旺盛,经过一段时间,就会逐渐怠惰,到了后期,士卒就会气竭思归。所以善于用兵的人,总是避开敌人的锐气,等到敌人松懈疲惫了才去打它。

运用这种攻心谋略应注意两点:一是搞清敌人的薄弱环节,找到可使敌军"丧气"之点,然后有针对性地做工作。二是要把"夺气"与"武攻"结合起来,不能孤立地攻心。

案例 1:朱棣安排降将回敌营,大长威风吓破敌将胆。朱棣占据莫州以后,乘胜前进,准备一举攻占真定。当时,耿炳文的部将张保前来投降。张保说:"耿炳文现有大军 20 万,其中有 13 万人已经到达滹沱河南北两岸。"朱棣给了张保优厚的赏金,然后对他说:"我想要你重新返回南军,你同意吗?"张保大惑不解,不明其中的道理。朱棣对他说:"我很赞赏你的忠心,让你回去,正是为了我们能够取得更大的胜利。现在,你回去以后,就说你兵败被俘,趁机溜了回去。你见到南军时,就详细地将雄莫兵败的消息夸张一番,并说燕王的军队马上就要杀到。"诸位将领莫名其妙,不解地说:"兵贵神速,军机不可泄露,我们应乘其不备,抄近道攻击他们,怎么能够让张保透露我们的行踪呢?"朱棣听后笑道:"行军作战,虚虚实实,实实虚虚,要让敌人摸不透。况且两军对峙,气密者胜。如今我们已经了解到南军的情况,现在他们如果知道我们大军已到,就会调动大军到河的北面,这样我们可以全部歼灭他们。况且他们若知道雄莫惨败的消息,一定会军心涣散,士气低落。这样,我们可以一鼓作气,打败他们。"第二天,燕王执军进攻。果然,耿炳文已调动大军到滹沱河北面。燕王亲率骁骑,绕道到真定城下,耿炳文开门迎战。燕王命令诸将一齐进击,南军望见燕军的声势,纷纷丢盔弃甲,仓皇而逃,南军大败。

案例 2:红军重视对敌分化瓦解,在反"围剿"中体现得淋漓尽致。1932 年红四方面军在第三次反"围剿"中,把强大的军队攻势和夺气战,即做瓦解敌军工作结合起来,收到很好的效果。如在黄安、苏家埠战役进行中,对被围困之敌发起政治攻势,瓦解敌军士气,他们编写成顺口溜,在前沿阵地喊话:"老乡老乡,不要开枪,本是穷人,理应反蒋,为蒋卖命,卖的哪桩?上有父母,下有儿郎,一年到头,难见妻房。长官待你,何处一样?长官洋面,鱼肉鸡汤,你们吃糠,树皮啃光;更有兄弟,饿死床上,飞机运粮,有啥指望?红军围城,铁壁一样。老乡老乡,快快交枪,放下武器,红军有赏。来为红军,前途亮堂;愿回家乡,发给光洋。"与此同时,苏家埠、韩摆渡之敌,红军围困月余,粮食用尽,多靠野菜充饥。敌机空投物品,难以救济,而且大多落在红军阵地上。在战不成、跑不了的情况下,这种"夺气"宣传,更使他们丧失信心、丧失斗志,同时又给他们指出另一条路——投降。后来真的很多官兵消极避战,甚至缴枪投降,最后全部投诚。此役,歼敌 3 万多,其中俘敌 1.8 万。

将军夺心:攻心夺志,重在敌首

"将军夺心"是指在复杂的谋略对抗中,应想办法通过动摇或改变对方将军的决心、企图而达到为己所用的目的。《孙子兵法·军争篇》中说:"三军可夺气,将军可夺心。"意思是说,要战胜敌人,可以通过挫伤敌军锐气,动摇对方将军决心达到目的。《孙子兵法·始计篇》中说"怒而挠之",意思是,好发怒的敌将,就要用挑逗的办法激怒他,使其丧失理智,轻举妄动。正如《孙子兵法·火攻篇》中说:"主不可以怒而兴师,将不可以愠而攻战。"意思是说:国君不能凭一时的恼怒而兴兵打仗,将帅不能凭一时怨愤而与敌方交战。说明了将帅稳定、健康的心理对作战的重要性,同时也从另一方面说明了战时动摇敌方将帅的决心对于作战胜利的重要性。

这种谋略思想方法的理论基础,在于"三军之势,莫重于将"。正如孙武所说:"知兵之将,民之司命,国家安危之主也。"意思是说,深知用兵之道的将和帅,是民众命运的掌握者,是国家安危的主宰者。可见军队的实力,没有比将帅更重要的了,选任将帅的原则是不能不慎重考虑的。将军的重要性,不是指他作为自然的人重要,而是因为他的社会、政治、军事地位重要,是因为他的思想决心重要。

运用这种攻心谋略应把握好三点:一是首先摸清敌军将领的性格、心理、所处地位等情况,这样才能使"夺心"工作有针对性,才能更有效。二是注意把武力进攻和夺心工作有机地结合起来。三是注意把对将军的"夺心"工作与对军队的"夺心"工作结合起来,因为部队的士气直接影响将军的决心。

案例 1:在解放战争期间,我军"夺"长春国民党军将领曾泽生、郑洞国等人之"心",顺利取得战役胜利。1948 年 6 月,我军对长春守敌采取"长久围困"方针后,向城内 10 万敌军特别是上层将领发起强大的政治攻势。同时充分利用第六十军和新七军之间的矛盾，首先做第六十军军长曾泽生的工作。10 月 14 日，我向锦州发起总攻的当天，又派人到长春同曾泽生讲清形势，做争取工作。15 日锦州解放，等于关上了东北通往关内的大门。这时蒋介石又命令长春守敌强行突围，而实际上这已不可能，等于以卵击石。在这种情况下曾泽生于 17 日率 3 万

辽沈战役长春围困战

部队正式起义，使我军控制了长春城内东北部地区，同时，曾亦争取西城区的新七军一同起义，但未成功。我党我军继续做新七军军长郑洞国的工作，周恩来亲自写信给郑洞国。21 日长春守敌全部投降。长春解放，不仅粉碎了蒋介石撤退长春，回兵沈阳，增援锦州的计划，而且在国民党中引起巨大震动，扩大了我军的影响，进一步动摇了国民党军队的士气。

案例 2：20 世纪 90 年代，在结束波黑战争的国际干预中，美国进行的波黑虚拟战也是将军夺心的典型案例。当时，在波黑三方中，塞族的势力最强。多种解决波黑问题的方案，都因塞族的拒绝而流产。北约在对塞部队指挥系统实施打击后，迫使塞族领导走向谈判桌。在代顿谈判中，美国运用计算机虚拟现实，让参加谈判的穆、克、塞三方领导人坐在计算机大屏幕前，分别把各方讨价还价的"价码"由计算机模拟计算后，在大屏幕上显示出来。其得失程度和版图划分的精细程度，令三方领导人叹为观止，在强大的攻心战威慑下，最终达成和解协议。

杀一儆百：严惩首犯，警示众人

"杀一儆百"亦作"杀一警百"。杀一个人以儆戒许多人，这是一种统御谋略方法。出于《汉书·尹翁归传》："翁归治东海明察……其有所取也，以警百，吏民皆服，恐惧改行自新。"这种杀一儆百之计谋在于告诫为将者，要善恶分清，奖惩严朗，并非只靠杀人来治军打仗。军纪是军队凝聚力的重要保证，没有纪律，任何制胜的谋略都无法实施。中国历史上很多优秀的谋略家都主张重罚对上，重赏对下，对于那些有身份的违法者施以军法，更能起到严肃军纪、提高战斗力的作用。

在军事上的运用，主要用于治军或慑敌。用于治军时，主要用于治理管理松懈、军纪不严之军，以整肃军纪，使散兵游勇成为令行禁止的威武之军。在用于慑敌时，

主要是在同时面对多个敌人时,为了达到以较小代价同时战胜所有敌人,而采取先胜取一敌,示强于他敌,使其慑于压力主动放弃抵抗,从而取得兵不血刃之目的。

这一谋略的运用应注意两点:一是要按军法和客观规律办事,做到依据明确,防止滥杀无辜。二是要当机立断,防止拖沓,而且治罪起到一定的警示作用,"杀"字不一定真正执行死刑,但一定要起到震慑作用,这样才能使被"杀"者不枉"死"一回。

案例:司马穰苴誓师大会斩宠臣,出师之前杀一儆百立军威。司马穰苴刚当上齐国的将军,就要抵御晋军的侵入。国君派亲信大夫庄贾监军,他们约定第二天中午开完誓师大会后开拔。庄贾是齐君的宠臣,他对司马穰苴的军令不以为然。第二天,直等到日已西斜,庄贾才慢腾腾地来了。穰苴问他为什么来迟,庄贾用朋友送行来搪塞。穰苴想:这样散漫如不制止,兵士就会纷纷效仿,军队就难以打仗胜敌。于是他严厉地喝令道:"如今国家遭到敌军的侵略,国君急得吃不下饭、睡不好觉,把三军托付给你我,期望我们杀敌立功,以解国难民忧。可你却慢条斯理,如无事一般,竟然误了誓师大事。按军法,贻误军机当斩。庄贾已犯死罪,推下去斩首。"齐景公得知司马穰苴要杀庄贾的消息,当即命梁丘据手持符节火速解救。但是,当梁丘据纵马冲进军营时,刀斧手已手起刀落,庄贾之头已落在地上。司马穰苴又欲以"驰骋军中"治梁丘据死罪,但因其是负君令而来,就捣毁其坐车,以示严惩不贷。全军见状,个个都严守军纪,不敢违法,只要主将有令,无人再敢怠慢。军队整肃,打起仗来个个争先恐后,晋军闻风丧胆,就掉头回国了。

以怒制敌:激而怒之,乘机灭之

"以怒制敌"源于清代陈光宪《历代名将事略·误敌》:"误敌之方,不可悉数……以怒而致,以情而致,挑以害而致……"以怒制敌是指用激怒敌人的方法来调动敌人。以怒制敌是激将法在军事中的运用,主要运用于战役战术层面。

以怒制敌的表现形式之一:激将诱敌。通过刺激敌将,引起心理上的波动甚至丧失理智,改变原来的正确政策,而采取错误行动,变优势为劣势,己则乘机战而胜之。这种谋略方法,前人多有论及。《孙子兵法·始计篇》中有"怒而挠之"之说。《警世通言》中说:"霸王自刎在乌江,有智周瑜命不长,多少阵前雄猛将,皆因争气一身亡。"毛泽东在读《南史藏质传》时,根据藏质用兵谋略,总结道:激将之术"是欲战法,激之使战"。

以怒制敌的表现形式之二:挑骂使怒。源于《兵经百字·巧》:"挑骂使怒,是谓愚侮之巧。"意思是对敌挑战辱骂使敌发怒,这是所说的愚弄欺辱敌人的技巧。人是有感情的动物,以挑逗、辱骂的形式刺激敌人发怒,使其不能理智地分析问题,从而误入圈套,乃是挑骂使怒。

运用这种攻心谋略方法应注意四点:一是首先搞清对方将领的性格及考虑问题的特点,即选准己方施谋的瞄准点。二是针对瞄准点制定具体办法,切实扰乱敌将的心理,动摇其决心进而丧失正常理智,乃至做出错误的但有利于己的思考和行动。三是注意把攻心战与实力战相结合。四是当敌人犯错误,有机可乘时,应及时进攻战而胜之。

案例1:汉军骂阵激首将,曹咎鲁莽失成皋。公元前203年,汉军乘项羽东攻彭越之机,围攻成皋。楚将曹咎起初按照项羽的告诫,坚守不出。后来曹咎经不住汉军连续讨战骂阵,一怒之下,率部出战,汉军乘其半渡氾水之际发起攻击,取得了胜利。挑骂使怒,实质上就是一种激将法。此法多用于进攻一方诱迫防御者放弃坚守防御企图、盲目出阵,进行不利条件下的作战。

案例2:黄土岭上我军设伏,"名将之花"因怒凋谢。1939年10月,日军阿部规秀中将调张家口的两万伪军,对我北岳地区进行"扫荡"。阿部派过村大佐率1000日军进占涞源后,以两个步兵中队、1个炮兵中队及部分伪军600多人,由过村亲自率领,路经雁宿崖一带。这里群山耸立,悬崖绝壁,中间只有一条狭窄的河套。晋察冀军区决定在这里设伏,果然全歼日伪军。阿部规秀大怒,他亲率1000多日伪军急驰涞源进行报复。他企图诱我军于雁宿崖,歼我主力。司令员聂荣臻将计就计,集中优势兵力,再打一个歼灭战。我军在白石口一带阻击敌人,将敌引向银坊,使敌扑空,再次激怒阿部。我军且战且走,与敌若即若离,敌人求战不得,又追不上。气得阿部暴跳如雷,发誓要与八路军主力决战。11月5日,阿部占领银坊,但发现是座空城。于是阿部掉头向东进至黄土岭、司各庄一带。而我军立即集结兵力,对敌形成包围之势。当阿部行至黄土岭至上庄之间约两公里长、百米宽的山沟里时,被我三面兵力压成一团。经一场激战,阿部规秀中将这位"名将之花"被击毙。

耀能震敌:长己威风,灭敌志气

"耀能震敌"是一种显示威力震撼敌人的谋略。引自《兵经百字·张》:"耀能以震敌,恒法也。"耀能:显示威力。耀能震敌,就是说,在力量强大时,要故意显示自己的力量;在力量不足时,也要故意张大声势显示力量有余。这是一种长己威风、灭敌志气的谋略。

案例1:拿破仑以军号壮声威,吓敌军不知所措束手就擒。1796年,法军在与奥军的阿尔科拉战役中,奥军开始占优势,成功地扼守着阿尔科拉沼泽堤坝,使法军从侧翼突击奥军的企图遭到打击。在争夺堤坝的战斗中,拿破仑本人也险些被俘。

但是,法军并未因一时的失利而气馁,在第二天的战斗中,拿破仑想出一条妙计,派出一小队骑兵潜入奥军后方的一片树林里,当争夺堤坝的战斗再次开始时,法军事前派出的那队骑兵便一齐吹起了嘹亮的冲锋号。奥军一听侧背号声大作,以为法军大队骑兵已冲杀过来,一时不知如何是好,吓得四散奔逃。结果拿破仑转败为胜,取得了历史上有名的阿尔科拉大捷。

案例2:"兵战""心战"一体化,美军施威压对手。科索沃战争期间,美国充分利用军事行动展示实力和战果,对南联盟实施心理震慑和心理压制。战争中,以美国为首的北约积极贯彻"兵战"与"心战"一体化的思想,将心理战渗透和贯穿于各项军事行动之中。科索沃危机一爆发,北约即在南联盟周边集结重兵,频繁举行军事演习,对南进行示形威慑,企图以武力压南让步,不战而屈人之兵。空袭开始后,又极力渲染空中打击的决心和威力,企图以炸施压,以炸促变,以炸逼和,实现小战大胜的目的。

攻强震弱:攻击强敌,震慑弱敌

"攻强震弱"是指用攻击强敌来震慑弱敌的谋略。源于《兵经百字·兴》:"凡兴师必分大势之先后缓急以定事,酌彼己之情形利害以加法,总期于守己而制人……或攻强以震弱。"攻强震弱,就是采取攻击的手段,来打击强敌,震撼弱敌,收到一箭双雕的效果。

通常情况下,强大的敌人看不起弱小的对手,因而容易松懈,放松戒备弱小的敌人,而在强手面前处处小心,警惕性高。通过攻强,不仅可以造成强敌的"不意",以少胜多,而且也能给弱敌造成震撼,甚至达到心理崩溃。当然,攻强震弱是有条件的,不能以卵去击石,而必须严密筹划、谨慎行动,寻机造成战场局部优势击之,否则,非但不能震弱,还会被强敌所伤。

案例1:孟良崮战役,我军先打精锐震慑余敌。众所周知,先打弱敌,后打强敌,是我军的基本作战原则,但是孟良崮战役中,我军却选择来犯之敌中战斗力最强的整编第七十四师为首歼目标。这一着,不仅出敌意外,而且歼灭作为蒋军五大主力之一的第七十四师,极大地震动了蒋军全线之敌,使其日后更无斗志,惧怕被歼。孟良崮战役我之所以选择蒋军王牌第七十四师,就是因为,该强敌进攻态势突出、两翼空虚,与其左右邻军互有矛盾、行动难以协调,对我军情况不明、骄兵进攻,所以,该强敌反而成了好打之敌。战役实践表明,此役选择的歼敌目标是非常正确的。

案例2:马岛海战,英军击沉阿核心舰只。英阿马岛海战中,英军决心通过给阿海军一至二次重大打击,震慑住阿海军,使其不敢出海。英军选择的目标首先是阿海军的航空母舰。1982年4月30日夜,阿航母编队企图袭击英特混舰队,后来由

于阿军发现英军已有准备而后撤，英军
也失去了一次打击机会。然而，英军没有
就此住手，而把打击的目标转向阿海军
特混大队的核心舰只"贝尔格拉诺将军"
号巡洋舰。该舰早已处于英国核动力攻
击潜艇的监视跟踪之下，不过它的位置
在200海里的禁区之外。但英内阁还是
批准了这次打击，将这艘舰击沉。阿海军
的巡洋舰被击沉，阿海军下令不再出海

马岛战争中被击中的军舰

作战。英有计划地打了几次关键性的战斗，收到了震慑阿军的效果。

敲山震虎：张扬声势，不战而胜

"敲山震虎"原指通过敲山发出声威恐吓老虎，以长自己的志气，灭老虎的威
风。从谋略学角度看，敲山震虎，指通过制造攻击的声势，使隐蔽的对方惊恐害怕，
丧失信心和斗志，而我乘机战胜该敌。

这种谋略方法的理论基础是"心理威慑"。采取某种手段使敌人害怕，使对手从
思想认识上惧怕己方。敲山震虎是一种很经济、很有效的谋略，在某种程度上能起
到"不战而屈人之兵"的作用。这种谋略方法和"虚张声势""先声夺人"等谋略方法
很接近。

运用这种攻心谋略方法应把握以下几点：一是搞清斗争对象的情况，包括处
境、性格、习惯等，这样才能使我们的工作有具体目标、有针对性。二是把握敲什么
"山"，怎么"敲"，即针对对手特点，炫耀自己什么，怎么炫耀才能达到震虎之目的。
三是敲山震虎是手段，战而胜之或做到不战而屈人之兵才是目的。四是把敲山震虎
手段与其他手段结合起来，特别是与武力打击结合起来，因为心战必须有武力威慑
作后盾。

案例：解放军敲山震虎威慑敌军，傅作义内外交困被迫投诚。1948年11月，中
国人民解放军东北野战军在完成辽沈战役之后，未作休整，以快速、隐蔽的方式突
然入关，牢牢地盯住了华北的傅作义集团。在毛泽东"隔而不围，围而不打""断其退
路"的战略决策指导下，入关的东北野战军主力迅速完成了对北平的包围。随着东
北野战军对平津分割包围之势的最终形成，傅作义深感时局危难，便希望能与中共
取得联系，寻求和谈之路。但和谈开始后，仍然是各说各的，相距甚远，因而也就不
可能达成协议。然而，对于我军来说，此次会谈的目的已达到，基本上摸清了傅方的

北平和平解放

意图。而我方提出的条件,傅作义在回电中未作任何实质性答复。这是因为,当时傅作义的王牌三十五军还在,谈判也就只好中断了。而在此时,华北战局发生了巨大变化。12 月 22 日 18 时,平津前线司令部根据中央军委的指示,在完成了对敌人分割包围的基础上,全歼了傅作义的王牌三十五军,军长郭景云绝望自杀。傅作义的看家本钱输了一大半。24 日,我军又结束了对张家口敌人的围歼,傅作义痛心疾首,懊悔万分,再也打不起精神。1949 年元旦,中央军委给平津前线司令部发来电报:新保安、张家口之敌被歼以后,傅作义及其在北平直系部属之地位已经起了变化,只有在此时才能真正谈得上促使傅作义投诚。电报中再次阐明了我党对傅作义并未放弃宽大政策,并要求地下党派人向傅作义当面讲清。就在傅作义彷徨动摇之时,1 月 14 日上午 10 时,我军向天津守敌发起了总攻。这天,毛泽东又发表了《关于时局的声明》,提出了和平谈判的 8 项条件,并说:对于任何敢于反抗的反动派,必须坚决、彻底、干净、全部地歼灭之。天津的解放彻底让傅作义失去了抵抗的信心,在强大的政治攻势下,傅作义集团终于接受了整编。

树上开花:借局布势,壮己声威

"树上开花"为三十六计之一。"树上开花"由"铁树开花"转化而来,意思是:不容易开花的树,突然开了花,移用于军事,指借着别人的兵力来慑服敌人的一种谋略。原文为:"借局布势,力小势大。鸿渐于陆,其羽可用为仪也。"意思是借别人局面布成阵势,兵力弱小的看起来阵容也显得强大。鸿雁飞向大陆,全凭它的羽毛丰满的双翼助长威势。此计的谋略思想在于借助别人的力量和局势,以壮大自己的阵势威慑敌人。比喻的是弱小的部队通过凭借某种因素,改变外部形态之后,自己阵容显得充实强大了,就像鸿雁长了羽毛丰满的翅膀一样。也有喻为把精锐的部队布置到友军的阵地上,造成强大的声势以慑服敌人。战场上情况复杂,瞬息万变,指挥官很容易被假象所惑。所以,善于布置假情况,巧布迷魂阵,虚张声势,可以慑服甚至击败敌人。

案例:张飞胆大心也细,长坂坡虚张声势吓曹军。树上开花,原指树上本来没有开花,但可以用彩色的绸子剪成花朵粘在树上,做得和真花一样,不仔细去看,真假难辨。看起来这是一个精细的案例,但战国时的猛张飞倒也来过这样一出,看来张飞有时也是外粗内细呀!无人不知张飞是一员猛将,实际上他不仅有勇而且还有谋。刘备起兵之初,与曹操交战,多次失利。刘表死后,刘备在荆州,势孤力弱。这时,曹操领兵南下,直达宛城,刘备慌忙率荆州军民退守江陵。由于老百姓跟着撤退的人太多,所以撤退的速度非常慢。曹兵追到当阳,与刘备的部队打了一仗,刘备败退,他的妻子和儿子都在乱军中被冲散了。刘备只得狼狈败退,令张飞断后,阻截追兵。张飞只有二三十个骑兵,怎敌得过曹操的大队人马?但张飞临危不惧,临阵不慌,顿时心生一计。他命令所率的二三十名骑兵都到树林子里去,砍下树枝,绑在马后,然后骑马在林中飞跑打转。张飞一人骑着黑马,横着丈二长矛,威风凛凛地站在长坂坡的桥上。追兵赶到,见张飞独自骑马横矛站在桥中,好生奇怪,又看见桥东树林里尘土飞扬。追击的曹兵马上停止前进,以为树林之中定有伏兵。张飞只带二三十名骑兵,阻止住了追击的曹兵,让刘备和荆州军民顺利撤退,靠的就是这"树上开花"之计。

草木皆兵:以声传威,以形摄心

"草木皆兵"原指因心理恐惧,把草木都错当作兵。谋略学意义的草木皆兵,指施谋主体使用的慑兵之计,使对手从心理上感到草木皆兵,更加恐惧,结果不战而胜,或乘势战胜之。语源自《晋书·共苻坚载记下》:"(苻)坚与苻融登城而望王师,见部阵齐整,将士精锐,又北望八公山上草木皆类人形,顾谓融曰:'此亦劲敌也,何谓少乎?'仍然有惧色。"毛泽东在《论持久战》中也说:"八公山上,草木皆兵,是错觉之一例。"这种谋略是借助人的心理错觉发挥作用。用计使对手产生心理错觉和恐惧,对手就可能变优势为劣势。

运用这种攻心谋略方法应注意三点:一是搞清对手的特点,知他怕什么,然后有针对性地制造能使之害怕的环境和事物。二是在实施疑兵之计时,不可忘记"力战",应把力战与心战结合起来,互相配合,互相促进。三是应明确这种计谋仅是手段,在对手上当、恐惧和失去优势之时应乘势击之,使之完全屈服。

案例1:德军"狮雕计划"扰乱盟军,盟军指挥混乱草木皆兵。1944年盟军诺曼底登陆成功,8月25日攻克巴黎后,攻势受挫。圣诞节前德军为夺回主动权搞了一个"狮雕计划"的疑兵之计,取得很大成功。希特勒命令奥托·斯称尔兹内率2000会说英语的德国士兵,换上美制服,驾驶缴获的美国坦克和吉普车,分成若干小队,深入盟军阵地,切断电话线,倒转路标,到处安装"警惕地雷"的标记,还伪装美军宪兵,在交叉点指挥车辆,制造混乱。德军的这些破坏活动,美军不仅未能有效制止,反而越闹越大。他们在阵地内进行了广泛的搜捕,很多交通运输线禁止通行,上万名美军在路上遭到拦阻,好几百名美军因答不上被询问的问题而被捕。当他们在路上相遇时,居然玩起捉迷藏的游戏来。甚至美军第十二集团军司令布莱德雷就曾3次被盘查。12月19日一个被俘的德国袭击者供出,德国人受领了谋杀艾森豪威尔和其他上级司令官的任务。盟军的保卫部门惊恐万状,一时间草木皆兵。艾森豪威尔一时成了保安警察的"囚徒",他的行动受到限制。希特勒利用盟军的混乱,在阿登森林地连续发动猛攻,使战局发生了有利于德军的变化。

案例2:德军利用飞机震慑敌人,波军胆战心惊快速溃败。1939年9月1日,德军向波兰发动了闪击战,一批又一批的"容克-87"飞机呼啸着扑向波军阵地,整个战场被一片怪叫声和爆炸声所笼罩。波军被这种从未见过的场面惊呆了。他们个个惊慌失措,纷纷丢下武器,放弃阵地,四处溃逃。在有些地段,德军装甲部队几乎在没有任何抵抗的情况下,便迅速突破了波军防线。原来这是德军在利用噪音制造战场恐怖气氛,以此震撼敌方,瓦解其军心。他们在"容克-87"飞机上安装了一种刚发明的发声器。这样,飞机在俯冲投弹时,发声器就发出尖利的叫声,飞机越接近地面,声音越大,逐渐变为凄厉刺耳的持续的尖叫,使波军遭到了极度惊吓,很快溃败。

触而迫之:实力胁迫,震慑敌手

"触而迫之"引自《吴子兵法·料敌》:"守而不走,击此之道,触而迫之。"意思是说,对固守阵地而不轻易出击的敌人,打击方法是,与之近接而压迫之。防守之敌,往往利用天时、地利之利而不轻出。对于此敌,运用大兵压阵之法,往往能给敌以震慑和恐惧,使其缩阵待援或者弃阵而逃,从而为己歼敌创造条件。

案例:平津战役中,当人民解放军完成对北平的战略包围后,采取了"先打两头,后取中间"的战略方针。解放军攻克天津,使北平傅作义集团完全陷于孤立境地。在我强大的军事政治攻势下,傅作义慑于我军兵临城下,军心动摇,斗志减退,遂同意接受我军和平改编,北平得以和平解放。

怒而挠之:激怒敌将,使其失智

"怒而挠之"源于《孙子兵法·始计篇》,原意为:如果敌将领性格刚烈,就设法使他发怒,丧失理智,盲目用兵。属于"激将计"的谋略。

战争是一门深奥的科学,任何非科学的感情因素,都可能因为违背了战争规律而招致失败。"怒而挠之"是心理学在战争中的运用,心理学为战争开辟了一条新的途径。

此计也告诉人们一个道理:战争的胜利可以因为成功地扰乱了对方的心智而取得,同样也可能因为自己感情上的脆弱而失去。战争是以人为主体所进行的活动,受人的理智所左右,而一旦理智失去,战争就会挣脱驾驭的缰绳,狂奔乱驰,误入歧途,因智乱而兵败。所以在作战当中,既要重视利用敌人心理上的强点,同时又要注意自己性格的修养。既善于"攻心",又能"闻变不惧,处变不乱"。

案例:子玉一怒泄私忿,盲目出兵失战局。春秋晋楚城濮之战中,晋文公故意扣留楚军使者宛春,激怒了楚军统帅子玉。一时冲动之下,楚军在形势不利的情况下匆忙与晋军交战,结果一败涂地,使楚国丢掉了霸主地位。

乘虚可惊:对手虚弱,再惊致乱

"乘虚可惊"是趁敌空虚之时来恫吓敌人的谋略。语源自《投笔肤谈·达权第三》:"故知兵者,必先自备其不虞,然后能乘人之不备。乘疑可间,乘劳可攻,乘饥可困,乘分可图,乘虚可惊,乘敌可取。"

案例:虚张声势恫吓敌国,不费刀兵招降燕国。公元前204年,汉将韩信击破赵国后,企图乘势北攻燕国。谋士李左车对韩信说,军队已很疲劳,实际上难以作战,不如休整军队,安抚赵国民众摆出进攻架势,威胁燕军,然后派人前去招降。韩信采纳了这个计策,结果使燕国降服。在战场上,对虚弱之敌或被围之敌,可以恫吓手段来威胁敌人,胁迫敌人缴械投降。这样可减少我人员伤亡和物资消耗。当然,在威胁的同时,应严密做好进攻和围歼准备,以防敌增援或逃跑。

先声夺人:先敌造势,摄心挫志

"先声夺人"源于《左传》:"军志有之,先声有夺人之心。"先声夺人,是指以强大的阵势来威慑敌人,挫伤敌人的士气,动摇敌人的军心。

案例1:美伊双方针锋相对,舆论较量各有千秋。在2003年的伊拉克战争中,面对10多年前因入侵科威特而受到以美国为首的多国部队重创、此后又一直受到严重经济制裁、武器装备已很落后的伊拉克,美国邀请了大量外国媒体的记者参与战事报道,宣传美英联军强大的作战力量。22.5万的精锐兵力,7个航空母舰战斗群的130多艘现代战舰及500多架舰载飞机,空军的1300多架战机,前看不到头、后看不到尾的装甲部队,在一个个国家的电视屏幕里亮相,在广播电台里轰轰震响,在报纸杂志上天天示威,确实给伊军造成了不小的心理压力。然而,富有舆论战经验的伊拉克也针锋相对。针对美军最怕死、最恐惧化学武器的心理,在美军发动攻势后,让"炭疽夫人"突然在电视台露面。在一个伊拉克官方电视台播放的萨达姆与伊内阁官员和高级将领召开高层会议的场合,萨达姆身边出现了一位女将军。她围着白色头巾,穿着军装,仪态端庄。这位女将军一露面便使美英联军情报机构如临大敌,畏若蛇蝎。因为她是美英认定的帮助伊拉克建立生化武器发展计划的核心人物,名叫胡达·莎里·马哈迪·阿马希。美英两国判断,她的出现,意味着萨达姆要使用化学武器了,于是立即命令进入伊拉克的军队穿上防化服、戴好防毒面具,弄得前线官兵人心惶惶。有人戏言:一名伊拉克女性露面电视台,竟然吓坏了美军前线一个师。

案例2:盟军对德实施政治攻势,德军厌战军心不稳。第一次世界大战期间,英国用飞机向德军阵地投放大量传单,警告他们"已无处藏身",劝说他们"赶快逃跑,要不就只能等死"。1918年2月,英军用氢气球散发《告向西部前线进军的将士》的传单,告诫德军士兵:"你们向西线进军,那里只有你们的坟墓。铁十字勋章授予了兴登堡、鲁登道夫,而等待你们的只是死亡。"德军士兵看到传单后精神沮丧,军心动摇,丧失了战斗意志。与此同时,法军也用飞机向德军阵地散发了大量传单、宣传品,劝告德军士兵"你们的剑带上有'为了国王及祖国同神在一起'的格言,实际上干脆说'为了皇帝及他的大妄想中的世界帝国'更好一些。你们应该把这个残酷的皇帝及他们的家族揪到战场上来"。这番劝告很有煽动性,使德军内部的厌战、反战情绪迅速蔓延开来,不断有德军士兵开小差,当逃兵。德国第十八集团军最后一期简报写道:"敌人通过传单形成的战线,使我们溃不成军。敌人战胜我们并不是在战场上的肉搏,刺刀对刺刀,不是!拙劣地印刷在低劣纸张上的坏消息,使我们的胳膊乏力。"

虚张声势:故意张扬,强己慑敌

"虚张声势"是一种实际上自己虚弱,而表面却故意造声势来吓唬对方的谋略。虚张声势,一是可以壮大自己的气势,使对方不敢轻举妄动;二是能以自己强大的声势去威慑对方,使对方产生恐惧心理,丧失斗志乃至弃械投降。

虚张声势主要有:一是威慑敌人,本来是虚弱却示之强大,使敌不敢轻视我。二是迷惑敌人,在未搞清我之实情前难以确定对付我方的策略。三是借尚未搞清我之虚实或确定对策之际,我方可乘机进攻敌人。

案例1:刘裕虚张声势慑敌军,燕军身心俱废开城门。南燕国主慕容超屡次袭扰淮北,刘裕为维护东晋王朝的统治率兵进攻南燕。晋军出师初捷,慕容超被迫退守广固城内。刘裕为尽快消灭慕容超,一面挖堑筑墙以围燕军,一面抚纳降附,瓦解敌军,一面虚张声势,威慑和动摇燕军。俘获到后秦求援的南燕尚书郎张纲后,让其绕城大呼:"夏王已破秦军,无兵救秦。"南燕军心沮丧。最终燕军被围半年后遭晋军急攻,燕尚书悦寿开城门放进晋军,慕容超突围被俘,南燕亡。

案例 2:墨索里尼造声势,威吓对手生迟疑。第二次世界大战中,意大利法西斯头目墨索里尼最爱搞虚假宣传、虚张声势。1940 年 4 月 21 日,他让自己的发言人温吉尔·盖达向新闻界宣布:"整个地中海地区在意大利海军和空军的控制之下,如果英国人胆敢进犯的话,意大利人会马上把他们赶出去。"5 月 14 日,意大利的官方报纸发出消息:意大利的军队随时都可能踏上英国的土地。那么,意大利到底实力如何呢?就兵力而言,意大利只有 20 个兵团可以参战,最多也只能动员不足 100 万的兵力,而且无法提供足够的军服、武器和营房,墨索里尼却向外界声称意大利可动员 800 万士兵,组成 70 个兵团。后来,他又把这个数字吹到 1 亿人和 12 亿人。墨索里尼还散布舆论说,他拥有世界上最先进的 25 吨坦克,实际上意大利只有 3.5 吨的装甲车,且是仿制英国的,没有火炮。他还在媒体上吹嘘他有 8530 架性能先进的飞机,而且每日可造 500 架,实际上整个意大利当时只有 583 架飞机。面对墨索里尼如此的吹嘘,胆小的对手往往望而生畏,也令英国当时一时不知所措,不敢妄动。

敌疑则慑之:趁敌疑惑,再施恫吓

"敌疑则慑之"是一种乘隙威慑敌人的谋略。源于《阵纪·战机》:"敌乱则惑之,敌薄则击之,敌疑则慑之,敌恃则夺之,敌疏则袭之。"意思是说,在敌疑心重重、犹豫不决时,就可以对其进行威慑恫吓以获利。

案例:德军利用英军惧怕心理,成功劫击英国船队。1942 年 7 月,盟军一支载有大批坦克、车辆和汽油等作战物资的运输船队,由英军汉密尔顿少将指挥的舰队护航,通过北极航线运送给苏联红军。早在这一年年初,希特勒为了控制北极航线,便命令"梯比兹"号和"欧根亲王"号两艘战列舰冒着盟军的空中封锁,开进了挪威的特隆赫姆港。"梯比兹"号装有 8 门 381 毫米的巨炮,可以在 24 海里外击沉任何舰只。英军对此一直提心吊胆。当德军得知盟军的运输船队将通过这里后,决定以潜艇进行拦截,但因有汉密尔顿少将指挥的船队护航,觉得无法动手。于是,决定利用英军对"梯比兹"号的恐惧,吓走护航舰队后再动手,他们便制造并散布"梯比兹"号要进入北极截击运输船队的假情况。英国海军部果然中了圈套,命令汉密尔顿以最快的速度向西撤退,让运输船队分散向苏联港口进发。护航舰队撤出后,尾随其后的德军"狼群"潜艇便毫无顾忌地袭击了运输船队。结果,盟军 36 艘商船中的 23

艘被击沉,致使 3000 多辆军车、430 辆坦克、210 架轰炸机和 10 万吨其他作战物资葬身海底,迫使英国海军部做出了暂停向苏联运送作战物资的决定。

不战而屈人之兵:不战而胜,王者之谋

"不战而屈人之兵"源于《孙子兵法·谋攻篇》:"是故百战百胜,非善之善者也;不战而屈人之兵,善之善者也。"意思是,打一百次胜一百次,不是最完善的计策;不打仗却能使敌人诚服,才是最完美的计策。不战而屈人之兵,实质上是一种以威慑和计谋取胜的谋略。

案例 1:韩世忠政治军事双管齐下,起义军被劝服不战而降。

南宋初,广西曹成拥众起事,盘踞郴、邵一带。韩世忠平定福建贼寇后,马上移师永嘉,装作将在此休养部队的样子,却悄悄从他处沿小路赶往豫章,沿江数十里全部连营扎寨,对方做梦也没想到韩世忠用兵如此神速,人心大乱。韩世忠则派人晓之以理,劝他们不要与朝廷为敌,赶快投降,保证不伤害他们的性命。在强大的压力和劝降下,曹成率众 8 万余人不战而降。

案例 2:德国以强大攻心宣传震慑挪威,挪威不战而降。1940 年 4 月上旬的一天,德国驻挪威奥斯陆大使馆内正在举行盛大的电影招待会,参加的人员都是挪威政府的军政界领袖、工商业巨头,但会场的气氛显得格外紧张,原来令挪威观众不寒而栗的传闻出现在眼前。纳粹德国在上年 9 月闪击波兰现场拍摄的纪录片《火的洗礼》,再现了德军锐不可当迅速击溃波兰 200 万军队的真实场景。尤其是波兰美丽的华沙名城化为一片废墟的镜头,强烈地震撼了在座的挪威观众,他们脆弱的神经难以承受惨绝人寰的悲惨场面的刺激。挪威的军政要员早已心知肚明,波兰陆军实力在欧洲排名第 5 位,可是在不到一个月的时间内,波兰就全国沦陷了。相比之下,挪威仅是个北欧小国,军队总计 1.5 万余人,飞机仅 190 架,超龄舰艇 64 艘,实力弱小,实在不足以抵挡强大德军铁甲师的闪击进攻。面对新闻影片中再现的事实,挪威军政要员和工商巨头们更是心惊肉跳。新闻电影片放映完毕,德国大使直接威胁诱逼:"要战争,还是要和平?"之后,4 月 9 日凌晨,德军登陆兵和空降兵在挪威沿岸的奥斯陆、克里斯蒂安索、斯塔万格、特隆赫姆和纳尔维克北部进行空降登陆,在其内应的配合下,在日暮前占领了挪威首都奥斯陆,6 月 10 日占领挪威全境,挪威不战而降。

第七章
先机制敌

《史记·淮阴侯列传》中记载:"秦失其鹿,天下共逐之,于是高材疾足者先得焉。"在谋略运用中,要求通过先敌一步的行动而达到既定的目标。这种方法在政治、经济、军事等领域都是共通的、普遍适用的。如,在政治斗争中,先敌考虑,先敌下手就能达到目的;在军事斗争中,先敌占领某高地一分钟,就能决定整个战役的胜负。

古今中外历代军事家都主张先机制敌。如孙武就要求指挥作战"兵贵速""兵之情主速、乘人不及"。明朝唐顺之在《纂辑武编》中指出:"兵以速为策者,其机在速。譬犹猎者之逐兽,兔起鹘落,少纵则失之。"

在军事斗争中,能否速战速决,其关键在于是否掌握了先机和主动,如果稍微迟缓,就会失却战机。所以,先机制敌,"兵以速为策",是一种非常重要而常用的军事谋略,为历代兵家所重视,也成就了许多著名的战例。

兵贵先:先敌而动,用兵之贵

"兵贵先",语源自《尉缭子·战权第十二》。尉缭子认为,用兵贵在先机而动。在这点上比敌人强,就能战胜敌人;在这点上比不上敌人,就不能战胜敌人。兵贵先的谋略思想,其实质在于先机而动、先发制人。在生死相搏的战场上,没有什么斯文客套可讲,趁敌不备之时或准备不足之时,先敌制敌才能得先机之利。用兵打仗,关键在于抓住战场主动权,掌握了战场主动权,就等于取得了一半胜利。先敌筹谋,先敌行动,则是掌握战场主动权的根本手段。因此,古今中外,交战双方无不重视"先机"的争夺。

案例1:郭嘉献策用奇兵,曹操乘胜破乌丸。曹操打败了据有冀、青、幽、并4州的袁绍,杀了袁绍长子袁谭,袁绍的另外两个儿子袁尚、袁熙逃走,投奔辽河流域的乌丸族首领蹋顿单于。蹋顿乘机侵扰汉朝边境,破坏边境地区人民的正常生产和生活。曹操有心要去征讨袁尚及蹋顿,但有些官员担心远征之后,荆州的刘表会乘机派刘备来袭击曹操的后方。曹操谋臣郭嘉分析了当时的形势,对曹操说:"你现在威震天下,但乌丸仗着地处边远地区,必然不会防备。进行突然袭击,一定能消灭他们。如果延误时机,让袁尚、袁熙喘过气来,重新收集残部,乌丸各族响应,蹋顿有了野心,只怕冀州、青州又要不属于我们了。刘表是个空谈家,知道自己才能不及刘备,不会重用刘备;刘备不受重用,也不肯多为刘表出力。所以你只管放心远征乌丸,不会有后顾之忧的。"曹操于是率领军队出征。到达易县(今属河北)后,郭嘉又对曹操说:"用兵贵在神速。现在到千里之外的地方作战,军用物资多,行军速度就慢,如果乌丸人知道我军的情况,就会有所准备。不如留下笨重的军械物资,部队轻装,以加倍的速度前进,乘敌人没有防备发起进攻,那就能大获全胜。"曹操依郭嘉的计策行事,部队快速行军,直达蹋顿单于驻地。乌丸人惊慌失措地应战,一败涂地。蹋顿被杀,袁尚、袁熙逃往辽东,后被太守孙康所杀。

案例2:红军飞夺泸定桥,用兵神速世称奇。中央红军渡过金沙江后,在北进的道路上,既要通过大凉山彝族区,又要闯过天险大渡河。蒋介石企图利用彝族人民对红军不了解所产生的隔阂和大渡河天险挡住红军,以重兵南攻北堵,围歼红军主力于大渡河以南,声称一定要使红军成为"石达开第二"。为了完成红军躲避追击的转移,红军决定在敌人之前抢先到达泸定桥,为大部队渡河做好准备。在红军到达前,敌人已将桥上的木板拆除,只剩下13根铁索飞悬在激流翻滚的大渡河上空。东桥头与泸定城相连,有敌军一个团把守,另有两个旅急速向泸定城增援。为了更顺利地渡江,我军先头部队必须抢在敌人增援之前到达指定地点,并先行攻击。与敌人拼速度,是这次战斗的关键。为赶在敌援军到达之前渡河,中央军委决定夺取上游的泸定桥。红军兵分两路,直奔泸定桥而来。红一军团二师四团在"与敌人抢时间,和敌人赛跑,坚决完成任务,拿下泸定桥"的口号激励下,冒着大雨,忍着饥饿,沿着羊肠小道,翻山越岭,边走边打,一昼夜强行军240里,抢占了泸定桥西桥头。

泸定桥

1935年5月29日下午4时,红四团发起夺桥战斗。全团司号员集中一起吹响冲锋号,轻重火器一齐开火,由二连22名共产党员、积极分子组成的突击队,冒着弹雨,攀着铁索,冲向对岸。穿过东桥头敌人点燃的大火,攻入城内。后续部队紧跟入城,歼灭守敌,占领泸定城。打开了中央红军北上道路,粉碎了蒋介石的美梦,为中国革命立下了不朽的功勋。

先发制人：抢先攻击，把握主动

"先发制人"源于《史记·项羽本纪十》："先发制人，后则为人所制。"先发制人，是指先发动攻势的一方可处于有利地位，可以制伏对方。战争是政治的继续，用外交手段麻痹对方，使其丧失警惕，达成战争的突然性，先发制人制伏对方，能牢牢掌握住战争初期的主动权。

军事斗争中，是先发还是后发不是绝对的，要视具体情况而定。不过，一般地说先发可以占一个"高位势"，抢一个主动。如果能做到和保持这种优势，对于夺取最后的胜利是很有利的。因此，在同等条件下先发能人。比如争夺一个战略目标，先发就很可能先到，先夺到手。反之，后到不仅夺不到手，而且还会被动挨打。

运用这种谋略方法应注意三点：一是采取先发制人还是后发制人的策略，应具体问题具体分析。二是要充分发挥首次打击的效应，一般地先发之部队有初战的锐气，首次出击要速战速决，而且应有必胜的把握，这样才能为以后的战斗奠定基础，反之，旷日持久，首战受挫，莫如不先发制人。三是把握好战争形势的变化，并以此调节"先""后"。

案例1：德国先发制人突然袭击，苏联准备不足初期受困。第二次世界大战中，德国突袭苏联，就是先发制敌的典型战例。虽然这种战争行为为世人所不齿，但从军事谋略角度来看，德国突袭苏联，确实在军事上先发制敌，取得了战争的先期主动权。1939年，人类历史进入了灾难性的一年。德、意、日三个法西斯国家为了称霸世界，挑起了人类历史上规模最大的一次战争——第二次世界大战。1939年9月1日，希特勒进攻波兰，仅27天就占领了波兰。接着，他又相继征服了丹麦、挪威、荷兰、比利时、法国、南斯拉夫、希腊和克里特岛，并迫使英国撤出西欧大陆。在9个多月的时间里，西欧的广大领土已处在德国法西斯铁蹄的践踏之下。希特勒得意扬扬，不可一世。为了最终称霸欧洲和世界，他撕毁《苏德互不侵犯条约》而把侵略的魔爪转向了东方即社会主义的苏联。闪电战是希特勒惯用的手法，他提出要"像漆黑的夜里突然的闪电一样地去打击敌人"的理论，并把闪电战术首先应用于波兰，使波兰很快亡国。1941年，希特勒再次用闪电战进攻苏联。1941年上半年，纳粹德国利用本国及其所占领的欧洲等国的经济资源和人力资源，建立起了潜力巨大的军事机器，其武装力量的总兵力已高达730万人。此时的德国军队，不仅具备了两年的现代战争的经验，而且军事部署亦呈扩张性地全面展开。在当时，几乎世界上所有的政治家和军事评论家都没有想到希特勒敢冒天下之大不韪，去进攻苏联这样的欧亚大国。但是，法西斯这种战争狂人的思维就是与正常的人不同，正当人们密切注视着德国的一举一动之际,德国军方已经完成了对苏战争的"巴巴罗萨计划"。这个计划的核心是在对苏战争初期,一举歼灭驻守在苏联西部地区的苏军主力,随后向苏联腹地迅速推进,进抵阿尔汉格尔斯克、阿斯特拉罕一线,妄图在战争初期便牢牢掌握战场的主动权。为了实施这一计划,德军在苏联边境部署了190个师,550万兵力,4300辆坦克,47200门火炮、迫击炮,4980架作战飞机。1941年6月22日凌晨3时30分,希特勒采取突然袭击的方式,以190个师的兵力,配备大量坦克、装甲车和飞机,在从巴伦支海到黑海的长达3000公里的苏联国境线上,发动了大规模的侵略战争。6月22日这一天是星期天,苏军未作任何准备,在德军强劲武器及兵力的突然袭击下,遭受到重大损失。当天就有66个飞机场和1200架飞机被德机炸毁;苏军的通讯系统被破坏,以致各部队之间失去联系,无法进行正常指挥,部队陷于混乱状态。德军就在这天入侵苏联境内25~50公里。德国法西斯军队凭借暂时的军事优势,按照"巴巴罗萨计划",兵分三路向苏联腹地推进:"北方"配置德国北方集团军群,由德军元帅冯·李教指挥,进攻目标是列宁格勒;"南方"配置德国南方集团军群,由德军元帅龙德施泰特指挥,进攻目标是基辅;"中央"配置德国中央集团军群,由德军元帅冯·包克指挥,进攻目标直指莫斯科。苏德战争初期,德军由于抓住了先机而使苏军处于被动挨打境地。

案例2:苏军寻战机先发制人,德军稍差一步被动挨打。1943年2月19日,苏军沃罗涅日方面军(司令员戈利科夫)和西南方面军(司令员瓦杜丁)的反攻作战,在第聂伯河受阻后,被迫后撤,在库尔斯克、哈尔可夫以东地区转入防御。补充兵员、兵器、弹药,大力准备对哈尔科夫、波尔塔瓦及基辅方向重新进行突击。德军中央集团军群,也准备转入反攻,所以双方展开了备战竞赛。在5月初至6月初,苏军为了先发制人,曾两度对德军进行空中突袭,消灭敌人飞机700架以上,但敌军仍集中强大力量,垂死挣扎,苏军也已做好准备,如箭在弦,待时行动。7月5日凌晨2时,苏军从捕捉的俘虏口中得知:敌人将在当日3时开始反攻,企图重新夺回已失阵地。按惯例,在进攻前1小时左右,敌人必然要集结需要的所有兵力和兵器。为了消灭他们集中起来的那些有生力量和装备,苏军朱可夫元帅决定,再一次先发制人,在2时30分进行火力反准备。一时间中央方面军、沃罗涅日方面军等,万炮齐发,地动山摇,直打得进入进攻出发位置的敌人叫苦连天、死尸遍地。

借题发挥:既为诡道,假托虚词

"借题发挥"是一种为了给出兵找到一个合理借口,迫不得已而实施的计谋,有"欲加之罪,何患无辞"的意味。

案例1:噶尔丹拉大旗作虎皮。公元1690年,准噶尔的噶尔丹引兵2万多,以奉西藏达赖喇嘛之命追捕喀尔喀蒙古为名,自伦池南进,扰乱北疆,夺掠人畜。当他被康熙派的军队击走后,仍打着"奉达赖喇嘛之命前来……"的旗号在外抢掠。此时,达赖喇嘛已圆寂8年多了。当人们知道事件的真相后,无不为噶尔丹无中生有的战争借口感到惊诧不已。

案例2:美国突袭巴拿马,借题发挥找借口。1989年10月3日,美国在巴拿马策动军事政变失败后,就定下了武装入侵巴拿马的决心。1989年12月16日21时05分,4名美国军官乘车经过

美军士兵占领巴拿马后在总统府照相

巴拿马国防军司令部门前的烈士大街时,与巴拿马国防军士兵发生了冲突,美军军官被打死打伤各1名。美国为维护其在巴拿马运河区的经济利益、政治利益和军事上的战略利益,以"打击毒品走私"和"保护美国人的安全"为借口,突然对巴拿马发动武装入侵。1989年12月20日凌晨0时30分,美军隐形战斗轰炸机潜入巴拿马领空,轰炸了巴拿马国防军第6和第7两个步兵连的兵营和高炮阵地,接着陆、海、空三军分兵五路扑向巴军的各军事要地。仅数小时,就击溃了巴军有组织的抵抗,摧毁了巴军主要军事设施,控制了巴军大部分兵营。1990年1月31日20时,在美国和梵蒂冈方面的种种压力下,巴拿马总统诺列加被迫向美军投降。

长驱直入:快速推进,直捣黄龙

"长驱直入"是指为某一战略目标长距离不停顿地快速前进,以不可阻挡之势挺进。《孙子兵法·九地篇》说:"故为兵之事,在顺详敌之意,并敌一向,千里杀将,是谓巧能成事。"

这种谋略方法主要用在解决远距离目标方面。解决这样的目标,既要体现神速,又要让敌军没有防备,这是比较难做到的事。"直入"是节约时间、节省物力,又加快速度的好办法,也是解决问题的捷径。战争目标有远有近,远目标如敌指挥所或后勤基地,通常位于敌方纵深、腹地,且往往对战争的胜负有着重要的影响。

运用这种谋略方法应注意三点:一是先确定战役目标,把握必要性和可行性,如无必要,又无把握,绝不可采取这种举动,因为劳师远征是兵家之大忌。二是选择好夺取目标的最佳途径,充分考虑到途中可能出现的情况。三是应采取速战速决的

方针,特别是异国异地作战不能拖太长时间。

案例1:霍去病轻骑击百里,长驱直入捣匈奴。公元前123年,汉武帝任命18岁的霍去病为骠骑校尉,随卫青参加河南之战。在这次作战中,霍去病独自率800轻骑,远离主力几百里寻歼匈奴军队。霍去病根据"兵入敌境,务于速战"的战法,乘敌不备,对匈奴的指挥部发起突袭,斩俘敌军2000多人,并杀死匈奴单于的叔祖父,生擒单于的叔父及匈奴贵族多名。汉武帝破格封他为冠军侯,以褒奖他"功冠全军"的战绩。公元前121年春,霍去病率领万余骑兵进军河西,开始了第一次收复河西之战。他率军越过乌鞘岭,跨过狐奴河,一路猛冲猛打,势如破竹,6天扫荡了5个部落;接着又马不停蹄,大胆深入,越过焉支山(今甘肃山丹东南),向前挺进千余里,杀死匈奴卢胡王、折兰王,俘虏王子及相国、都尉等显贵,共歼敌9000多人。

案例2:千里奔袭利比亚,空中打击出奇兵。1986年3月24日、25日和4月15日,美国连续两次大规模空袭利比亚,其规模之大,奔袭之远,武器装备之先进,均堪称空前。美军为了达成袭击的突然性,没有选择较近的基地作为出发点,而是确定远离利比亚的驻英空军基地为出发基地,使利方对突袭的时机、兵力、方向等情况难以判明,取得了较好的空袭效果。

攻其不备:趁敌懈怠,发起进攻

"攻其不备"指在战争中,出乎对手意料之外,抓住其毫无准备之际发起进攻,这样才能稳操胜券。这一谋略思想在古代谋略家那里早有论述。《孙子兵法·始计篇》中说:"攻其无备,出其不意。此兵家之胜,不可先传也。"意思是说:要在敌人无准备的状态下实施攻击,要在敌人意想不到的情况下采取行动。这些都是兵家取胜的奥妙所在,是不可事先加以具体规定的。

毛泽东在领导中国革命战争的伟大实践中,丰富和发展了这种谋略思想。他认为,灵活地使用兵力,是作战指挥的中心任务,是争取战争主动权的重要方法,而要灵活地使用兵力,主要的方法就是出其不意、攻其不备。为此,要采取种种手段,造成对手的错觉,然后给敌人以出其不意的打击。他说:"什么是不意,就是无准备。优势而无准备,不是真正的优势,也没有主动。懂得这一点,劣势而有准备之军,常可对敌举行不意的攻势,把优势者打败。我们说运动之敌好打,就是因为敌在不意即无准备中。这两件事——造成敌人的错觉和出其不意的攻击,即是以战争的不确实性给予敌人,而给自己以尽可能大的确实性……争取我之胜利。"

运用这种谋略应注意三点:一是首先搞清对方的作战思想和准备情况,才知道其是否有"意"、有"备",才知道我应进攻的时间和目标。二是有针对性地制定进攻敌人的方针办法。三是确实把握瞬息万变的斗争形势,要使自己的认识相对能跟上形势的变化。因为对方不可能总"不意",也不可能总"无备",战机往往在一瞬间。

案例1:侯安都兵贵神速,攻其不备显奇效。留异造反,拥据东阳,侯安都受命征讨。留异估计侯安都会由钱塘江逆江而上,据此而部署防守兵力。侯安都却率军从陆路由会稽到诸暨,突然出现在永康。留异阵脚大乱,退守桃枝岭,人马散布山谷间,在山口依悬崖立栅栏。侯安都又借山陇之势修筑大坝,天嘉三年夏天,堤内水涨,侯安都将船运进去,攻破留异的据点、城防。留异只和第二子得以逃走。侯安都俘获了留异的妻子儿女、人马军械,率师凯旋。

案例2:两栖突击攻其不备,英军雨中顺利登岛。出敌不意,突然制敌,在敌人尚未做出有效反应之前就将其挫败,使其失去抵御能力,而夜暗和不良天气则是掩护部队达成战斗突然性的良好自然条件。英军马岛登陆作战,就是在这种条件下进行的。1982年5月20日下午,海上气候严寒,雾浓云低风大浪高,暴雨

马岛之战中的抢滩登陆作战

倾盆,能见度极差,英两栖突击部队趁机向陆上地域机动。此举虽在途中付出了一架直升机坠海、21人丧生的代价,但成功地掩护了部队机动。当日午夜,两栖舰队先头便顺利到达陆上地域。稍事准备,其特种分队于21日3时30分秘密登陆,一举歼灭阿军警戒分队,并排除了障碍,破坏了岸防设施,为登陆开辟了航道。随后,先头突击部队在拂晓前全部顺利上陆。由于英军行动秘密、隐蔽、突然、神速,阿军猝不及防,很快就陷入被动挨打的境地。

乘虚而入:乘彼虚弱,一举灭之

"乘虚而入"是趁敌兵力空虚之际而歼灭敌人的谋略。乘虚而入,关键在于判断什么是"虚","虚"有很多种表现形式。

其一,乘弊而起。《孙子兵法·作战篇》提到:"夫钝兵挫锐,屈力殚货,则诸侯乘其弊而起,虽有智者不能善其后矣。"意思是说,如果军队疲惫,锐气挫伤,耗尽人力、缺乏物资,那么,原来观望形势的诸侯就会起来趁火打劫,到那时候尽管有足智多谋的人,也不能替你善后了。

乘弊而起的"弊",既指敌方民众的不满,国力的不支,还指军队的疲惫,士气的低落,人力的损失、物资的缺乏及其他利于我而不利于敌的时机。此种谋略,既适用于战略范围,也适用于战术范围。

其二,乘劳可攻。引自《投笔肤谈·达权》:"故知兵者,必先自备其不虞,然后能乘人之不备。乘疑可间,乘劳可攻,乘饥可困……故兵贵乘人,不贵人所乘也。"意思是说,懂得用兵的人,首先必须自己做好防止各种意外事件发生的准备,然后才能乘敌人无备而袭击它。乘敌内部猜疑,可以离间它;乘敌疲劳,可以进攻它;乘敌缺粮,可以围困它。这是一种乘敌疲劳而攻击的谋略。劳者,能伤神,能疲力。从生理学的角度来说,如果人的身体疲乏,就能引起一些连锁反应,诸如头昏脑涨,眼花困乏,四肢无力等。可想而知,这样的军队是没有战斗力的,在这种情况下,乘机向这样的军队发起攻击,敌人是没有还手之力的。然而,敌将也不可能都是一介武夫,他们也懂得疲劳的危险性。因此,对我方来讲,"乘劳"的关键在于主动"劳"敌,首先造成敌人的疲倦,然后再乘劳攻击。在革命战争年代,我军常常采用诱敌深入的方针,使敌疲于奔命,穷于应付,然后乘敌疲惫劳累之时发起攻击,往往更有效地保存了自己和更有力地打击了敌人。

其三,乘疏掩懈。出自《阵纪·风雨雪雾之战》:"设或备御少疏,寇必乘疏掩懈。"意思是:趁着敌手疏忽袭击其懈怠无备。此计的目的在于出其不意,攻其无备。戒备疏忽松懈之敌,势必思想麻痹,斗志涣散,纪律松弛,指挥不力,协同不好,反应迟钝,战斗力下降。利用对手疏于戒备的时机攻击,可打敌措手不及,造成敌混乱,使之左右互不能援,上下不能联系,无法组织有效的抵抗,从而以小的代价换取大的胜利。

其四,乘瑕则神。语源《管子·制分》:"攻坚则韧,乘瑕则神。"乘瑕则神,体现了拣弱敌打,从敌薄弱部位开刀,乘敌处于不利态势而攻击的谋略思想。

其五,乘其有变。源于《百战奇略·变战》:"乘其有变,随而应之,乃利。"意思是:作战中善于明察敌情,乘敌变化,因势用谋,就有利于取胜。任何事物都在不停顿的发展变化之中,既没有一成不变的情况,也没有固定不变的模式,战争作为人类社会的特殊形式更是如此。在复杂多变的战争中,特别是在现代战争条件下,战场情况瞬息万变,战机稍纵即逝,只有知彼知己,因敌用兵,因势用谋,敌变我变,不被固定模式或既定方针所禁锢,灵活采取不同原则和战法,才能克敌制胜。

乘虚而入,可以很小的代价去取得很大的胜利。使用此计时,一是应准确地掌握情报,发现敌人空虚时,应及时所乘;二是要利用其他计谋,为己实行乘虚而入之计创造有利的态势和战机;三是要做好严密的兵力部署,防止敌方乘虚而入己方阵营。

案例1:乘虚而入擒敌首,兵不血刃夺胜利。唐元和九年,淮西节度使吴少阳死,其子吴元济割据申、光、蔡三州,唐皇帝李纯发兵征讨,久战不胜,十一年(816年)底乃命李愬讨伐吴元济。十二年(公元817年)头两个月,李愬一面佯示戒备松懈,以麻痹对方,暗中积极准备进攻淮西,一面安抚归民,争取降将,分化瓦解淮西军,先后俘获和招抚了李佑等淮西军将领。3月,唐军一部攻占郾城。吴元济见郾城失守,急调蔡州部队加强洄曲地区防守。同时,唐东路、南路军牵制了汉西申、光之敌,于是蔡州空虚。9月,李愬领兵攻克吴方外城,但不占内城,引兵还营,使敌仍分兵驻守。此时,吴元济降将李佑向李愬献计说:"蔡之精兵,皆在洄曲及四境拒守,守州城者皆老弱病残之卒,可以乘虚直抵其城。"李愬从此计,10月15日,利用风雪之夜急行军,秘密进入蔡州城,直至吴元济外宅,迫使吴元济举手投降。后来人们从"乘虚直抵其城"这句话慢慢演变为"乘虚而入"了。

案例2:看准薄弱施强攻,猛虎掏心得全胜。解放战争时期,我军取得滑县战役的胜利,就是充分利用乘虚而入谋略的典范。当时,冀鲁豫战场有敌王敬久、刘汝明和孙震3个集团。战前,刘邓首长分析:王集团较强;刘集团虽弱,但屡遭打击,已成惊弓之鸟,不易捕捉;孙集团较弱,且兵力部署分散,是敌人最薄弱的地方。于是集中我军主力从孙集团第一〇四旅、一二五旅和河北保安十二纵队结合部,猛插上官村敌指挥所,以部分兵力牵制外围之敌。拂晓前发起攻击,经一昼夜激战,全歼敌指挥所,敌军群龙无首,乱作一团,我军一鼓作气,顺势歼灭一〇四旅全部和一二五旅大部,生俘敌旅长杨显明、副旅长李克源、纵队长何寇三。这个战法,刘帅形象地比喻为"猛虎掏心"。

速战速决:兵贵神速,古往皆同

"速战速决"是指在组织战斗(战役)中抓紧进攻目标,在最短的时间内击败、消灭敌人,解决问题。语源自刘基《百战奇略》:"凡攻战围邑,若敌人粮多人少,外有救援,须速攻之,则胜。法曰:兵贵神速。"意思是说:如果城内敌人粮多兵少,外部又有救援部队,快速进攻,才能取胜。兵法上说:用兵贵在行动快。明朝揭暄在《兵经百篇》中也指出:"势已成,机已至,人已集,而犹迁延迟缓者,此堕军也。士将息,时不利,国将困,拥兵境上而不决者,此迷策也。有智而迟,人将先计,见而不决,人将行争;发而不敏,人将先收。难得者时,勿失者机,迅而行之,速哉。"意思是说:形势已就,时机已到,兵力已集结,还拖延、行动迟缓的,会大败。士气懈怠,时机若对我不利,国家将面临困难,拥兵边境而不决战,这是糊涂策略。虽有计而迟迟不施,敌人就会先施奸计,发现机会而犹豫不决,敌人就会抢先;我虽先发而行动慢,敌人就会抢先获利。难得的是时间,容易失掉的是机会,迅速行动,才能取胜。

毛泽东在领导中国革命战争的实践中,一向是主张速战速决的,他在《中国革命战争的战略问题》中说:战略的持久战,战役和战斗的速决战,这是一件事的两方面。这是国内战争的两个同时并重的原则,也可以适用于反对帝国主义的战争。在战役和战斗上面争取速决,古今中外都是相同的。在战争问题上,古今中外也都无不要求速决,旷日持久总是认为不利。

运用这种谋略思想应注意三点:一是准备要充分,没有准备或准备不充分,不仅不能取得速战速决的效果,还会走向反面。二是选准打击目标和进攻时机。毛泽东对此做过专门研究。他说:"速决战不是心里想要如此就做得成功的,还须加上许多具体的条件。主要的条件是准备充足,不失时机,集中优势兵力,包围迂回战术,良好的阵地,打运动中之敌,或打驻止而阵地尚不巩固之敌。不解决这些条件,而求战役或战斗的速决,是不可能的。"三是行动必须快,速战必以速决为根本目标,只有这样才能不致被敌反扑,并在较短的时间内,以较小的代价取得最大的胜利。

案例1:司马懿将在外军令有所不受,出奇兵速战速决。三国时期,魏国的新城太守孟达秘密联结蜀、吴谋反。屯守于宛城的司马懿得到这一情报后准备征讨,但朝廷规定,没有得到皇帝的授权是不能起兵的。如按这种程序办,来回要用一个多月时间。司马懿军中的粮食仅够一个月。而孟达的存粮充足,可用一年。司马懿分析了这些情况后,决定一面举兵,一面上报请降旨平叛。这样司马懿率兵日夜兼程,仅用8天时间就到了孟达谋反之地,孟达计算司马懿最快一个月能到,所以战备正以缓慢的速度进行。当司马懿到达时,孟达才哀叹:"吾举事八日,而兵临城下,真乃神速也。"由于孟达准备不充足,在司马懿强攻之下,终被全歼。

案例2:两伊战争中,战争初期,伊拉克突袭成功,取得战争主动。1980年9月22日,伊拉克出动大批飞机突袭伊朗空军基地、战略要地和石油设施。23日凌晨,其地面部队5个师两个旅,近7万人,1200辆坦克,在北起席林堡南至阿巴丹480公里的战线上,分3路向伊朗境内推进,到28日已突入伊朗境内15~30公里,占领了包括席林堡、纳夫特少赫、苏尔马、梅赫兰和霍拉姆沙赫尔西区等5个边境城市,控制了夏特阿拉伯河东岸近两万平方公里的伊朗土地,一举取得了战略主动权。面对伊拉克军队的进攻,伊朗仓促应战。原驻西部边境地区4个师被迫退守萨伊普勒扎哈卜、西吉兰、德赫洛兰、阿瓦士和阿巴丹等重要城镇。

可急则乘：良好战机，切莫错失

"可急则乘"是一种把握战机、速战速决的用兵谋略。源于《兵经百字·挨》，意即当有速战的机会就必须把握战机急打快攻。在自然科学中，物体的运动速度越大，其所产生的作用力也就越大，这一原理也适用于解释战争中用兵速战的现象。"兵贵神速"历来为古今中外用兵之道。战争既是力量的抗衡，也存在着速度的对抗，速度不仅可以增强打击的力量，而且可以弥补自身力量不足的缺陷。因此，速战胜敌一直被作为一条重要的用兵法则。

但速战也是有条件的，一是自己要有充分的准备，否则会欲速而不达；二是敌人要有可乘之机。离开了这两个前提条件，盲目地求急求速，反会招致自己的失败。

案例1：刘钟趁敌胆寒速用兵，乘胜追击陷成都。公元413年，东晋大将军刘裕以朱龄石为元帅伐蜀，下邳太守刘钟任前将军。第二年，朱龄石率军由外水迅速攻至彭模（今四川彭县东南），离成都只有200里。蜀征讨督护谯亢沿江两岸扎寨连营，号称3万人拒敌。大将谯道福守涪城（今重庆涪陵），大将军侯晖、尚书仆射谯铣守彭模。刘钟患脚疾走路困难。朱龄石便前往与刘钟商讨进攻策略。当时正值酷暑，朱龄石说："现在正是天气炎热的时候，蜀军据险固守，我军强攻难以取胜，只能增加疲劳困顿。蜀军人心不稳，不可能坚持很久。我军应当养精蓄锐，等待时机。一旦时机到来，必能取胜。不知您的看法如何？"刘钟则说："不然。当初我军扬言大举向内水进发，所以敌将谯道福不敢放弃涪城。现在我军由外水突然进抵彭模，蜀军已经吓破了胆。他们据险固守是害怕我军，并非能够坚持长久。因此我军必须率精锐兵力急攻敌军营寨，必定能迅速取胜，然后再乘胜追击，即可攻克成都。如果现在按兵不动，蜀军很快就会探听到我军虚实，那时涪城的蜀军就会前来援救彭模。其军心已稳，良将又会师在一起，而我军求战不得，粮草又接济不上，就只能做蜀军的俘虏了。"朱龄石觉得刘钟对敌我形势发展的分析很客观，于是依计而行，立即率大军猛攻彭模。彭模在次日即被攻陷，晋军杀掉侯晖，而后直驱成都。敌军望风披靡。晋军如入无人之境，很快占领了益州（今四川）一带。

案例2：我军寻战机速战速决，赢得时间主动出击收奇效。1947年10月16日，国民党军第三军军长罗历戎率该军主力赶到保定以北，进至新乐，妄图从南北两面夹击我军。我晋察冀野战军前委根据上述情况认为：罗历戎部孤军深入我解放区，是我歼灭该敌极为有利的时机。估计敌19日可到方顺桥，于是野战军首长决心以一部兵力在保北牵制敌人，主力以强行军兼程南下，歼敌第三军于方顺桥以南地区。敌人从新乐到方顺桥只有90华里，我军从徐水以北绕过保定，赶到方顺桥以南,行程则在 200 华里以上。因此,取胜的关键,首先在于赢得时间,先敌到达方顺桥以南地区。野战军前委 17 日 18 时命令:第二纵队统一指挥本纵队第五旅,第三纵队第七、八旅,以及冀中军区独 7 旅,在徐水南、北地区构筑阵地,坚决阻敌南下;第四纵队于 17 日 19 时出发,经大因镇、范家桥,于 18 日 24 时进到望都以东之阳城镇地区,第三纵队指挥本纵队第九旅及第二纵队第六旅立即出发,经满城、大固店,于 18 日 24 时进到方顺桥以东、以南地区;第二纵队第四旅于 19 日进到温仁地区。为保证主力先敌到达预定战场,野战军前委一方面令各部加快开进速度,另一方面令独八旅等地方部队及民兵积极袭扰和钳制由石家庄北犯之敌。我各部队受领任务后,疾驰南下。18 日晨,先头部队从东、西两面绕过保定,24 时前后,各部队大都提前 4 至 6 小时到达指定地区。敌第三军主力随带大车 200 余辆,在我冀中、冀晋军区地方武装及民兵的阻击、尾击和袭扰下,前进迟缓。19 日午后,当敌人得知我抢占了方顺桥以南有利地形后,立即在清风店、高家佐、北合、北合营、南合营、东南合、西南合、东西同房、大小瓦房地域组织防御,并请求"北平行辕"派兵接应。20 日拂晓,我乘敌立足未稳,发起攻击,激战至 22 日 11 时 30 分,歼灭了该敌,活捉了敌第三军军长罗历戎、副军长杨光钰,连同保北阻击战共歼敌 17000 余人。

以疾掩迟:乘敌不备,快速行动

"以疾掩迟"源自明代何良臣《阵纪》:"善战者,必以胜而乘衰,必以实而击虚,以疾而掩迟,以饱而制饥。"以疾掩迟是指乘敌人不备之时以快速的行动袭击动作迟缓的敌人,也指以斗志昂扬的部队去打击士气衰落的敌人、以士饱马腾的部队去制伏饥饿疲倦的敌人。还可引申为趁敌互相猜忌之时迅速进攻,攻其举棋不定或以凌厉的攻势瓦解敌军,使敌丢失信心,从而获得事半功倍的战果。

案例 1:敌人饮酒作乐时,高欢奇兵巧破敌。南朝梁中大通四年闰三月,高欢所部在韩陵地方布园阵,一战打败了尔朱氏各军。尔朱天光和尔朱度律被俘,尔朱仲远逃往梁地(今河南省开封)而死。只有尔朱兆跑到晋阳(今山西省太原市)又割据起来。七月,高欢率军去进攻尔朱兆,尔朱兆抵抗不了,将晋阳抢掠一空,向北逃到秀容(今山西省朔县西北)筑城又坚守起来,并时而派出人马出外抢掠军粮物资,捉拿壮丁,补充自己。高欢占领晋阳后,看到民房稠密,群众较多,交通发达,就把大丞相府搬到那里,驻扎下来,并从各方面搜集尔朱兆的情况,进行分析研究,准备彻底消灭他。后来他从所获情况认为:过春节时尔朱兆一定要欢宴将士,热闹几天,这是一个袭击消灭他的大好时机,就积极准备行动。在十二月末,他令大将窦泰率兵作先锋,自己领大军随后跟进,一人双骑,一日一夜行 300 里,冒着北国的严寒风雪,向秀容前进。因为行动神速,军队赶到尔朱兆军营,尔朱兆还在那里集合将士,饮酒作乐。高欢立即展开进攻,一举将尔朱兆军全部消灭。

案例 2:趁敌军夜半酣梦,我军天降神兵。1949 年 11 月 29 日夜,驻在广东合浦的蒋军十三兵团司令沈发藻纠集敌二十三、六十三、七十军及一〇九师和三二一师、粤桂挺进纵队等部窜据廉江(在广东省西南),企图逃往国外。解放军追兵侦悉后,以迅雷不及掩耳之势,由廉江西 100 多里外,分兵 3 路,向它奔袭。跑了一夜至30 日凌晨,敌军还做酣梦时,已将它团团包围,进行攻击。敌人本是惊弓之鸟,还未摸清头脑,就被穿插成数块,被全部消灭。除兵团司令沈发藻侥幸漏网外,敌粤桂边区“剿总”中将司令喻英奇、粤桂边纵队司令曹英等,均被俘获。在这次战役中,由于解放军行动神速,在战斗过程中,敌人闹了不少笑话:当解放军某营占领廉江西关敌人一个团指挥所后,突然跑来一个敌人传令兵,上气不接下气喊:“报告营长,有紧急命令。”说罢,即慌慌张张从公文袋里拿出一份文件,交给接受人,但当发现解放军帽子上的红五星时,吓得面无人色,跪下来求饶。

擒首散余:打击核心,带动全局

“擒首散余”是一种用活捉敌人主将来使敌军溃散的谋略。引自《兵经百字·兴》:“凡兴师,必分大势之先后缓急以定事,酌彼己之情形利害以施法,总期于守己而制人。或严外以卫内……或擒首以散余……或两者兼行,或专力一法。”在两军的白刃交战中,首先捉住敌军的首领,就可以瓦解它的整体力量。这是古代战争中经常采用的谋略。现代条件下,擒首散余经常表现为抓住主要矛盾,求得彻底胜利,如突袭敌方领率机关、围攻敌方首都和战略要地等。

擒首散余的另一种说法叫作“擒贼擒王”,语出杜甫诗《前出塞》:“挽弓当挽强,用箭当用长。射人先射马,擒贼先擒王。杀人亦有限,立国自有疆。苟能制侵陵,岂在多杀伤?”擒贼先擒王之计,不仅用于打败敌人或对手,而且用于办一切事情,不只是打败,只要能打击其首脑,控制其首脑,就可能和平制胜。

战争中,打败敌人,利益是取之不尽的。如果满足于小的胜利而错过了获取大胜的时机,那是士兵的胜利,却是将军的累赘,主帅的祸害,战功的损失。打了个小的胜仗,而不去摧毁敌军主力,不去摧毁敌军指挥部、捉拿敌军首领,那就好比放虎归山,后患无穷。古代交战,两军对垒,白刃相交,敌军主帅的位置比较容易判定,但也不能排除这样的情况:敌方失利兵败,敌人主帅会化装隐蔽,让你一时无法认出。这时,就要睁大眼睛,不仅要擒得住,更要擒得准。

在古代战争中,"王"指敌军主帅,一旦敌主帅被擒,则如群龙无首,不战自乱;而在现代战争中,战争样式、方式不再是古代的冷兵器对杀和两方人马列阵混战,因此,擒贼擒王可以理解为打敌指挥部或歼敌主力,以震慑其他敌人。如大家熟悉的我志愿军奇袭白虎团,就是先端了敌团部老窝,使敌失去指挥,陷于混乱,而后予以歼灭,取得了重大胜利。

案例1:张巡出奇兵直捣中军帐,擒贼首用计败敌军。唐朝"安史之乱"时,安禄山气焰嚣张,连连大捷,安禄山之子安庆绪派勇将尹子奇率十万劲旅进攻睢阳。御史中丞张巡驻守睢阳,见敌军来势汹汹,决定据城固守。敌兵20余次攻城,均被击退。尹子奇见士兵已经疲惫,只得鸣金收兵。晚上,敌兵刚刚准备休息,忽听城头战鼓隆隆,喊声震天,尹子奇急令部队准备与冲出城来的唐军激战。而张巡"只打雷不下雨",不时擂鼓,像要杀出城来,可是一直紧闭城门,没有出战。尹子奇的部队被折腾了整夜,没有得到休息,将士们疲乏至极,眼睛都睁不开,倒在地上就呼呼大睡。这时,城中一声炮响,张巡率领守兵冲杀出来,敌兵从梦中惊醒,惊慌失措,乱作一团。张巡一鼓作气,接连斩杀50余名敌将和5000余名士兵,敌军大乱。张巡急令部队擒拿敌军首领尹子奇,部队一直冲到敌军帅旗之下。张巡从未见过尹子奇,根本不认识,现在他又混在乱军之中,更加难以辨认。张巡心生一计,让士兵用秸秆削尖作箭,射向敌军。敌军中不少人中箭,他们以为这下完了,没有命了,但是发现,自己中的是秸秆箭,心中大喜,以为张巡军中已没有箭了,他们争先恐后向尹子奇报告这个好消息。张巡见状,立刻辨认出了敌军首领尹子奇,急令神箭手、部将南霁云向尹子奇放箭。正中尹子奇左眼,这回可是真箭,只见尹子奇鲜血淋漓,抱头鼠窜,仓皇逃命。敌军一片混乱,大败而逃。

案例2:志愿军奇袭白虎团,擒贼首打蛇打七寸。1953年夏季,中国人民志愿军和朝鲜人民军决定在金城前线发起一次强大的反击战役。为了确保这次战役的成功,指挥部决定派一支小部队深入敌后,歼灭李承晚伪军的精锐——首都师"白虎团"团部。这次作战,就是"擒贼擒王"的生动体现。为达到奇袭的效果,指挥部决定由某团侦察排副排长杨育才和他带领的侦察班承担这一任务。9月13日夜里9时,我军万炮齐鸣,金城反击战开始了。杨育才带领12名侦察员,身着李伪军军装,肩背美式枪械,沿着事先选好的穿插路线,悄悄摸进了敌人的第一道防线。他们越过几道铁丝网,顺水沟前进,绕过了敌人的雷区,直插对方腹地。路上,侦察员们抓住了一个掉队的伪军,问明了当夜敌军的口令,靠这口令,闯过了几个游动岗哨。当离"白虎团"团部还有二三里地时,又遇到了敌人向北开进的增援车队。杨育才带领侦察班乘着夜暗一阵猛打,冲过了公路,向敌团部猛插。敌团部在二青洞山沟里。当侦察员来到时,敌人正准备逃跑。杨育才当机立断,把侦察员分为4组:第一组3

人,首先干掉敌警卫排;第二组3人,捣毁敌司令部;第三组2人,打掉敌炮兵指挥所;杨育才带领其余同志,从北门打向南门。瞬间,战斗在各个方向打响了,枪声和爆炸声响彻了"白虎团"团部。"白虎团"团长、机甲团团长、榴炮营营长,还有美国顾问和一些高级军官被我一举歼灭。我军强大的后续部队乘胜前进,追歼残敌,将战线向南推进了20里。

绝彼运道:断其粮道,抽薪止沸

"绝彼运道"是一种抽薪止沸的计谋。源于《阵纪·战机》:"以众击寡,务于广漫,利于旦辰,分守要津,绝彼运道。"意思是,切断对方运输道路,断绝对手物资、粮秣的来源。俗话说:饥饿之兵,不战自溃;车辆无油,废铁一堆;枪炮无弹,形存实无。作战中,在正面抗击敌人的同时,派出奇兵,对敌后方目标袭击,切断敌前后联系,断敌弹、油、粮等物资,使敌体力不支,后方不见,只能坐以待毙。此计是借助间接手段——断敌后方运输线,达到直接的军事目的——歼灭敌人。此计在古代战争中得到了广泛的运用,创造了很多成功的战例。现代条件下,军队机械化程度不断提高,对后勤保障的依赖性越来越大,后方保障的作用越来越重要,这些特点都为运用"绝彼运道"之计创造了更加广阔的天地。

案例1:周亚夫看准要害,断粮道叛军自败。公元前154年,吴王刘濞野心勃勃,他串通楚、汉等7个诸侯国,联合发兵叛乱。他们首先攻打忠于汉朝的梁国。汉景帝派周亚夫率30万大军平叛。这时,梁国派人向朝廷求援,说刘濞大军攻打梁国,我们已损失数万人马,已经抵挡不住了,请朝廷急速发兵救援。汉景帝命令周亚夫发兵去梁国解危。周亚夫说,刘濞率领的吴楚大军,素来强悍,如今士气正旺。我与他们正面交锋,一下恐怕难以取胜。汉景帝问周亚夫准备用什么计谋击退敌军。周亚夫说,他们出兵征讨,粮草供应特别困难,我们如能断其粮道,敌军定会不战自退。荥阳是扼守东西二路的要冲,必须抢先控制。周亚夫派重兵控制荥阳后,分两路袭击敌军后方:派一支部队袭击吴、楚供应线,断其粮道;自己亲自率领大军袭击敌军后方重镇冒邑。周亚夫占据冒邑,下令加固营寨,准备坚守。刘濞闻报大惊,想不到周亚夫根本不与自己正面交锋,却迅速抄了自己的后路。他立即下令部队迅速往冒邑前进,攻下冒邑,打通粮道。刘濞数十万大军气势汹汹,扑向冒邑。周亚夫避其锋芒,坚守城池,拒不出战。敌军数次攻城,都被城上的乱箭射回。刘濞无计可施,数十万大军驻扎城外,粮草已经断绝。双方对峙了几天,周亚夫发现敌军已数天饥饿,士气衰弱,已经毫无战斗力了。他见时机已到,调集部队,突然发起猛攻。精疲力竭、软弱无力的叛军不战自乱。叛军大败,刘濞落荒而逃,在东越被杀。

埃军机枪手守卫苏伊士运河

案例2：第四次中东战争中，原处不利态势的以色列军队利用埃及、叙利亚军队的空隙，派出一精干小部队，迅速插到苏伊士运河西岸埃军后方，切断了埃军的后方供给线，使埃军两万余众陷于无水、无食物、无医疗器械和药品的困境之中，从而改变了埃以战争态势，以军迅速控制了战场主动权。

釜底抽薪：绝根断基，强敌自弱

"釜底抽薪"为三十六计之一。此计的含义是：两军对垒，不直接抗击它的军队，而是通过攻击其他关键而又相对薄弱的部位，削弱它的气势，从根本上削弱它的战斗力，用以柔克刚的办法制伏敌人。语源自《为侯景叛移梁朝文》："抽薪止沸，剪草除根。"古人还说："故以汤止沸，沸乃不止，诚知其本，则去火而已矣。"这个比喻很浅显，道理却说得十分清楚。水烧开了，再兑开水进去是不能让水温降下来的，根本的办法是把火退掉，水温自然就降下来了。

同样的道理，对于力量强大、锐不可当之敌，应避其锋芒，设法减弱它的气势。釜底抽薪，意在抓住要害，抓那些既是敌人的弱点又是影响战争全局的关键点。这样做，可以使敌由强变弱，丧失主动。

案例1：曹操劫乌巢烧尽粮草，袁绍绝后援全线溃败。东汉末年，军阀混战，河北袁绍乘势崛起。公元199年，袁绍率领10万大军攻打许昌。当时，曹操据守官渡（今河南中牟北），兵力只有两万多人。两军隔河对峙。由于两军相互对峙了很长时间，双方粮草供给成了关键。袁绍从河北调集了1万多车粮草，屯集在大本营以北40里的乌巢。曹操探听乌巢并无重兵防守，决定偷袭乌巢，断其供应。他亲自率5000精兵打着袁绍的旗号，衔枚急走，夜袭乌巢，乌巢袁军还没有弄清真相，曹军已经包围了粮仓。一把大火点燃，顿时浓烟四起。曹军乘势消灭了守粮袁军，袁军的1万车粮草顿时化为灰烬。袁绍大军闻讯，惊恐万状，供应断绝，军心浮动，袁绍一时没了主意。此时曹操发动全线进攻，袁绍10万大军四散溃逃。袁绍带领800亲兵，艰难地杀出重围，回到河北，从此一蹶不振。

案例2：彭帅蟠龙断"龙尾"，胡军补给全丧失。1947年3月13日，国民党军对党中央所在地延安发动了疯狂进攻。西北人民解放军在毛泽东、周恩来、彭德怀等人指挥下，用阻击战法，歼敌5000余人后，主动撤离延安，以少数兵力牵着敌人鼻子打转转，而将主力隐蔽在适当地点，待机歼敌。正当敌二十九军等 9 个旅趾高气扬北犯绥德时，彭德怀挥军进攻蟠龙镇。因为蟠龙镇是胡宗南进占陕北后建立的主要战略据点之一，又是胡军主要补给基地。面粉、械弹堆积如山，被服、燃料及其他军用物资应有尽有，如若捣毁了它，就会给敌人很大震动并造成物资供应困难。胡宗南令一六七旅旅长李昆岗率四九九团及国民党"陕西省人民自卫军"第三纵队防守。解放军在 1947 年 5 月 2 日下午对它开始进攻，经 3、4 两日奋勇冲杀，从该镇南北两方先后突入镇内，将隐藏在窑洞内的蒋军一一消灭。4 月 20 日战斗结束，毙伤俘敌共达 6700 余人，并俘获该旅旅长李昆岗，缴获面粉 60 多万斤，军服 4 万套，骡马千余匹，械弹甚多，能运的运走，剩余的就地埋藏和烧毁。胡宗南听到后，好似当头挨了一棒，急得坐立不安，严令进到绥德的部队反救蟠龙，可是当他们慌慌张张返回时，解放军已安全转移到安塞地区休整。这一仗对进入陕北的敌人造成了难以弥补的损失，使他们在夏日炎炎的七月天还穿着破烂不堪的棉衣，同时也为以后打败进入陕北的蒋军创造了物质条件。

上屋抽梯：先施诱引，再为我用

"上屋抽梯为三十六计之一。原文是："假之以便，唆之使前，断其援应，陷之死地。"意思是故意露出破绽，引诱敌人深入我方，然后选择有利时机，断绝敌人的前应和后援，将其完全置于死地。敌人这样的下场就像"抢吃腊肉而磕掉了牙，怪自己的动作不当"一样。

《孙子兵法》中最早出现"去梯"之说。《孙子兵法·九地篇》："帅与之期，如登高而去其梯……"这句话的意思是把自己的队伍置于有进无退之地，破釜沉舟，迫使士兵同敌人决一死战。

"上屋抽梯"，同样可以施之于敌。在这里，安放"梯子"有很大学问：对性贪之敌，则以利诱之；对情骄之敌，则以示我方之弱以惑之；对莽撞无谋之敌，则设下埋伏以使其中计。总之，要根据情况，巧妙地安放"梯子"，令敌中计。如果敌人不肯轻易上钩，怎么办呢？那就要为敌人先开个方便之门，也就是事先给敌人安放一个梯子。在开方便之门时，要确保使其不猜疑。只要敌人爬上了梯子，就不怕它不进己方事先设置的圈套。

案例 1：刘琦设计向孔明，上屋抽梯得良策。东汉末年，刘表偏爱长子刘琦，不喜欢少子刘琮。刘琮的后母害怕刘琦得势，影响到儿子刘琮的地位，非常嫉恨他。刘琦感到自己处在十分危险的环境中，多次请教诸葛亮，但诸葛亮一直不肯为他出主意。有一天，刘琦约诸葛亮到一座高楼上饮酒，等二人正坐下饮酒之时，刘琦暗中派人拆走了楼梯。刘琦说:"今日上不至天,下不至地,出君之口,入琦之耳,可以赐教矣。"诸葛亮见状,无可奈何,便给其讲了一个"申生在内而亡,重耳在外而安"的案例。刘琦马上领会了诸葛亮的意图,立即上表请求派往江夏(今湖北武昌西),避开了后母,终于免遭陷害。刘琦引诱诸葛亮"上屋",是为了求他指点,"抽梯",是断其后路,也就是打消诸葛亮的顾虑。此计用在军事上,是指利用小利引诱敌人,然后截断敌人援兵,以便将敌围歼的谋略。

案例2:用计引诱张辉瓒,红军设伏反"围剿"。1930年12月,蒋介石纠集10万人马,由北向南对江西中央苏区进行第一次"围剿"。当时红军约4万人,集中在宁都县的黄陂和小布地区。敌军公秉藩、张辉瓒、谭道源3个师已进到宁都西北一带,毛炳文、许克祥两个师已进到广昌与宁都之间,对红军形成远距离夹击之势。由于张、谭两个师是"进剿"军总司令鲁涤平的嫡系部队,张又是前线总指挥,要是先消灭了它,对打破"围剿"可以起到决定性作用,于是红军决定先打张辉瓒。12月27日,毛泽东选定便于荫蔽、易守难攻的龙岗作战场,令红三军、红四军、红十二军及兴国地区独立师和其他群众武装迎击敌人;令红十二军三十五师的一〇五团利用敌人求战心切,出去诱敌上钩,且只准败,不准胜,能将张辉瓒诱来,就算完成了任务。该团找到张辉瓒师后,一打即退,走走打打,有时把大米饭肉菜刚做好,就放下跑了,有时将破草鞋、烂背包、坏枪、废刀故意丢在路上,装成狼狈不堪的样子,张辉瓒看到,高兴极了,衔尾紧追,12月29日上午进入红军预设在龙岗的"口袋阵"中,红三军、红十二军正面迎击,红四军向龙岗西北斜插过去,切断了敌人师部和后备旅的联系,将敌合围起来,四面夹击。30日进行总攻,31日太阳还未落山就全歼了敌人。包括张辉瓒在内共9000人,一个也没跑掉。谭道源闻此吓得向东逃跑,红军奋起追击,又消灭了敌军一半,5天内打两仗,顺利粉碎了敌人第一次"围剿"。

潜师近袭:设疑惑敌,攻其不意

"潜师近袭"是指隐藏企图,出其不意地攻打敌人。语源自《百战奇略·近战》:"多设疑兵,上下远渡,敌必分兵来袭,我可以潜师近袭之,其军可破。"利用多处设置疑兵,调动敌人,分散敌人,吸引敌人注意力,从而隐蔽真实企图,出敌所料地向敌攻击。

案例1:韩信佯动假装渡河,潜师近袭兵临平阳。楚汉相争,各路诸侯自知力量不敌刘邦、项羽,他们密切注意战争动向,寻找靠山。西魏王豹,本已投靠刘邦,后见汉兵受挫,就转而投靠项羽,联楚反汉。大将军韩信举兵攻打西魏,大军进至黄河渡口临晋关(今陕西大荔东)。西魏王豹派重兵把守临晋关对岸的蒲坂(今山西永济西),凭借黄河天险,坚守度日。韩信深知,如果从临晋关渡河,损失太大,难以成功。他佯装准备从临晋关渡河决战,调集人马,赶造船只,派人沿黄河上游察看地形。经过认真调查,韩信决定从黄河上游夏阳(今陕西韩城南)渡河,那里地势险要,魏兵守备空虚。韩信一面命大军向夏阳调集,一面佯装从临晋关渡河,派兵丁擂鼓呐喊,推船入水,作出强攻的样子。魏军无论如何也没想到,就在汉军佯装大举强渡的时候,汉军已在韩信率领下从夏阳渡河后,直取魏都平阳(今山西临汾),等到西魏王豹得到消息,派兵堵截汉军,已经来不及了。

案例2:陈锡联率军悄临近,趁夜暗突进袭机场。1937年10月11日,刘伯承率八路军第一二九师先遣队到达太原。总部命令,师指挥所与七六九团即刻向太原东北山地挺进,执行侧击敌人后方的任务,以配合忻口会战。10月14日,陈锡联团长率七六九团到达代县以南的苏龙口一带。这里距忻口几十公里,位于忻口至大同公路的东侧。陈锡联通过侦察发现附近的代县、阳明堡等地已被日军占领。日军飞机降落在阳明堡镇南面的机场,进行加油、装弹、检修等,并且机场内守卫兵力只有200人左右,警戒也比较松懈。经过研究,陈锡联决定夜袭机场。10月19日夜,陈锡联率七六九团开始行动,由第三营袭击机场,第一营袭扰代县、牵制敌人,第二营为预备队。第三营在夜色的掩护下悄悄摸向机场,爬过铁丝网,飞机的庞大身影隐约可见。突然,日军哨兵的枪响了,探照灯也亮了起来,守卫机场的日军慌乱射击。指战员们毫不迟疑,一部分人冲上去,对付日军的警卫部队,一部分扑到飞机旁。"快往飞机肚子里甩手榴弹!"赵崇德及时下达命令。战士们把一颗颗手榴弹扔进机舱,端起机枪朝机身扫射。顷刻间,许多架飞机被击中爆炸起火,火势腾空而起,机场燃成一片火海。战斗进行了一个多小时,毁敌机24架,歼敌100余人。

第八章
随机应变

处置疑难问题,必须机灵而迅速,稍一迟疑,则祸生不测,难于收拾。古人云:"临事不决,非智也;临难不决,非勇也。"处大难,贵在机速,千钧一发,瞬息万变,不可迟疑。在激烈残酷的战争中,更要因时而变、因地而变,随机制兵,才能立于不败。

军事历史上,勇者多而智者乏,而有勇有谋的更是鲜见,智者即指那些可以根据战场情况随机应变、灵活用兵之才,当然此"勇"并不是代表武艺高强和十八般武器样样精通,更多的指的是一种胆略。

何谓随机应变?何时变?何以变?自古以来著名军事家多有阐述,如《管子·霸言》,"视下之形,知动静之时,视先后之称,知祸福之门",否则就会"先举者危"。而作为近代以来最伟大军事家之一的毛泽东更是指出:"灵活地使用和变换战术是不容易的。这里有时机、地点、部队三个关节。不得其时,不得其地,不得于部队之情况,都将不能取胜。"对如何变、何以变的问题进行了深刻的论述。

围地则谋:兵临险境,施谋为要

"围地则谋"源于《孙子兵法·九变篇》。围地,即指进入道路狭隘、退出的道路迂远、敌人以少数兵力能击败我众多兵力的地形。"围地则谋",从广义上讲可以理解为当处在容易被敌四面合围、地形利于敌而不利于我的条件下,要想变被动为主动、变不利为有利,就必须充分施展谋略,从而克敌制胜。

"兵因地而强,地因兵而固",地形是军事统帅们布阵施略的天然舞台,自古以来,谋略家们无一不重视凭据地形条件进行指挥和作战。而在不利地形条件下施谋用计反败为胜,往往代表着最高超的谋略水平。

案例:依据地形巧设突击线路,克服地势不利变被动为主动。1950年12月24日,中国人民志愿军某团侦察员及司令部参谋人员和一位副团长对进攻华岳山的道路进行实地侦察。华岳山高1400多米,山顶直插云层,山上覆盖着厚厚的冰雪,前进的路尽是悬崖绝壁,只有通向该山的中峰山和石龙山之间有一条狭沟,沟里有一条可容一人行走的小路,所以守敌非常骄傲,扬言:"一人扼守,万人无法。"侦察人员详细观察地形、敌情时,发现敌人碉堡上的枪眼全都指向沟里,而对中峰山梁却未给予注意。按常规说,接近敌人应选择底下荫蔽的地方,可是那条山沟却完全置于敌火力封锁之中,山梁上却是敌人防御漏洞,有隙可乘。接敌时,就是被敌发觉,也不要紧,它打左面,可走右面,它打右面,可走左面,如用迫击炮打,又不易命中,稍一偏差,炮弹即可落入深涧,与己无妨。于是决定发起进攻后,从沟里佯攻,主攻部队沿山梁前进。1950年12月31日下午,志愿军进攻部队冒着漫天风雪,开始行动。果然,惊慌的敌人只对沟里倾泻弹雨,而对山梁却不理睬,这就完全证明了志愿军的战术设想是正确的。凌晨,突击部队在敌人身边出现,敌人没来得及掉转枪口,就在轰鸣的手榴弹声中,大部丧命,幸存的也鬼哭狼嚎般地逃跑走了。志愿军在不利条件下巧妙利用地形,以轻微代价即占领了军事要地华岳山。

因利制权:利大则行,无利则止

"因利制权"语源自《孙子兵法·始计篇》:"计利以听,乃为之势,以佐其外。势者,因利而制权也。"此谋体现了不打无把握之仗、打则必胜、打则得利的思想。

案例:粟裕机断行事因利制权,灵活机动凸显高超战略战术。1947年末,毛泽东为了减轻大别山及中原地区压力,考虑由粟裕率领华东野战军三个纵队,由宜昌、沙市间渡江南下,深入敌后,进行宽大机动作战,以吸引中原敌人20~30个旅回江南。1948年1月27日电达华野,并要求粟裕"熟筹见覆"。粟裕接电后,一面率第一兵团(由一、二、六纵组成)于2、3月间至河南濮阳地区"三查三整",学习水网地战术,印制"东南流通券",准备银元,抽调大批地方干部和民工,准备南下。一面仔细分析,判断南下可行性及利害对比,最后认定:利用中原解放区逐渐巩固的形势集中兵力大量歼灭敌人,以改变战局,比渡江深入敌后机动作战更佳,也可避免物资供应,伤病员医治等重大困难发生。4月18日便将自己意见报告中央军委。中央接电后,要粟裕到中央当面汇报,同时还请正在冀中视察的朱德总司令和南下途中的陈毅也回中央,共同研究这一战略决策。5月初,粟裕到了位

粟 裕

于河北阜平县城南庄的晋察冀军区司令部。毛泽东、刘少奇、周恩来、朱德、任弼时等中央领导听取粟裕详细汇报后认为,粟裕说的有理,乃因利制权,重新决定:华东野战军在整训后,暂不向江南作战略机动,集中力量,粉碎敌中原防御体系。此后在鲁西南战役中,不到两个月的时间里歼灭敌军共 9 万余人,并为日后举行淮海战役埋下了伏笔。此役可谓因利制权的杰作。

趁火打劫:敌处危机,趁势攻击

"趁火打劫"为三十六计之一。原意为趁别人遭火灾,而趁乱掠夺财物,在军事上则是指趁敌处于危难时,趁机攻之就势取胜的意思。所谓"火",即对方所面对的困难、危境。敌方的困难、危境不外有两个方面,即内忧、外患。天灾人祸,经济凋敝,民不聊生,怨声载道,农民起义,内战连年,都是内患;外敌入侵,战事不断,都是外患。敌方有内忧,就占它的领土;敌方有外患,就争夺他的百姓;敌方内忧外患岌岌可危,则可趁机兼并它。

趁火打劫的实现有两个至关重要的条件,一是要先有"火",即通过一切手段促敌混乱,不仅局限在火灾,还有其他多种方法,如用间、攻心、断粮等。二是要会"趁",这里关键在于瞧准"火候",把握战机。

案例 1:勾践趁吴国杀良臣、农业歉收的不利态势,选准时机一举灭吴。春秋时期,吴国和越国相互争霸,战事频繁,越国终因不敌吴国,只得俯首称臣。越王勾践被扣在吴国,失去行动自由。勾践立志复国,十年卧薪尝胆。在表面上对吴王夫差百般逢迎,并赢得夫差的信任,被放回越国。回国之后,勾践依然臣服吴国,年年进献财宝,麻痹夫差。而在国内则采取了一系列富国强兵的措施。越国几年后实力大大加强,人丁兴旺,物资丰足,人心稳定。吴王夫差却被胜利冲昏了头脑,他骄纵凶残,拒绝纳谏,杀了一代名将忠臣伍子胥,重用奸臣,堵塞言路。生活上也是淫靡奢侈,大兴土木,搞得民穷财尽。公元前 473 年,吴国颗粒无收,民怨沸腾。越王勾践选中吴王夫差北上和中原诸侯在黄池会盟的时机,大举进兵吴国,吴国国内空虚,无力还击,很快就被越国击破灭亡。

案例 2:多尔衮见明朝内乱,诱吴三桂做内应顺利入关。努尔哈赤、皇太极都早有入主中原的打算,只是直到去世都未能如愿。顺帝即位时,年龄太小,只有 7 岁,朝廷的权力都集中在摄政王多尔衮身上。多尔衮对中原早就有攻占之意,想在他手上建立功业,以遂父兄未完成的入主中原的遗愿。他时刻虎视眈眈地注视着明朝的一举一动。明朝末年,政治腐败,民生凋敝。崇祯皇帝废寝忘食,也想振兴大明。可是,他猜疑成性,贤臣良将根本不能在朝廷立足,他一连更换了十几个宰相,又杀了著名将领袁崇焕,他的周围都是些奸佞小人,明朝崩溃大局已定。公元1644年,李自成率农民起义军一举攻占京城,建立了大顺王朝。可惜李自成进京之后,立足未稳,首领们渐渐腐化堕落。明朝名将吴三桂的爱妾陈圆圆也被起义军将领掳去。吴三桂本是势利小人,惯于见风使舵。他看到明朝大势已去,李自成自立为大顺皇帝,本想投奔李自成巩固自己的实力,但李自成胜利之后,滋长了骄傲情绪,没把吴三桂看在眼里,抄了他的家,扣押了他的父亲,掳了他的爱妾。本来就朝三暮四的吴三桂,"冲冠一怒为红颜",终于投靠满清,借清兵势力消灭李自成。多尔衮闻讯,欣喜若狂,认为时机成熟,可以实现多年的愿望了。而此时中原内部战火纷飞,李自成江山未定,多尔衮迅速联合吴三桂的部队,进入山海关,只用了几天的时间,就打到京城,赶走了李自成。多尔衮志得意满取得了控制权,奠定了满清占领中原的基础。

打草惊蛇:敌兵隐蔽,迫其暴露

"打草惊蛇"为三十六计之一,语出于《酉阳杂俎》:唐代王鲁为当涂县令,搜刮民财,贪污受贿。有一次,县民控告他的部下主簿贪赃。他见到状子,十分惊骇,情不自禁地在状子上批了八个字:"汝虽打草,吾已惊蛇。"打草惊蛇,在军事上主要是指敌方兵力没有暴露,行踪诡秘,意向不明时,切记不可轻敌冒进,应当查清敌方主力配置、运动状况再说。引申理解为:其一,当敌情不明时,要采取各种手段反复侦察,比如以火力侦察敌方是否有伏兵、是否有暗堡;其二,当敌企图固守阵地,我不便攻坚时,设法迫敌脱离阵地,从而便于歼之;其三,以猛烈的行动消灭本部敌人,令他部敌人为之震慑,或不战而降,或形成混乱、惧怕而失去战斗力。

案例1:秦军不察敌情,轻举妄动打草惊蛇招致惨败。公元前627年,秦穆公发兵攻打郑国,他打算和安插在郑国的奸细里应外合,夺取郑国都城。大夫蹇叔以为秦国离郑国路途遥远,兴师动众长途跋涉,郑国肯定会做好迎战准备。秦穆公不听,派孟明视等人率部出征。蹇叔在部队出发时,痛哭流涕地警告说,恐怕你们这次袭郑不成,反会遭到晋国的埋伏,只有到崤山去给士兵收尸了。果然不出蹇叔所料,郑国得到了秦国袭郑的情报,逼走了秦国安插的奸细,做好了迎敌准备。秦军见袭郑不成,只得回师,但部队长途跋涉,十分疲惫。部队经过崤山时,仍然不作防备。他们以为秦国曾对晋国刚死不久的晋文公有恩,晋国不会攻打秦军。哪里知道,晋国早在崤山险峰峡谷中埋伏了重兵。一个炎热的中午,秦军发现晋军小股部队,孟明视十分恼怒,下令追击。追到山隘险要处,晋军突然不见踪影。孟明视一见此地山高路窄,草深林密,方知不妙。这时鼓声震天,杀声四起,晋军伏兵蜂拥而上,大败秦军,生擒孟明视等人。当然,军事上有时也可故意"打草惊蛇"而诱敌暴露,从而取得战斗的胜利。

案例2：李自成打草惊蛇诱敌军，明军自恃兵多反被歼。公元1642年，李自成率部围困开封。崇祯皇帝连忙调集各路兵马，援救开封。李自成部已完成了对开封的包围部署。明军25万兵马和大量炮车增援开封，集中在离开封西南45里的朱仙镇。李自成为了不让援军与开封守敌合为一股，在开封和朱仙镇分别布置了两个包围圈，把明军分割开来。又在南方交通线上挖了一条长达百里、宽为一丈六尺的大壕沟，一断明军粮道，二断明军退路。明军各路兵马貌合神离，心怀鬼胎，互不买账。李自成兵分两路，一路突袭朱仙镇南部的虎大威的部队，造成"打草惊蛇"的作用，一路牵制力量最强的左良玉部队。击溃虎大威部后，左良玉果然因围困难以脱身，人马损失过半，拼命往西南突围。李自成故意放开一条路，让败军溃逃，左良玉退了几十里地又遇截击，面临李自成挖好的大壕沟，马过不去，士兵只得弃马渡沟，仓皇逃命。这时等在此地的伏兵迅速出击，明军人仰马翻，尸填沟壑，全军覆没。

李自成

顺手牵羊：意外之利，兼而取之

"顺手牵羊"为三十六计之一。原意是指顺便拿走别人的东西，也有"偷"的意思。作为一种军事斗争计谋，是指对敌人微小的漏洞，必须利用；或在夺取主要目标、完成主要任务的同时，对有条件得手的次要目标也不放过，以扩大战果。除此以外，顺手牵羊还有这样的含义：在总的战略意图之下，适应具体情况，在我方便之时，机断行事。如施行大兵团作战，在向作战地域开进的途中，不顾小股敌人羁绊，直捣黄龙。但是，只要情况许可，在不对总体作战目标产生干扰的情况下，顺带敲掉敌一些小股残兵、歼灭一些小股武装也是可以的。这也叫作："龙尾打兔——捎带的。"部队在运动的过程中，漏洞肯定很多，比如，大兵急于前进，各部运动速度不同，给养可能造成困难，协调可能不灵，战线拉得越长，可乘之机一定更多。看准敌人的空隙，抓住时机一击，只要有利，不一定完全取胜也行。这个方法，胜利者可以运用，失败者也可以运用，强大的一方可以运用，弱小的一方也可以运用。战争史上一方经常用小股游击队，钻进敌人的心脏，神出鬼没打击敌人，攻敌薄弱处，顺手得利。

案例：日军机场戒备松懈，我军分队顺手牵羊。1937年10月11日，刘伯承率八路军第一二九师先遣队到达太原。师部令七六九团由陈锡联率领绕向敌后,挺进原平东北山地,准备伺机侧击南犯敌人的后方。陈锡联率军到达指定地区后,发现代县、阳明堡、崞县等地均驻有日军,并以阳明堡机场为其前进机场,集中了大批飞机,轮番出动,配合步兵对忻口的国民党军作战。当时,由于国民党军队的不抵抗和作战无力,日军麻痹大意,后方戒备相当松懈,虽然阳明堡镇上驻有香月师团的一个联队,但飞机场里只有大约 200 人的守卫部队。七六九团陈锡联团长了解到这个情况后,决心抓住有利战机,并于 10 月 19 日夜采取秘密而迅速的动作,出敌不意地袭击了阳明堡机场,将机场上的 24 架敌机全部焚毁,并歼灭了日军警卫部队百余人。这次顺手牵羊的成功主要得益于刘伯承制定的作战原则:一是师部一般地确定任务,具体打法由各级指挥官充分发挥主观能动性,机断行事,根据敌情自行灵活作战;二是行军途中,可打则打;三是为了不误战机和保守秘密,各团有自行决定权,可以打完仗后再向师部报告。正是有此三条原则才成就了夜袭阳明堡作战的胜利。

将计就计:因势利导,以谋制谋

"将计就计"指在谋略斗争中,在对敌方的计谋进行充分了解和掌握的基础上,或因势利导或针锋相对地实施自己的谋略,以使对方中计,达到战胜对方的目的。《兵经百字·测》中说:"两将相持,必有所测。测于敌者,避实而击疏;测于敌之测我者,现短以致长。"意思是:两方主将率军对峙,一定要有所判断。判断敌人,是为了避实而击虚;判断敌人是怎样判断我军的,就要故意显示我之弱点来欺骗它,以便发扬我之优势。

将计就计的表现形式之一:顺以导瑕。引自《兵经百字·顺》:"大凡逆之愈坚者,不如顺以导瑕。"意思是说,凡是强攻容易碰壁的,不如顺着敌人的企图引导它发生错误。"顺",趋向同一方向。"瑕",玉上面的斑点,比喻缺点或错误。这里指按照敌人本来的意愿,因势利导,引诱敌人犯错误。生活里常有这样的现象,顺水推舟,就坡卸驴,费力小而功效大。"顺以导瑕"的谋略思想在于:按照敌人原来的意图,把它的行动引向极端。其核心意思是顺敌心理,顺敌思维判断的路线而引导其向我方意图靠近,而不是单纯顺敌行动。

将计就计的表现形式之二:计来可受。源于《兵经百字·拙》:"敌有胜名,于我无损,则辱言可纳,兵加可避,计来可受,凡此皆可拙而拙也。"计来可受,就是要假装顺从敌人的意图,因势利导,把敌人引向极端。为了表现"可受",有时要以某种行动故意让敌人知道,造成敌方判断错误——认为我真的上当受骗。

运用这种谋略,必须具有远见卓识和准确的判断力,判断失误,则施谋必定失败;必须针对对方的计谋设计好我之战胜敌人的对策,料敌之计是手段,施谋胜敌是目的;必须把握好斗争形势的变化,准确地实施我们的谋略,提前或滞后都会影响施谋效果。

案例1:傅永将计就计移浮标,齐兵不知深浅被水淹。南北朝北魏孝文帝太和二十一年,南宋派大将鲁康祚、赵公政率兵万余,进攻北魏豫州的太仓口。北魏豫州刺史王肃命建武将军傅永带领3000人马去阻击齐军。齐军在淮河南岸,魏军在北岸,安营扎寨,严阵以待,随时准备厮杀。在敌强我弱的情况下,傅永对战势作了周密的分析。他对僚属们说:"南齐将领历来惯于使用偷营劫寨的战术,现在又是下弦月,夜间很黑,我估计今晚敌人一定会偷渡过河,偷袭我们的营寨。敌人为了便于渡河和撤回,要事先在南岸设置火把,标在水浅处,以便返回时点燃,作为渡河地点的标志。"于是,他决定将计就计,采取移花接木的计策,将部队分为两支,埋伏在营外,又派一支精干小分队带着用葫芦制作的瓠和油料,趁夜暗偷渡到南岸,隐蔽在河水最深的岸边,等来偷袭的敌人返回渡河时,南岸齐军一点燃火把,他们也马上点起火把。当天夜里,齐兵果然渡过淮水偷袭魏营。当齐军靠近魏营时,埋伏在营外两侧的魏军突然夹击齐军。齐军一看中了埋伏,顿时大乱,鲁康祚急忙下令撤退。这时河南岸的齐军在水浅处亮起火把,偷渡过去的魏军也立即在水深处点燃了火把。齐军撤到河边,可对岸到处是火把,分辨不出自己的标志,只好混乱渡水逃命。不少齐兵从魏兵火把标记的深水处渡河,都被淹死了。再加上魏军全力追击,全军覆灭,赵公政被活捉,鲁康祚被淹死。

案例2:解放军迎合敌人将计就计,胡宗南自鸣得意终被伏击。解放战争中,西北解放军在毛泽东主席和彭德怀司令员指挥下,于1947年8月6日进攻蒋管区陕北军事重镇榆林,以调动胡宗南军北上,在战略上策应刘邓大军挺进大别山。胡宗南得知后很是惊慌,立即调10个半旅,在国民党中央委员、敌二十九军军长刘戡率领下分两路向榆林进援。8月11日,解放军看到调动蒋军北上的目的已经达到,主动撤出战斗,而胡宗南却扬扬得意,声嘶力竭地宣扬他的援榆胜利,并计划将西北解放军和中共中央各机关压到葭县地区,强迫东渡黄河,以收半渡而击之效。为了迎合敌人企图,将计就计,歼灭敌人,西北解放军乃派出一小部分军队,大张声势,掩护后方机关东渡黄河。而将主力集结于沙家店地区,待敌上钩。敌人根据电台测向及空中、地面侦察,误认为解放军正在混乱东渡,高兴之至,立即下了"迅速前进,勿失此千载良机"的狂妄决心,直奔葭县而去。刘戡率二十九军及一军九十师等进展较慢,17日才进到吉征店一带。三十六师师长钟松自恃援榆有功,骄傲非常,又以为机会难得,想一战建立殊功,乃率一二三旅及一六五旅一个团和师部,向沙家店以东的乌龙部迅速扑去。18日进入解放军伏击圈内,战斗开始,20日被分割成块,遭到全部歼灭。二十九军出援部队也被消灭了一部。共毙伤俘敌 6000 余人,一二三旅旅长刘子奇也被俘虏,三十六师师长钟松及一六五旅旅长李日基侥幸逃走。我军狠狠打击了胡军的嚣张气焰。

悬权而动:权衡形势,相机而行

"悬权而动"引自《孙子兵法·军争篇》:"故兵以诈立……悬权而动。"意思是说,用兵打仗要欺诈多变才能获得成功,要权衡形势,相机而动。

悬权而动,实质上是一种根据客观形势,见机行事的谋略。在战争实践中,既能"量敌进退,虑胜后战",又能善捉战机,自然是批亢捣虚,无往不胜。像战国赵将赵括和三国汉将马谡,只能纸上谈兵,不会应变,其结果必然要惨遭败亡。

案例 1:曹军审时度势采纳谋臣建议,孙权挑拨离间不成反受其累。关羽包围了曹仁,樊城守军被困城内。正当此时,孙权派遣使者来告诉曹操说:"我正准备西进,夺取关羽的江陵、公安,关羽一旦得知,必会自动奔逃,对樊城的包围也就会自动解除了。请对这个计划保密,不能泄露而使关羽有所准备。"曹操询问大臣们如何对待这件事,大家都说应当替他保密。董昭说:"我们看待一件事,必须审时度势,合乎情理地处理问题。现在我们表面上答应孙权为他的计划保密,但实际上要把它泄露出去,这消息一旦为关羽所知,必退兵自保,不仅可解樊城之围,而且还可使孙权、关羽两军对垒,我们可以坐收渔人之利。"曹操对这个意见大为赞赏,随即命令前去营救曹仁的大将徐晃把孙权的来信射到围城里以及关羽的军营中。结果正如董昭所预料的,孙权攻取公安、江陵,关羽回兵又遭伏击,樊城的险情也解除了。

案例 2:胡宗南入空城狂妄自大,毛泽东悬权而动收复失地。1947 年 3 月,蒋介石令胡宗南调集 34 个旅 23 万人,向陕北进攻,我军重创敌军后,主动撤离中央所在地延安。胡军占领延安,大肆向中外宣传胜利。解放军在毛泽东、彭德怀正确指挥下,转战陕北,以运动战辅以阵地攻坚方式,先后在青化砭、羊马河、沙家店、蟠龙对敌进攻,四战四捷,歼敌两万余人,狠狠打击了胡军的反动气焰。但国民党硬占住延安不放,作为向中外欺骗宣传的政治资本。为了解放革命圣地延安,从政治上击垮国民党的虚伪宣传,毛泽东主席令彭德怀等,运用敌进我进办法,在 1948 年 2 月率军南下,转入外线作战,首先用一部兵力包围宜川守敌,调动洛川、黄陵敌人去援,在运动中歼灭他们。胡军果真上钩,在 2 月 26 日,由国民党二十九军军长刘戡率领两个整编师的 4 个旅,即整编二十七师的三十一旅和四十七旅,整编九十师的五十三旅和六十一旅,共 2.4 万余人,由洛川宜君一线,向东北驰援。28 日到达宜川西南瓦子街,被解放军预伏部队包围。从 29 日至 3 月 1 日,解放军以低劣装备,反复激战,终将敌人全部歼灭。刘戡及九十师师长严明都被击毙。3月3日,又解放宜川,全歼守军整编七十六师的二十四旅。3月5日继续挥师南下,旌旗所指,敌人望风而逃。打到3月10日,已攻克石堡、白水、宜君、中部等城,先后共歼敌29000余人。之后,又向西府进军。4月18日渡过泾河攻占永寿,截断西南公路。21日占领武功、麟游,截断西宝铁路。26日攻克军事重镇宝鸡,又歼敌21000余人。胡宗南看到他的老巢——西安危在旦夕,即令占领延安、洛川之敌弃城逃跑,陕北重获解放。

乘间取利:抓敌缝隙,打敌薄弱

"乘间取利"语源自明代《草庐经略·游兵》:"……或朝或暮,伺敌之隙,乘间取利,飘忽迅速,莫可踪迹。"指发现并利用敌人力量薄弱的地方,并趁机战胜之。

乘间取利的表现形式之一:乘间击瑕。源自《历代名将言行录》:"坚壁清野以为体,乘间击瑕以为用,战虽不足,守则有余;守既有余,战无不足。"乘间击瑕是指专门利用敌人的缝隙,打敌人的薄弱环节。

乘间取利的表现形式之二:乘分可图。语源自明代《投笔肤谈·达权第三》,指在作战中要善于抓住敌人兵力分散的机会,趁势攻取它。"分敌专我"历来为兵家胜敌的一个重要法则。兵力分散,在进攻中就难以形成有力的拳头;当防守时又容易留下巨大的空当,被对方各个击破。乘分可图正是利用了对方的兵力分散而暴露出的弱点,从弱处开刀,战胜敌方。

乘间取利的表现形式之三:乘乱可取。语源明代《投笔肤谈·达权第三》。乱既为用兵之忌,也是制敌之机。凡乱必生败相,而善用敌乱者就必胜。乱既生于内,也出于外,以积极的手段促敌生乱是主动的,也是经常的。故善乘乱取敌者,大都具有一套促敌生乱的本领,我们最需要的就是掌握这种寻觅战机的本领。

乘间取利的表现形式之四:乘乱掩击。源自明代刘伯温《百战奇略·乱战》:"凡与敌战,若敌行阵不齐,士卒喧哗,宜急出兵以击之,则胜。法曰:乱而取之。"乘乱掩击指乘敌人混乱的时候突然袭击。乘乱掩击这一谋略的关键在于敌乱之后抓住战机攻击。一是避而不与强敌交战,减其锐气,待其衰竭制敌乱;二是破坏敌后勤保障,断其粮草水源,使其饥渴而乱;三是袭扰强敌,拖住敌人致其乱而制之;四是对调整尚未部署完毕之敌,抓住战机打敌措手不及。

乘间取利的表现形式之五:乘饥可困。引自《投笔肤谈·达权第三》:"故知兵者,必先自备其不虞,然后能乘人之不备。乘疑可间,乘劳可攻,乘饥可困,乘分可图,乘虚可惊,乘乱可取。"意思是在敌缺粮断炊的时候,要乘机围困它。俗话说,饥不择食。当敌饥饿难忍的时候,就会想方设法或者不择手段地去充饥或者四处找粮、拾粮;或者向上级、友邻求援、求救。通常情况下,是不会等在原地挨饿的。在这种情况下,如果乘敌饥饿之机将其包围、困住,使其突不出、走不了,不仅能使其继续挨饿受饥,而且能给其造成心理恐慌。这样,敌人就会不战自败,从而达到"困"的目的。

乘间取利的表现形式之六:乘其衅生。源自《阵纪·战机》:"乃任我之气势,或击其先动,或乘其衅生。"意思是乘敌出现破绽之机袭击敌人。乘敌之隙,利用敌人在指挥上、行动上的疏漏、闪失和错误等时机,攻击敌人,这是一个聪明的指挥员绝不放过的机会。

所谓出现破绽之机,表现在几个层面上:一是在战略上,当敌出现"内忧""外患"之时,主要有天灾人祸造成经济困难,出现粮荒,瘟疫蔓延,生灵涂炭;国家政局不稳,政权摇摇欲坠;统治者残酷欺压人民,引起人民反抗,发生内战;遭受外国入侵等时机。二是在战役战斗上,当敌攻击受挫,部署混乱时,主要有突击冒进,孤立无援;指挥失误,伤亡惨重;决心动摇不定,部署变更,将领阵亡,通信中断后失去联系,部队失去控制;攻击无力、退却、转移、逃跑,长途奔袭,连续作战,精疲力竭;陷入危地,军心惶恐;秩序混乱,协同失调;士气低落,怕死厌战;后援不及,弹尽粮绝;处于恶劣天候气象、不利地形等时机。

案例1:乘间击瑕。在拿破仑的军事生涯中,奥斯特里茨会战称得上是最辉煌的一页。恩格斯说:"奥斯特里茨会战是战略上的奇迹,只要战争还存在,这次会战就不会被忘记。"会战前,俄奥联军总兵力为8.6万人,法军仅有7.3万人,兵力对比处于劣势。俄奥联军参谋长、奥地利将军魏洛特针对法军部署,决定联军以少量部队进行正面牵制,以主力迂回攻击法军右翼。拿破仑清楚地懂得,只有抓住敌人的弱点,才能赢得主动。于是,他一面以少数兵力正面攻击联军,积极抢占能控制整个战场的制高点——普拉钦高地;一面派出两个军趁夜渡过戈德巴赫河向敌人未做掩护的翼侧突击,把迂回集团割成两段,最终把俄奥联军全歼于普拉钦高地和扎恰湖之间。这场会战,无论是夺取普拉钦,还是迂回敌翼侧,拿破仑的作战指导思想自始至终都是放在抓住敌军弱点,避强击弱上。

案例2:乘分可图。1947年3月,蒋介石调集24个整编师,共60个旅45万人,以其精锐十一师、七十四师和第五军为骨干编为3个机动兵团,由陆军总司令顾祝同指挥,对山东进行重点进攻。解放军华东野战军在正副司令员陈毅、粟裕指挥下,忽南忽北,分路穿插,有时围而不攻,有时主动撤离,企图造成敌人间拉大距离,分而制之。5月11日黄昏,突然接到敌整编七十四师脱离其他主力,孤军深入坦埠的确切情报,粟分析判断,该敌既是王牌,又成孤军,便当机立断,决定围歼七十四师。指挥九纵队速占坦埠,坚守阵地,阻击敌人前进,又命令六纵队火速从鲁南北上,抢占垛庄,切断敌人退路。令两侧担任穿插分割任务的第一、四、八纵队及第二、三、七、十纵队,把靠近敌七十四师的各敌完全割裂开来,形成内三层的包围和外三层的阻援。13日开始围歼,至16日下午5时,战斗结束,敌七十四师32000余人全部被歼,师长张灵甫被击毙。

案例3:乘乱可取。早在12世纪初期,东北山区女真族就逐步强盛起来。经过劾里钵、盈歌兄弟二人统一部族,整顿内部,训练军队,发展生产,使得民食充足,兵强马壮。他们都想反对贪得无厌、骄横凶残的辽国统治者,但因无隙可乘,就都尽力做些准备工作。到完颜阿骨打执政时,辽国的最高统治者天祚皇一荒淫腐败到极点。他从不管政事,终日不是沉醉在酒色之中,就是打猎行乐,恣情享受,搞得饥民遍野,武备废弛。同时他对一些说实话的人不是关,便是杀,把老百姓当牛马,经常向女真族要"海东青"(一种产于鞑靼海峡的小鹰)。派出的使者,又乘机敲诈勒索,搞得人人怨恨,个个切齿。完颜阿骨打看到辽国已无可救药,可以乘隙打倒,乃发动起义。在公元1114年(宋徽宗政和四年)9月,用仅有的2500精兵,先发制人,一举攻下了辽国东北门户江州(今吉林省五家店地区),辽兵反扑,又被打败,没有多久又拿下宾、祥(均在今吉林省陶赖昭西南,伊通河北岸)、咸(今辽宁省平原)等州。在1115年1月,完颜阿骨打称帝,国号金,并很快将辽国彻底击垮。

案例4:乘饥可困。1948年6月至7月,正值华北全区展开护麦斗争之时,而晋中地区的护麦斗争就更有其特殊的战略意义。阎锡山集团仅占据着十几座县城的狭小地区,而其军政人员达20多万,在失去后方补给的情况下,军粮是其最大的难题。敌为缓解这一危机,将主力南出,妄图大肆抢粮。我则针锋相对,采取威逼敌交通命脉、切断其退路的战法,使敌陷于顾此失彼、进退两难的境地,这就从战役指导上造成并抓住了敌人的弱点,切中要害,从而掌握了战场上的主动权,创造了战役中以少胜多的范例。

乘胜追击:慈不掌兵,追打穷寇

"乘胜追击"是在敌已溃败,我却处于强势之时,为了不放虎归山,乘胜实施追敌歼敌的谋略。"乘胜追击"一词的来源,最早为一种俗语,已难以查究。历史上与之相类似的表述较多,最为著名的为毛泽东同志的诗中写到的"宜将剩勇追穷寇,不可沽名学霸王"。

乘胜追击,一是分清敌退却是否为欺骗,防止出现被敌诱至伏击圈的不利情况。二是不能盲目追击,而应在确保胜利的情况下,有组织有计划地实施追击,防止被敌人反扑,特别是在敌面临绝境时,防止其不惜背水一战,对己方造成损伤。

案例1:李世民不畏险阻乘胜追击以绝后患。公元620年初春,李世民率领兵马与刘武周大将宋金刚相持于绛州(今山西省新绛地区)。宋金刚的军队因为粮道被唐军切断,坚持到4月间,再也无法维持,仓皇向北逃跑。李世民看到敌人饥饿不堪,惊惶混乱之势,认为有机可乘,亲自率领大军跟踪追击,有时一天一夜竟跑200多里。追到高壁岭(在山西省灵石东25里)时,李世民部下刘宏基拉住李世民的马缰绳说:"大王所向披靡,一连大败敌军,战果巨大,希望暂时停止前进,如若继续追击,恐怕会影响你的健康。同时官兵也相当疲劳,需要休息和补充。最好我们在这里安营休整,等后面粮食运上来,掉队的人都赶上,再行追击。"李世民说:"获得良好战机非常困难,而要失掉却很容易。现在敌人粮尽计穷,士气低落,乱成一团,正是彻底消灭它的大好时机,我们如若克服困难,不顾疲劳,不怕流汗流血,狠追穷追,就可以全部歼灭敌人,如若停下来再不前进,就会使敌人获得喘息机会,恢复战斗力量,重新起来与我们为敌,到那时,再想消灭他们,也就不容易了。我们尽忠报国,哪里还顾得上自己的身体和疲劳。"在此鼓动下,相继打下了介休城、太原。在这期间,李世民两日没吃上饭,3天没解甲休息。

案例2:蒋介石欲借和谈得喘息,解放军乘胜追击过长江。解放战争进行至1949年4月,经过三大战役的战略决战以后,蒋家王朝的800万军队已所剩无几了。在此情况下,蒋介石企图以和谈做幌子,拖延时间,以图重整旗鼓,卷土重来。毛泽东看穿了敌人的阴谋,写下了"宜将剩勇追穷寇,不可沽名学霸王"的

百万雄师过大江

著名诗句,向全国人民提出了"将革命进行到底"的伟大号召,之后是百万大军横渡长江,马不停蹄地分路向东南沿海,以及中南和西南地区进行战略追击。最终通过后面追、前面堵,以强大军事压力配合强大的政治攻势,消灭了顽抗的敌人,取得了最后的胜利。

乘彼不虞:趁敌松懈,攻其不备

"乘彼不虞"源于明代《草庐经略》:"兵者,机以行之者也……亦有先缓而后速者,缓者令其弛备,速者乘彼不虞,彼既弛备而不虞我之至,则往无不克,发无不中也。"乘彼不虞就是趁敌人松懈,采取某种敌人意想不到的行动。

案例:德军取小胜自得意挥军轻进,苏军设伏击施引诱重创敌军。1943年7月

6日,苏反坦克炮兵第一八三七团奉命在奥博场南侧阻止德军坦克部队向防御纵深进入。该团第一天成功地击退了德军先头部队,夜间调整部署,只留少数火炮在原地据有利地形隐蔽待机,大部火炮撤到纵深敌攻击路线两侧的有利地形,进行严密伪装。8日晨,德军100多辆坦克发起攻击,克服了苏军微弱抵抗后,高速向纵深行进,不料却遭到苏军意想不到的突然打击,损失惨重。

敌睦携之:先离间敌,而后再胜

"敌睦携之"引自《黄石公三略·上》,意思是当敌人和睦时,要设法使其离散。在这里,"睦"指和睦、团结之意,"携"是指离间、离散的意思。通常情况下,敌人之间和睦相处能形成凝聚力,团结友爱能使战斗力增强。然而,绝对的和睦是没有的,不仅思想上的裂缝与组织上的裂缝紧密相连,而且其利益上的不尽一致也有可能貌合神离,这样就为"携之"产生作用创造了条件。现代条件下,此谋运用到战场上,主要是破坏敌人之间的协同,或者引起敌军之间的互不服气、互相埋怨,以致钩心斗角。

案例1:联军关键时刻拉拢法国同盟,掉转枪口,拿破仑"交友不慎"陷入绝境,从此一蹶不振。1813年10月16日,在莱比锡(德国柏林西南方)开始了一场拿破仑时代最大的战争。拿破仑在那里同由俄军、奥军、普鲁士等国家军队组成的联军进行了殊死决战。经过第一天激战,法军损失了3万人,联军损失了4万人,但未分胜负。晚上,拿破仑得到援军1.5万人,而联军却因拿破仑的前元帅贝纳多特所部和巴伐利亚国决定加入,加上本里格森将军率领波兰兵团又赶到战场,一下子就得到援军11万人。17日整天,双方都在抢救伤员,准备战斗。夜间,拿破仑看到形势不利,决定将军队撤到萨尔河一线,但还没有来得及行动,战斗又开始了。这一天联军继续获得成功,正在激战时,萨克森国又被联军拉走掉转炮(枪)口,向拿破仑轰击。这种事先未曾料到的行动,使拿破仑马上陷入绝境,尔后尽管继续奋战,坚持到黄昏,但已无补大局。18日夜和19日,他组织退却,可是没有摆脱敌人,联军乘机追击,又消灭了好多法军。加上他的工兵炸桥时,又将2.8万名精锐部队丢在桥对面,被迫投降联军,他一共损失6.5万余人,从此一蹶不振。

案例2:新四师用计激化日伪矛盾,未用兵已形成有利态势。我新四军第五师在打侏儒山战役过程中,我军利用日伪之间、伪军各部之间的矛盾,进行反间和分化,首先使日军不肯积极支持汪步青部,继之使刘国钧逼汪步青部离开沔阳县境,创造了对其攻击的条件。对汪步青部,则通过军事打击与政治瓦解相结合加速了其溃败。

浑水摸鱼:搅乱战局,乱中取利

"浑水摸鱼"为三十六计之一。此语原意是比喻乘混乱时刻大捞一把,这里引申为军事谋略,是说打仗时要注意抓住敌方的可乘之隙,借机行事,使乱顺我之意,乱中取利。局面混乱不定,一定存在着多种互相冲突的力量,那些弱小的力量这时都在考虑,到底要依靠哪一边,一时难以确定,敌人又被蒙蔽难以察觉。这个时候,己方就要乘机把水搅浑,顺手得利。古代兵书《六韬》中列举了敌军的衰弱状况:全军多次受惊,兵士军心不稳,发牢骚,说泄气话,传递小道消息,谣言不断,不怕法令,不尊重将领等。这时,可以说是水已浑了,就应该乘机捞鱼获利。

案例1:浑水摸鱼智取三城,诸葛亮巧用计气杀周瑜。赤壁大战,曹操大败,为了防止孙权北进,曹操派大将曹仁驻守南郡(今湖北公安县)。这时,孙权、刘备都在打南郡的主意。周瑜因赤壁大战,气势如虹,下令进兵,攻取南郡。刘备也把部队调到油江口驻扎,眼睛死死地盯住南郡。周瑜说:"为了攻打南郡,我东吴花多大的代价,南郡唾手可得,刘备休想做夺取南郡的美梦!"刘备为了稳住周瑜,首先派人到周瑜营中祝贺。周瑜心想,我一定要见见刘备,看他有何打算。第二天,周瑜亲自到刘备营中回谢,刘备借机用激将法,让周瑜去攻打南郡,周瑜骄傲自负,一口答应。周瑜发兵,首先攻下彝陵(今湖北宜昌),然后乘胜攻打南郡,却中了曹仁诱敌之计,自己中箭而返。曹仁见周瑜中了毒箭受伤,非常高兴,每日派人到周瑜营前叫阵。周瑜只是坚守营门,不肯出战。一天,曹仁亲自带领大军前来挑战。周瑜带领数百骑兵冲出营门大战曹军。开战不多时,忽听周瑜大叫一声,口吐鲜血,坠于马下,被众将救回营中,原来这是周瑜定下的欺骗敌人的计谋,一时传出周瑜箭疮大发而死的消息。当天晚上,曹仁亲率大军去劫营,城中只留下陈矫带少数士兵护城。曹仁大军趁着黑夜冲进周瑜大营,只见营中寂静无声,空无一人。曹仁方知中计,急忙退兵,但是已经来不及了。只听一声炮响,周瑜率兵从四面八方杀出。曹仁好不容易从包围中冲出,退返南郡,又遇东吴伏兵阻截,只得往北逃去。周瑜大胜曹仁,立即率兵直奔南郡。等周瑜率部赶到南郡,只见南郡城头布满旌旗。原来赵云已奉诸葛亮之命,乘周瑜、曹仁激战正酣之时,轻易地攻取了南郡。诸葛亮利用搜得的兵符,又连夜派人冒充曹仁救援,轻易地诈取了荆州、襄阳。

案例2:越南战争中,美军对越南北方实施封锁时,成功运用浑水摸鱼之计布设水雷。为了减少伤亡,增加布雷的准确性,美军决定,以其他作战行动掩护飞机布雷,加大欺骗性。一日早晨7时,活动在北部湾的美航空母舰出动近百架飞机,轮番对海防市区特别是工业区进行了猛烈轰炸。至8时许,在北部湾沿岸,由6艘驱逐

美军实施海上封锁的驱逐舰

舰编成 3 个战斗群,对越南海岸的涂山岸炮阵地、雷达站、高干疗养院等地进行炮击,发射炮弹数千发。在越军忙于反空袭的同时,美军的 40 架舰载机分多批次由外海方向对海防港的楠潮口主航道进行布雷。接着,又有 16 架舰载机在涂山半岛至吉婆岛一线布设水雷200余枚,使越南顾此失彼,造成海防港完全被封锁。

以诈还诈:顺水推舟,顺势反意

"以诈还诈"是一种顺水推舟、将计就计的谋略。意思是说,利用敌人用谋的招数,因势利导,反使用给敌人,达到出敌不意、以奇制胜的目的。"以诈还诈"是以诡诈对付敌人的诡诈,以毒攻毒的计谋。在互相用诈的战争舞台上,如果不能欺骗敌人,必然为敌所制。以诈还诈,首先要准确识破敌诈,摸清敌之脉搏。而后反向思维,在相反中求相成或相反事物的真实面貌;或顺应敌人的主观愿望而行动,跳出敌人的思维圈子,出敌所料。运用此计,必须熟知对手,因敌用诈,乘势用谋,防止弄巧成拙。

案例:德军不声张引敌人误入套圈,美军自得意殊不知已陷危地。在第二次世界大战的意大利战场上,美军在一次战斗中,派出两个营的别动队,利用德国军队兵力部署的空隙,于夜间秘密沿潘塔诺运河实施穿插,企图在拂晓占领西斯特纳,为后续部队打开通往罗马的道路。次日凌晨,美军别动队到达西斯特纳附近,预定任务即将完成,美军官兵不禁人人面带喜色。忽然间,枪声四起,德军步坦结合从四面向他们发起猛攻。在突如其来的打击下,美军别动队只有 9 人生还。其实,德军早已发现这支穿插部队和美军企图,但没有打草惊蛇,而是以诈还诈、将计就计,迅速调集兵力设伏于美军必经之地,给以沉重打击。

见可而进:见机而行,寻机而进

"见可而进"是指在和敌人作战时,如果判明有可以战胜敌人的条件,就应当迅速进攻敌人。其谋略思想在于见机而行,打得赢就打。源于《百战奇略·进战》:"凡与敌战,若审知敌人有可胜之理,宜速进兵以捣之。"在充满诡诈的战场上,战机稍纵即逝,优势军队不遇战机,虽优无用;劣势军队遇有良机,则可以小制大,以弱胜强。古今中外,任何一个用兵灵活的将领,都善于运用"见可而进"的谋略。

案例:在怀来战役中,我军指挥员能审时度势,实行打得赢就打、打不赢则走的方针,在战役战斗中争取了主动。如大村南山战斗前,我军原计划在长峪城截击北路之敌第一二八团,但该路敌人谨慎不前,南路之敌却快速冒进,根据这一变化,我军及时改变决心,转用兵力打击南路之敌。在战斗中,我军第十旅与敌遭遇,行进间迅速展开,但正面3次攻击受阻。后经侦察发现该敌侧后山势陡峻,敌未设警戒,我军即迅速组织部队大胆涉险攀登,从敌侧部突然袭击,一举歼敌。同时,我军以少数兵力插入敌纵深,袭击敌师指挥所,该路敌人即刻溃逃,收到了击其一点震撼全局的效果。

以己度敌,破彼之破:道高一尺,魔高一丈

"以己度敌,破彼之破"意思是说,根据自己所用计谋的情况,研究敌人可能采取什么对付我之谋略,从而针锋相对,破敌人对付我之计谋的谋略。在敌对双方的智斗中,我以计制敌,敌亦可能以计制我,而我再设一防,破敌之破;我以计防敌,敌亦可以计防我之制,而增设一破敌之防,才能始终治敌,而不治于敌,立于不败之地。

案例:抗日战争时期,刘伯承指挥我军在3天之内于七亘村两次设伏获得成功,就是典型一例。当我军第一次在七亘村伏击成功后,刘伯承以己度敌,设身处地地站在日军一方思维,认为敌人向平定地区输送军需的任务并未完成,必然设法再次运送军需物资,而七亘村则是敌必经之路;另外,日军指挥官必定以为我军不敢冒兵家大忌而重叠设伏,加之自恃力强,不把我军放在眼里,所以,肯定还会取道七亘村。于是刘伯承决定一反常规,出奇制胜。他一方面指挥我军佯装退出第一次伏击地——七亘村,另一方面令我军第三营悄悄进入七亘村。通过对敌的认识与反认识,我军计高一筹,取得了第二次伏击的胜利。

以子之矛,攻子之盾:刚柔之术,借力打力

"以子之矛,攻子之盾"语出《韩非子·难势》:"客曰:人有鬻矛与盾者,誉其盾之坚,物莫能陷也。继而又誉其矛曰:'吾矛之利,物无不陷也。'人应之曰:'以子之矛陷子之盾,何如?'其人弗能应也。"矛,长柄而有刃的进攻性武器。盾,盾牌,保护自己的兵器。以子之矛,攻子之盾,即用你的矛去攻击你的盾。作为一条军事斗争谋

略,其基本思想是:用敌人对待我们的方法去对付敌人,使敌陷入难以解脱的境地。

案例1:国民党假借和谈诱中共上当,毛泽东还治其身名利双收。抗日战争结束后,蒋介石一面积极准备进攻我解放区,一面却又说我党我军"好战""不要和平、不要团结",并假惺惺地邀请毛泽东去重庆谈判。毛泽东识破了蒋介石的阴谋,亲率代表团赴邀。这一招,大出蒋介石预料。于是,一切提案都由我方提出,谈判结果,国民党不得不承认了和平团结的方针。这里,国民党虽然避免了自相矛盾的局面,但是,他们后来又撕毁《双十协定》,向我进攻,继续内战,他们就在言行上陷入了矛盾的境地。正如毛泽东指出的:"国民党承认了和平团结的方针,这样很好。国民党再发动内战,他们就在全国和全世界面前输了理,我们就更有理由采取自卫战争,粉碎他们的进攻。"

案例2:德军设计引诱美军机群,英美舰队上当自相残杀。1943年5月,德军情报部门根据掌握的情报,决定制订一个用无线电通信手段进行借敌之力的行动计划。5月8日,夜幕降临以后,美空运地面部队的行动开始了,机群离开基地不久,因受德军无线电干扰而失去了同基地的联系,迷失了方向。与此同时,德军派出轰炸机在5000英尺高度轮番轰炸停泊在美军基地附近海面上的英美军舰。接着,德军便利用无线电通信"只见声音不见面"的欠缺,冒充美军基地向美空运机队发出无线电指令:"请保持5000英尺高度!航向3500密位!……"美空运机队接到地面"指挥信号",便误入英美舰队上空。英美舰队一看高度是5000英尺,以为德军飞机前来轰炸,所有高炮一齐开火,就这样,德军轻而易举就把美空运计划彻底摧毁。

第九章
用兵之忌

《易·乾·卦》:"亢龙有悔。"

《易·乾·象》:"亢之为言也,知进而不知退,知存而不知亡,知得而不知丧。"

故用兵,要借鉴他人的失误,切不可重蹈覆辙;要清楚己方的优与弊,避害而趋利;要摸清用兵规律,明察用兵之大忌。作为军事指挥者,不能只想着胜,而不思败,要从败战中汲取经验教训。

众兵避隘:大军作战,须避险形

"众兵避隘"是指兵力优势一方应避免在狭窄险阻的地方与对方决战。这是一条选择战场地形的谋略。源于《百战奇略·众战》:"凡战,若我众敌寡,不可战于险阻之间,须要平阳宽广之地。"大兵团在狭窄险阻之地难以发挥作用,而开阔的平原地,却便于大兵团特别是机械化兵团的展开,最适于集中优势兵力,采取四面包围,与对方进行决战。

随着科学技术的发展和世界各国军队武器装备的不断更新,军队编组和作战样式不断发展变化,并推动战场空间不断拓展。这就要求指挥员必须根据自己军队的数量、武器装备的性能等条件,去选择有相应容量的战场。

案例:莱芜战役,国民党军最大错误在于以兵多自居却不懂众兵避隘的道理。莱芜战役中,国民党军猬集于莱芜城内,城小人多,军心混乱,在我重重包围之下十分惊恐。但是,若此时我施以强攻必造成困兽之势,且城内难以展开兵力,反而于我不利。我遂造成态势,诱敌突围。待敌进入我预伏阵地后,我突然发起进攻,此时,敌前进无门,后退无路,人马车辆拥作一团。我乘敌混乱之机,多路猛插敌阵,迅速粉碎了敌人的顽抗,歼敌大部,取得了胜利。

战胜不复：因敌制变，灵活运用

"战胜不复"是取得胜仗以后不重复老一套的用兵谋略。源于《孙子兵法·虚实篇》："因形而措胜于众，众不能知。人皆知我所以胜之形，而莫知吾所以制胜之形。故其战胜不复，而应形于无穷。"

战胜不复，意在因敌制变，灵活运用兵法；并非否定前人的经验，而是说不能因为上一次的胜仗，而不分下一仗的客观实际情况，一味模仿上一仗的具体打法。"兵无常势，水无常形"，一般地说，即使是打了胜仗的经验，也不应重复使用，否则，易被敌方摸清规律，为敌所算。总之，一定要依据具体情况而定，绝不能简单照搬上一次成功的经验。同时，"战胜不复"与"战胜再复"并不矛盾，"战胜再复"是在出奇制胜、因地制宜基础上，"战胜不复"谋略的灵活运用，其中妙处，当认真体会，在实际情况中慎用、妙用。

案例：战胜不复与战胜再复。在我国军事史上，同样是背水设阵，汉代的韩信胜利了，他背水破赵；三国时徐晃简单模仿而设背水阵，却败北于黄忠、赵云，就是一例。

佯北勿从：思维清醒，防敌阴谋

"佯北勿从"源自《孙子兵法·军争篇》："故用兵之法，高陵勿向，背丘勿逆，佯北勿从……此用兵之法也。"意思是说，用兵的方法：敌人占领高地，不要去仰攻，敌人背靠高地，不要从正面攻击；敌人佯装败退，不要去跟踪追击；这些都是应当掌握的原则。在这里，"佯"是指假装；"北"是指败北。"佯北勿从"是特别针对"诱敌深入""伏路出奇"等谋略而讲，即对于己方，一定要防止敌军对我实施"诱敌深入""伏路出奇"等谋略。也就是说，不要轻易上敌人诱敌之当。

案例：长平之战凸显"佯北勿从"的道理。通常情况下，香饵的下面布有陷阱，用佯的背后设有圈套。如果敌人的有生力量没有经过大量减杀而败退，其中必然藏有诈术和杀机。赵括在长平的全军覆灭，就是不问虚实、贪胜直追的结果。因此，佯北勿从，关键要正确地判断敌情。当敌退却时，切忌以胜利者的姿态轻易低估敌人的力量而盲目追击。

饵兵勿食：敌饵诱我，切勿上当

"饵兵勿食"引自《孙子兵法·军争篇》："故用兵之法……锐卒勿攻，饵兵勿食，归师勿遏……此用兵之法也。"大意是,用兵的方法:敌人锐气正盛,不要去进攻,敌人以饵诱我,不要去理睬,正在撤退回国的敌人,不要去阻拦。这些都是用兵的方法。在这里,"饵兵"是指诱兵,即诱敌就范的小部队。

在现代条件下,饵兵通常有以下几种情况:用小部队或假情况向敌人露出破绽,引蛇出洞,诱敌就范;为掩护大部队作战,随时派出小分队示形于敌,进而达到纠缠和牵制敌人主力的目的,使敌人为眼前的小利而失掉大的战机。在复杂多变的战场上,指挥员应当全局在胸,见利思害,要动于后而谋在先,这样才能不会为饵兵所诱。

同样,此谋略也是针对敌方的"诱敌深入"等谋略的,与"佯北勿从"具有同样的内涵。

案例:清兵盲目自大急功冒进,义军巧设饵兵全歼来敌。1652 年(清顺治九年)3 月,农民起义军在李定国的率领下东征,义军前后不到 7 个月,光复 5 州 19 郡,收复河山达 3000 里。清政府惊惧之至,经过千挑万选,任命敬谨亲王尼堪为统帅,率领精兵 10 万,日夜兼程,直扑长沙,企图挽救西南危局。李定国侦知清军情况后,在敌到达长沙前,命义军主动撤离该城,向南转移,准备在运动中歼灭来敌。他在撤退中,故意丢弃大量物资器材,装作狼狈惊逃的样子。狂妄的敌人一看,唯恐失去立功机会,一到长沙,就马不停蹄向南追击。义军退到衡阳(今湖南省衡阳)后,李定国勘察研究了地形,在蒸水两岸,利用灌木丛和半枯的蒿苇作掩护,布置了围歼敌人的口袋阵,等敌就歼。11 月 24 日,敌人精疲力竭地赶到了。他们看到农民军不多,立即冲入"行凶"。义军先在城北香水庵、草桥、演武亭迎敌,佯装败退,引敌进入伏击区。李定国一声号令,义军千军万马,像从地底下冒出来一样,由四面八方向清军卷去,一下子将清军肢解分割成无数小块,喊杀声、哀号声、白刃搏斗声响成一片。经过激烈战斗,清军大部被消灭,满清皇室的"优秀"统帅敬谨亲王尼堪也被李定国击杀。

重进勿尽:保留后备,持续作战

"重进勿尽"意思是,形成攻击重点后,不要将预备兵力尽数使用。这是一条进攻作战谋略。语源《司马法·严位第四》:"凡战,既固勿重,重进勿尽,凡尽危。"司马穰苴认为,凡是作战的军队没有预备兵力是危险的。在防御作战中,主要防御地区已经坚固了,就不要再加强了;在进攻战斗中,已经形成了优势的攻击兵力,就不要再倾力而尽。现代战争中,各国军队在进攻或防御作战时几乎都留有预备队,足见中国古代司马氏的"重进勿尽"的谋略思想影响之大。

苏联红军休整待战

案例1：德军轻视后备力量补充屡尝败绩，苏军坚持持续作战原则渐入佳境。第二次世界大战中，苏军十分重视战役后备力量的组建和保持，从而不仅收到扩大战果、发展胜利之效，也为苏军应付意外、保持主动提供了条件。相反，德军一些战役的失败，原因固然是多方面的，而其中一个重要原因是后备力量不足，无法进行持续作战。如苏军在莫斯科保卫战中，其最高统帅部根据情况留有强有力的战役预备队，并从次要方向抽调部分兵力机动到莫斯科方向作为预备队，从而加强了防御和反击的力量。而德军为了"速决"，投入了全部兵力，又兵力分散，当苏军以顽强的抵抗顶住了德军的几次突击之后，德军因无兵力补充，逐渐丧失了主动，沦为被动，最终以失败告终。

案例2：金日成孤军深入无后援，最终导致前功尽弃。朝鲜战争初期，北朝鲜领袖金日成的部队以排山倒海之势打得南朝鲜李承晚军队及部分联合国军落花流水，直逼釜山。面临绝境，南朝鲜军和联合国军在釜山构筑了釜山防线，拼死抗争，由于金日成的部队是远征作战，兵员补给、后勤补给都很困难，最终未能攻破南朝鲜军和联合国军的釜山防线。特别是联合国军仁川登陆成功，北朝鲜军队没有预备力量进行阻击，最终受到两面夹击，全面溃败。

知难而退：形势不利，不可强求

"知难而退"是指在和敌人作战时，如果敌方兵力多，我方兵力和地形又很不利，力量难以和敌人抗衡，应赶快撤退，避免与敌决战。其谋略思想为见机行事，打不赢就走。语源自《百战奇略·退战》："凡与敌战，若敌众我寡，地形不利，力不可争，当急退以避之，可以全军。"知难而退，相对于"见可而进"。打不赢就走，在退却和转移中保存实力，创造和寻求"可进"的战机，这是实行运动战和游击战的一个重要的用兵原则。

案例：毛泽东认真考量敌我力量对比，合理制定进退方针，为革命保存井冈山星星之火。秋收起义受挫后，毛泽东根据当时敌我力量对比的实际情况，毅然改变了原定的进攻并夺取长沙的计划，及时率领工农革命军向国民党统治薄弱的农村进军，走上了在农村开展游击战争，建立革命根据地，以保存和发展革命力量的道路。试想，如果当时毛泽东不是知难而退，而是硬着头皮攻打长沙，也许就没有后来的井冈山斗争的辉煌历史了，而整个中国革命的历史也势必被改写。

军有所不击：着眼全局，因情用兵

"军有所不击"是指对有的敌人不要马上攻击他，应因情、因势和全局需要灵活确定攻击的时间和方法。语源自《孙子兵法·九变篇》。孙子认为，顽强的敌人处在危险境地时，必定会垂死挣扎，我们切不可与其硬攻，而敌人懈怠时我们则进攻，敌人前进时我们就稍退一下，这样拖久了敌人就会自毙。

为了战略全局的需要，对于有些敌人可以缓歼一步。当战场情况发生变化时，可以停止攻击原定的敌人，而另选目标。可见，"军有所不击"，并非不击，而是为了全局的需要，根据当时的客观实际情况而采取的临时应对之策。

案例：平津战役中，解放军对先打谁、怎么打都依形势发展而定，确保战役全局胜利。在平津战役准备阶段，毛泽东指示：在东北野战军未全部入关之前，华北野战军对张家口、新保安之敌只作"围而不打"之部署，以便稳住敌人。同时，指示东北野战军要不顾一切疲劳，迅速秘密入关，插入平津线各点之间，采取"隔而不围"的部

平津战役战斗场景

署，即只作战略包围，隔断诸敌联系，切断敌退路，在整个部署完成之后，先打两头，后取中间，各个歼灭敌人。又指示淮海战役前线的我中原、华东野战军，留下杜聿明集团，暂不作最后歼灭之部署，以免使蒋介石迅速决策海运平津诸敌南逃。由于我采取了多种"军有所不击"的形式，成功地分割、包围了敌人，达到了预期的战役目的。

地有所不争：重在歼敌，略地次之

"地有所不争"是指对于有些地方不要去争夺，是灵活确定或改换进攻目标的谋略。源自《孙子兵法·九变篇》。歼敌与略地，是进攻作战的直接目的。然而，军事家的锋芒所向，首先在敌最要害处。如果条件尚不成熟，或对全局不利，对有些地区就暂时不攻不争。

暂时的不攻不争，是为了今后更好地攻与争。高明的军事家绝不会计较一城一地的得失，为了贪图小利而放弃总的战略目标。孙子的"地有所不争"的谋略思想，

就在于照顾战略全局而暂时放弃一些地盘，对于一些难夺之地和难打之敌不要过多纠缠。

案例：解放军不争一城一池小利，根据形势着眼战争全局。解放战争中，我军明文规定："以歼灭敌人有生力量为主要目标，不以保守和夺取地方为主要目标。"也就是说，不怕"家"里的坛坛罐罐被敌人打烂。暂时看来，由于我军主动放弃一些地方或暂时不攻某些城市，那里的人民会生活在水深火热之中或白色恐怖之下；但若从长远的观点看，我们却保存了军力、扩大了队伍，而敌则分散了兵力、背上了包袱，最终被我战胜。我军无论是万里长征，还是暂时放弃延安等一系列作战行动，都是暂时退却，保存实力，避敌锋芒，以便看准时机，通过及时反攻将原来失去的夺回来，并取得更大的战果。

途有所不由：行军路线，审慎抉择

"途有所不由"意为有的道路不一定非走不可。语源自《孙子兵法·九变篇》："凡用兵之法……途有所不由，军有所不击，城有所不攻，地有所不争，君命有所不受。"选择军队行动路线，若选在敌"不虞"之道，能攻其不备，退其不备。

路有险阻，近是远；畅通无阻，远为近。自然条件虽险，但敌人无所防备实际上是夷；路途虽然平坦，但敌人设防严密实际上是险。

二战中的日本海军军舰

案例：日本选择最艰险但少防备的线路攻击珍珠港，取得奇效。在第二次世界大战中，日本偷袭珍珠港之所以能获得成功，重要原因之一是他们在航线选择上出乎美军意料。本来有三条航线可达珍珠港，然而日本海军置中、南两条便利航线于"不由"，偏偏选择了距离较远、气象不好、补给困难的北航线。这正是由于北航线便于隐蔽，利于达成突然袭击之目的。

君命有所不受：审时度势，临机处置

"君命有所不受"是指战场形势千变万化，指挥员应审时度势，临机处置，对于上级原先的命令，有时也可以不接受。这是中国古代的一条用兵原则，源自《孙子兵法·九变篇》。将领应以服从命令为第一，以确保上级战略意图的实现；当与上级意见不一致时,应申明自己的意见并得到上级的批准后方可施行。而在与外界隔绝,通信中断,或时机紧急,来不及请示时,应根据战局变化,"君命有所不受",但事后应立即报告上级。在中国古代君臣制度十分森严的情况下,还奉行"将在外,君命有所不受",足见战场灵活用兵的重要。

案例:刘伯承给下属临机决断权力,解放军作战中突出灵活机动。刘伯承同志在1948年6月总结三军会师、逐鹿中原、机动歼敌的战法时,告诫各级指挥员,在机动中,各级指挥部应在贯彻上级总的意图下,根据具体情况,灵活处置突发或变动了的情况,而不应机械地去执行上级的某些已不能适应新情况的指示。他举例说:"宋(时轮)陈(再道)两纵于30日在高庙集、兴隆镇地区,根据我们的基本命令与当时张轸的实际情况不是向东而是向西,未完全执行两兵团命令,只以二纵进到庙庄寺、苗店之线,就势转

刘伯承

移兵力向桥头西方向围击,故能歼敌6000余人。"刘伯承肯定"这种机断行事是对的",也就是说"君"命可以有所不受。

勿以军众而轻敌:恃众轻敌,将帅大忌

"勿以军众而轻敌"这是一种统御谋略方法。语出《六韬·龙韬·立将》:"勿以三军为众而轻敌,勿以受命为重而必死,勿以身贵而贱人,勿以独见而违众,勿以辩说为必然……"这种方法,是指谋略主体不能以自己军队众多、力量强大而轻视敌人。总之,要"合于利而动,不合于利则止"。历史上很多经验教训也告诉人们,恃众而轻敌,是将帅之大忌,任何情况下都必须慎之又慎。只有科学决策,正确用兵,才能战胜敌人。狂妄自大,轻率用兵,没有不失败的。

案例:国民党军得空城拥兵自重,骄傲自满终落得全军覆没。1947年1月初,华东野战军主力集中在山东解放区中心城市临沂,进行整编休整。蒋介石听到后,认为临沂是山东解放区首府,解放军势必固守,乃集结23个整编师(军),53个旅(师)的兵力,妄图在临沂周围与解放军决战。他的参谋总长陈诚坐镇徐州,蒋介石飞去面授机宜,幻想南北对进,以收全功。南线以整编第十九军军长欧震指挥的8个师、20个旅为主要突击集团,分三路向临沂进犯;北线以3个军9个师为辅助突击集团,经莱芜、新泰南侵,其余各师部署在各地策应。华东解放军在中央军委和毛泽东指示下,以二纵、三纵两个纵队在临沂南进行正面部署,摆出决战架势,阻击、

迷惑敌人,而主力于 2 月 10 日大踏步后退,分三路隐蔽北进。他们边走、边布置、边动员、边准备,抓紧时间召开干部和连队的各种会议,准备歼灭北来之敌。第二绥靖区司令官王耀武发现解放军北上行踪,恐怕李仙洲军被歼,立即下令收缩,几乎使我军计划落空。幸运的是,南线敌人在 2 月 15 日开进被我军主动放弃的临沂后,向蒋虚报战果,说什么"在临沂外围消灭共军 16 个旅",共军"伤亡巨大,不堪再战",等等。蒋介石和陈诚信以为真,骄傲起来,飘飘然,大肆宣传国军的"伟大胜利",并误认为我军北上是想渡过黄河窜逃,严令王耀武、李仙洲重新南进,堵击解放军。这样一来,将本来快要脱逃的敌人又送到死地,解放军立刻抓住敌人骄傲轻敌情绪,进行战役展开,向莱芜东西地区逼进。2 月 20 日上午,全歼敌七十七师。24 日晨,李仙洲脱离莱芜后,就被包围在北辅、芹庄、高家洼一块东西 8 里、南北 10 里的狭长地带,我军四面向心穿插攻击,经 4 小时战斗,歼灭蒋军 7 个整编师 6 万余人,李仙洲被俘。